서울시 / 지방직 9급 공무원

공중보건

경력경쟁

초단기합격 ──────── 물리

SD에듀
㈜시대고시기획

머리말

외국 속담 중 행운의 신 티케(Tyche)와 관련하여 '행운의 여신에겐 오로지 앞머리만 있고 뒷머리가 없다.'라는 말이 있다.

즉, 예고 없이 찾아오는 '기회'란 것도 '평소에 그것을 맞을 준비를 하면서 기다린 자' 만이 쉽게 눈치챌 수 있고, 그 '기회'가 왔을 때 놓치지 말고 잘 잡으라는 것을 강조하는 말이기도 하다.

'서울시/지방직 9급 공무원 고졸(예정)자 경력경쟁 임용시험'으로 고졸(예정)자들에게 기회가 왔다.

특성화고·마이스터고에 진학하여 전문적인 직업교육을 이수한 준비된 수험생들을 위해 '서울시/지방직 9급 공무원 고졸 공무원 경력경쟁 물리 초단기합격'을 출간하였다. 2015 개정 교육과정이 반영된 이론편에서 핵심이론을 중심으로 기본기를 다지고, 문제편에서 핵심문제 풀이로 도약을 준비한 후, 마지막으로 2022~2017 기술계 고졸 기출문제와 국가직·지방직·서울시·교육행정직 9급 공무원 기출문제를 통해 실전에 대비하도록 하였다.

본서가 준비된 여러분에게 날개가 되어주길 바란다.

저자 주광호

물리 완벽 Study Plan

	Day 1	Day 2	Day 3	Day 4	Day 5
Week 1	01 ✓ 이론편 PART 01 역학과 에너지 ⋯⋯ 월 일	02 ☐ 이론편 PART 01 역학과 에너지 ⋯⋯ 월 일	03 ☐ 이론편 PART 01 역학과 에너지 ⋯⋯ 월 일	04 ☐ 문제편 PART 01 역학과 에너지 ⋯⋯ 월 일	05 ☐ 문제편 PART 01 역학과 에너지 ⋯⋯ 월 일
Week 2	01 ☐ 이론편 PART 02 물질과 전자기장 ⋯⋯ 월 일	02 ☐ 이론편 PART 02 물질과 전자기장 ⋯⋯ 월 일	03 ☐ 이론편 PART 02 물질과 전자기장 ⋯⋯ 월 일	04 ☐ 문제편 PART 02 물질과 전자기장 ⋯⋯ 월 일	05 ☐ 문제편 PART 02 물질과 전자기장 ⋯⋯ 월 일
Week 3	01 ☐ 이론편 PART 03 파동과 정보통신 ⋯⋯ 월 일	02 ☐ 이론편 PART 03 파동과 정보통신 ⋯⋯ 월 일	03 ☐ 이론편 PART 03 파동과 정보통신 ⋯⋯ 월 일	04 ☐ 문제편 PART 03 파동과 정보통신 ⋯⋯ 월 일	05 ☐ 문제편 PART 03 파동과 정보통신 ⋯⋯ 월 일
Week 4	01 ☐ 기출편 2022 기출문제 ⋯⋯ 월 일	02 ☐ 기출편 2021~2020 기출문제 ⋯⋯ 월 일	03 ☐ 기출편 2020~2019 기출문제 ⋯⋯ 월 일	04 ☐ 기출편 2019~2018 기출문제 ⋯⋯ 월 일	05 ☐ 기출편 2018~2017 기출문제 ⋯⋯ 월 일

※ 시험일정 및 세부 사항은 변동될 수 있으므로 반드시 각 시·도별 시행처 홈페이지의 최신 공고를 확인하시기 바랍니다.

선발절차는?

특성화고·마이스터고 관련학과 졸업자 및 예정자로 학교장의 추천	제1·2차 시험 (병합실시)	제3차 시험	제4차 시험
	선택형 필기시험	서류전형	면접시험

학교장 추천대상자 자격기준

- 선발예정직류의 관련학과가 설치된 국내 특성화고·마이스터고의 졸업자 및 2024년 2월 졸업 예정자로서 해당 학교장의 추천을 받은 자

  ※ 졸업자의 경우 졸업일과 최종시험(면접시험) 예정일 사이의 기간이 1년 이내인 자만 응시 가능

- 선발예정 직렬(직류)과 직접 관련된 학과 졸업(예정)자

- 전문교과 성취도가 평균 B등급 이상이고, 그중 50% 이상의 과목에서 성취도가 A이며, 보통교과의 평균 석차비율이 50% 이내이거나 평균 석차 등급이 4.5 이내인 자

- 성취평가제 기준을 적용할 수 없는 경우 : 졸업요건에 해당하는 학업과정 또는 학점을 이수·취득한 사람으로 졸업석차비율이 이수학과의 상위 50% 이내

- { (졸업자) 고등학교 全학년 성적 기준
  (졸업예정자) 고등학교 1~2학년 성적 기준 }

  ※ 고등학교 재학 중 인문계 고등학교에서 특성화고·마이스터고로 전학한 경우, 재학생은 2년년, 졸업생은 3학년 관련학과 성적산출이 가능해야 하며, 인문계고 재학 당시 보통교과도 학과성적기준을 충족해야 함(인문계고 성적증명서 및 특성화고·마이스터고 성적증명서 모두 제출)

  ※ '학교장 추천서'는 추천서 제출기간 내에 학교에서 일괄 제출(추천대상자가 대학에 진학한 경우 해당 대학에 재학 및 졸업한 사실이 없음(중퇴)을 증명하는 서류 확인 후 추천)

- 졸업자의 개념

  - 고등학교 졸업(예정) 또는 이와 동등한 학력의 소지자

  - 대학(전문대 포함), 방송통신대, 사이버대 등의 재학·휴학 등 대학에 진학한 사실이 있는 자는 추천 불가. 다만 기술계 고등학교를 졸업한 각급 대학 중퇴자(2023. 1. 1. 현재)는 포함

  ※ 대학에 재학 중이거나 졸업한 사실이 확인될 경우 최종합격 및 임용이 무효 처리됨

응시자격은?

응시연령 : 9급 18세 이상(2005년 12월 31일 이전 출생자)

※ 고교 3년생 중 조기 입학한 17세(2006. 12. 31. 이전 출생자) 해당자, 2006년생 현 고교 3학년 재학생도 응시 가능

거주지 : 제한 있음(자세한 사항은 각 시·도별 시행처 홈페이지의 최신 공고를 확인)

※ 서울시의 경우 대한민국 국적 소지자(거주지 제한 없음)

시험과목은?

구 분	직렬·직류		직 급	시험과목
기술 직군	공 업	일반기계	9급	물리, 기계일반, 기계제도
		일반전기		물리, 전기이론, 전기기기
		일반화공		화학, 유기공업화학, 무기공업화학
	농 업	일반농업		생물, 재배, 농업생산환경
		축 산		축산, 가축사양, 초지
	해양수산	일반수산		수산일반, 수산생물, 수산경영
	녹 지	조 경		조경학, 조경계획 및 설계, 조경재료(식물 포함) 및 시공
		산림자원		생물, 조림, 임업경영
	보 건	보 건		생물, 환경보건, 공중보건
	시 설	일반토목		물리, 토목일반, 측량
		건 축		물리, 건축계획, 건축구조
	방송통신	통신기술		물리, 전자공학개론, 유선공학개론
	시설관리	기계시설		한국사, 기계일반
		전기시설		한국사, 전기이론

시험실시방법은?

제1·2차 시험 (병합실시)	제3차 시험	제4차 시험
선택형 필기시험	서류전형	면접시험
• 매 과목당 100점 만점 • 과목별 20문항, 4지 택1형 • 시험시간 60분(과목별 20분, 1문항당 1분 기준)	응시자격 요건의 적합성 (자격·경력 등) 심사	해당 직무 수행에 필요한 능력 및 적격성 검정

※ 필기시험 합격자를 대상으로 면접시험일 전에 인성검사 실시 예정이며, 일정 등 세부사항은 필기시험 합격자
　발표 시 별도 공고 예정임

완벽 스터디 플랜을 통해
효율적인 학습 가능

스터디 플랜에 학습 현황을 기록하여
현재 학습 진행 상황을 한눈에 파악

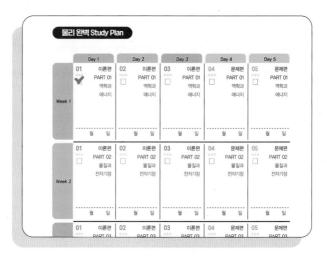

독학이 가능한
상세한 이론 설명 제공

방대한 물리 이론을 그림과 그래프, 표
등 풍부한 자료를 제공하여 자세히 설
명. 꼭 알아야 할 내용을 쉽게 이해할 수
있도록 구성
꼭 알아야 할 물리 핵심 POINT 30 수록

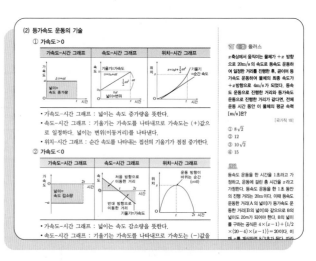

다양한 문제를 통해
학습한 이론을 점검

이론편의 예상문제와 OX퀴즈, 물리 핵
심문제 100선을 수록하여 충분한 문제
풀이 가능. 직접 풀어보며 문제에 대한
적응력 및 해결능력 향상

최근 6개년 10회
기출문제 수록

최근 기출문제 학습을 통해 최신 출제
경향을 파악하고 실전 감각을 높일 수
있도록 구성

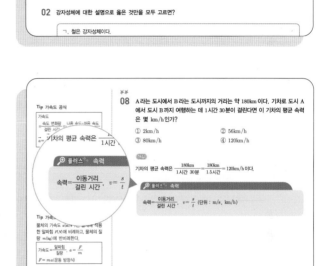

핵심문제와 기출문제에 대한
상세한 해설 수록

자세한 해설과 플러스++로 이론 완벽
정리

단계별
핵심강의

단계별 핵심강의로 쉽고 빠르게 단기
합격 가능

목차

꼭 알아야 할 **물리**

핵심 POINT

30

물리
초단기합격

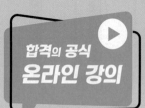

합격의 공식
온라인 강의

잠깐!

혼자 공부하기 힘드시다면 방법이 있습니다.
SD에듀의 동영상강의를 이용하시면 됩니다.
www.sdedu.co.kr ➜ 회원가입(로그인) ➜ 강의 살펴보기

꼭 알아야 할 **물리**
핵심 POINT 30

1. 스칼라와 벡터

① **스칼라** : 크기만 있는 물리량
② **벡터** : 크기와 방향이 있는 물리량

2. 이동거리와 변위

① **이동거리** : 운동 방향에 관계없이 물체가 실제로 움직인 총 거리
② **변위** : 이동 경로에 관계없이 출발점과 도착점을 연결한 직선거리

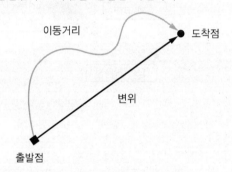

3. 속도와 가속도

① **속도** : 단위 시간 동안의 변위

$$속도 = \frac{변위}{걸린\ 시간}\ (단위 : m/s)$$

② **가속도** : 단위 시간 동안의 속도 변화량

$$가속도 = \frac{속도의\ 변화량}{걸린\ 시간} = \frac{나중\ 속도 - 처음\ 속도}{걸린\ 시간},\ \vec{a} = \frac{\vec{v} - \vec{v_0}}{t}\ (단위 : m/s^2)$$

4. 등가속도 직선 운동

- t초 후의 속도 : $v = v_0 + at$
- t초 동안 변위 : $s = v_0 t + \dfrac{1}{2} at^2$
- 속도와 변위의 관계 : $2as = v^2 - v_0^2$
  (v : 나중 속도, v_0 : 처음 속도, a : 가속도, t : 시간, s : 이동거리)

5. 힘

① **힘의 단위** : N, kgf $\Rightarrow$ 1kgf $\fallingdotseq$ 9.8N
② **알짜힘(합력)** : 물체에 여러 힘이 작용할 때 모든 힘을 합한 것
③ **힘의 3요소** : 힘의 크기, 힘의 방향, 힘의 작용점

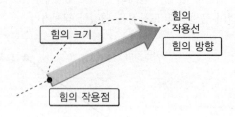

6. 알짜힘과 운동의 관계

힘과 운동 방향의 관계	① 힘과 운동 방향이 같을 때	② 힘과 운동 방향이 반대일 때	③ 힘과 운동 방향이 수직일 때	④ 힘과 운동 방향이 비스듬할 때
운동 상태	속력이 빨라진다. - 자유낙하	속력이 느려진다. - 연직 상방 운동	속력은 일정하고 운동 방향만 변한다. - 등속 원운동	속력과 운동 방향이 모두 변한다. - 진자, 포물선

7. 뉴턴의 운동 법칙

① **운동 제1법칙(관성 법칙)**
- 물체가 아무런 힘을 받지 않거나 작용하는 힘의 합력이 0인 상태이면 물체는 자신의 운동 상태를 계속 유지한다.
- 관성 : 물체의 질량이 클수록 관성이 크다.

② 운동 제2법칙(가속도 법칙) : 가속도의 크기는 물체가 받는 힘의 크기에 비례하고 물체의 질량에 반비례한다.

$$a = \frac{F}{m}, \ F = ma$$

③ 운동 제3법칙(작용 – 반작용 법칙) : 작용과 반작용은 크기가 같고 반대 방향이며, 같은 작용선상에 있다.

8. 운동량(p)

① 물체의 운동 효과를 나타내는 양. 크기와 방향을 가진 벡터이다.
② **운동량의 크기** : 물체의 질량과 속도에 비례한다.

$$운동량 = 질량 \times 속도, \ \vec{p} = m\vec{v} \ (단위 : kg \cdot m/s)$$

③ **운동량의 방향** : 속도의 방향과 동일하다.

9. 운동량 보존 법칙

① 운동하는 두 물체가 서로 충돌을 하는 경우 외력이 작용하지 않는다면 충돌 전후의 운동량의 총합은 항상 일정하다.
② 충돌 과정에서 두 물체가 받은 충격량의 크기가 같기 때문에 충돌 전후의 운동량의 합은 일정하게 보존된다.

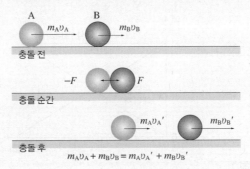

10. 충격량(I)

① 물체가 받은 충격의 정도를 나타내는 양. 크기와 방향을 가진 벡터이다.
② **충격량의 크기** : 충돌 시 물체에 작용한 힘과 힘이 작용한 시간에 비례한다.

$$충격량 = 힘 \times 시간, \ \vec{I} = \vec{F}\Delta t \ (단위 : N \cdot s, \ kg \cdot m/s)$$

③ **충격량의 방향** : 힘의 방향과 동일하다.

11. 운동량과 충격량의 관계

① $F\Delta t = mv - mv_0$ 이므로 $I = \Delta p$ 이다. 충격량은 운동량의 변화량과 같다.

$$\vec{F} = \frac{\Delta \vec{p}}{\Delta t} = \frac{m\Delta \vec{v}}{\Delta t} = \frac{m\vec{v} - m\vec{v_0}}{\Delta t}$$

② 충격량의 방향은 운동량의 변화량의 방향과 같다.

12. 일

① 과학에서의 일은 물체에 힘을 작용하여 힘의 방향으로 물체를 이동시키는 것을 말한다.

② **일의 양** : 작용한 힘(F)의 크기와 힘의 방향으로 이동한 거리(s)의 곱으로 구한다.

> 일=힘×이동거리, $W = Fs$ (단위 : J, N·m)
> ⇨ 1J : 1N의 힘을 작용하여 물체를 1m 이동시켰을 때 한 일

13. 역학적 에너지 보존

① **역학적 에너지=운동에너지+퍼텐셜 에너지= 일정**
  (단, 공기의 저항, 마찰이 없을 때)

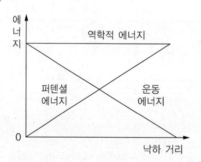

② **역학적 에너지 보존 법칙**
  • 중력에 의한 역학적 에너지 보존

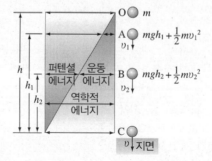

• 탄성력에 의한 역학적 에너지 보존

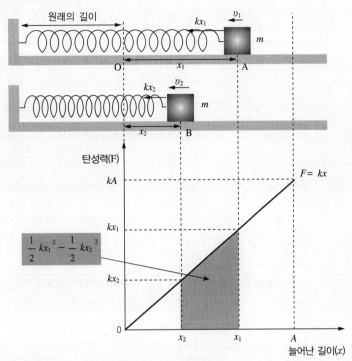

14. 온도와 열

① **온도** : 물체의 차갑고 뜨거운 정도를 나타내는 양
  • 섭씨 온도 : 1기압에서 순수한 물이 어는점 0℃, 끓는점 100℃, 그 사이를 100등분
  • 절대 온도 : $T(\mathrm{K}) = t(℃) + 273$
② **열의 이동** : 열은 온도가 높은 물체에서 낮은 물체로 이동한다.
③ **열평형 상태** : 서로 접촉하여 있는 온도가 다른 두 물체 사이에 열이 이동하여 온도가 같아져 더 이상 열의 이동이 없는 상태이다.

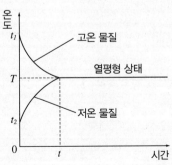

15. 기체가 하는 일과 내부 에너지

① **내부 에너지** : 일정량의 이상 기체의 내부 에너지는 운동에너지만의 총합으로 나타나고 절대 온도에 비례한다.

$$U \propto \overline{NE_K} \Rightarrow U \propto NT \ (U : \text{이상 기체의 내부 에너지}, \ N : \text{기체 분자의 수})$$

② 압력이 일정할 때 기체가 하는 일은 다음과 같다.

$$W = F \triangle l = PA \triangle l = P \triangle V$$

16. 열역학의 법칙

① **열역학 제1법칙** : 내부 에너지 증가량은 외부에서 흡수한 열량에서 외부에 한 일을 뺀 값과 같다.

$$\text{기체에 공급한 열에너지} = \text{내부 에너지의 증가} + \text{외부에 하는 일}$$
$$\triangle U = Q - W, \ Q = W + \triangle U$$

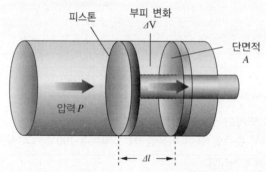

② **열역학 제2법칙** : 열은 스스로 고온의 물체에서 저온의 물체로 이동하지만 반대로는 저절로 이동하지 않는다.
⇨ 열 또는 에너지의 이동에 방향성이 있음을 나타내는 법칙이다.

17. 열역학 과정

① **등적 과정** : 부피 일정, 상태 변화 $Q = \triangle U$
② **등압 과정** : 압력 일정, 상태 변화 $Q = \triangle U + P \triangle V$
③ **등온 과정** : 온도 일정, 상태 변화 $Q = W$
④ **단열 과정** : 외부로 열의 출입 없음, 상태 변화
  • 단열 팽창 : $P \triangle V = -\triangle U > 0$, 즉 $\triangle U < 0$
  • 단열 수축 : $P \triangle V = -\triangle U < 0$, 즉 $\triangle U > 0$

18. 특수 상대성 이론

① **특수 상대성 이론의 두 가지 가정**
- 상대성 원리 : 모든 관성계에서 물리 법칙은 동일하게 성립한다.
- 광속 불변의 원리 : 모든 관성계에서 진공 속을 진행하는 빛의 속력은 관찰자나 광원의 속력에 관계없이 일정하다.

② **특수 상대성 이론에 의한 현상**
- 동시성의 상대성
- 시간 지연(시간 팽창)
- 길이 수축
- 질량·에너지 동등성 : 질량 m을 에너지 E로 환산하면 $E=mc^2$이다.

19. 질량과 에너지

① **핵반응** : 원자핵이 분열하거나(핵분열) 서로 합쳐지는(핵융합) 반응
② **핵반응식**

$$_w^a\mathrm{A}+_x^b\mathrm{B} \rightarrow _y^c\mathrm{C}+_z^d\mathrm{D}+(에너지)$$

- 전하량 보존 : $w+x=y+z$
- 질량수 보존 : $a+b=c+d$

③ **질량 결손($\triangle m$)** : 질량·에너지 등가 원리

$$E=\Delta mc^2 \text{ (단, } c는 진공 중에서 약 } 3\times10^8\mathrm{m/s} \text{ 이다)}$$

20. 쿨롱 법칙

① **전기력** : 양(+)전하 끼리나 음(−)전하 끼리에는 척력이 작용하고, 양(+)전하와 음(−)전하 사이에는 인력이 작용한다.
② **쿨롱 법칙**

$$F=k\frac{q_1q_2}{r^2} \text{ (단, } k는 쿨롱 상수로써, 진공에서 } k=8.99\times10^9\mathrm{N}\cdot\mathrm{m}^2/\mathrm{C}^2\text{이다)}$$

21. 수소 원자의 에너지 준위와 선 스펙트럼 계열

① 수소 원자의 에너지 준위

$$hf = \frac{hc}{\lambda} = |E_m - E_n| \rightarrow \lambda = \frac{hc}{|E_m - E_n|}$$

$$E_n \fallingdotseq -\frac{13.6}{n^2}\text{eV}$$

② 수소의 선 스펙트럼 계열
- 라이먼 계열 : 전자가 $n=1$인 궤도로 전이 → 자외선 방출
- 발머 계열 : 전자가 $n=2$인 궤도로 전이 → 가시광선 방출
- 파셴 계열 : 전자가 $n=3$인 궤도로 전이 → 적외선 방출

22. 고체의 전기 전도성

① **도체** : 원자가띠와 전도띠가 일부 겹쳐 있거나, 원자가띠의 일부분만 전자로 채워져 있어 상온에서도 비교적 많은 자유 전자들이 자유롭게 이동할 수 있는 물질을 도체라고 한다.

② **절연체(부도체)** : 원자가띠와 전도띠 사이의 띠틈이 상당히 크고 상온에서 전도띠에 전자가 거의 분포하지 않는 물질을 절연체 또는 부도체라고 한다.

③ **반도체** : 원자가띠와 전도띠 사이의 띠틈이 비교적 작아서 상온에서 전도띠에 전자가 약간 분포하는 물질을 반도체라고 한다.

23. 반도체

① **고유 반도체** : 전류가 흐르는 정도가 도체와 절연체의 중간 정도이고, 불순물이 거의 없는 반도체를 고유(순수) 반도체라고 한다.

② **p형 반도체** : 고유 반도체에 원자가 전자가 3개인 알루미늄(Al), 붕소(B) 등으로 도핑한다. 주로 양공이 전하를 운반한다.

③ **n형 반도체** : 고유 반도체에 원자가 전자가 5개인 인(P), 비소(As) 등으로 도핑한다. 주로 전자가 전하를 운반한다.

24. 전류에 의한 자기장

① 직선 전류에 의한 자기장

모양	직선 도선을 중심으로 한 동심원 모양
방향	오른손 엄지손가락을 전류의 방향으로 향하게 하고 나머지 네 손가락으로 도선을 감아쥘 때 네 손가락이 가리키는 방향
세기	$B \propto \dfrac{I}{r}$ (I : 전류의 세기, r : 도선으로부터의 거리)

② 원형 전류에 의한 자기장

모양	직선 전류에 의한 자기장이 원형으로 휜 모양
방향	오른손의 엄지손가락을 전류의 방향으로 향할 때 네 손가락이 감기는 방향
세기	$B \propto \dfrac{I}{r}$ (I : 전류의 세기, r : 도선의 반지름)

③ 솔레노이드에 의한 자기장

모양	직선 전류에 의한 자기장이 원형으로 휜 모양
방향	오른손의 엄지손가락을 전류의 방향으로 향할 때 네 손가락이 감기는 방향
세기	$B \propto I \cdot N$ (I : 전류의 세기, N : 감은 수)

25. 자성체의 종류

① **강자성체** : 외부 자기장의 방향과 같은 방향으로 자기화. 외부 자기장을 제거하여도 자성을 오래 유지하는 물질
　예 철, 코발트, 니켈 등

② **상자성체** : 외부 자기장의 방향과 같은 방향으로 자기화. 외부 자기장을 제거하면 자성이 없어지는 물질
　예 종이, 알루미늄, 마그네슘, 텅스텐, 산소 등

③ **반자성체** : 외부 자기장이 없을 때 물질을 구성하는 각 원자들의 총 자기장이 0이고, 외부 자기장의 방향과 반대 방향으로 자기화되는 물질
　예 구리, 유리, 플라스틱, 금, 수소, 물 등

26. 전자기 유도

① 패러데이의 전자기 유도

- 유도 기전력의 크기는 코일 내부를 지나는 자기 선속(Φ)이 빨리 변할수록 커진다.
- 시간 $\triangle t$ 동안 감은 수가 N인 코일에 자기 선속의 변화가 $\triangle \Phi$이면 유도 기전력 V는 다음과 같다.

$$V = -N \frac{\triangle \Phi}{\triangle t}$$

② 렌츠의 법칙

- 자석의 N극이 원형 도선에 가까워지면 원형 도선 중심에 아래 방향으로 자기 선속이 증가한다. 원형 도선에는 반시계 방향으로 유도 전류가 흐른다.
- 자석의 S극이 원형 도선에 가까워지면 원형 도선 중심에 위 방향으로 자기 선속이 증가한다. 원형 도선에는 시계 방향으로 유도 전류가 흐른다.

27. 파동의 속력과 굴절

① **파동의 속력** : 파동은 한 주기(T) 동안 한 파장(λ)만큼 진행한다.

$$v = \frac{\lambda}{T} = f\lambda$$

② **굴절의 법칙**

굴절의 법칙	파동이 굴절할 때 입사각(i)과 굴절각(r)의 sin값의 비율은 일정
$n_{12} = \dfrac{n_2}{n_1} = \dfrac{v_1}{v_2} = \dfrac{\lambda_1}{\lambda_2} = \dfrac{\sin i}{\sin r} =$ 일정 (n_{12} : 매질 1에 대한 매질 2의 상대 굴절률)	

28. 전반사와 광통신

① **전반사** : 빛이 진행하다가 매질의 경계면에서 굴절하지 않고 전부 반사하는 현상
② **광통신** : 빛은 전반사하면서 코어를 따라 진행. 굴절률은 코어 > 클래딩

29. 빛의 이중성과 광양자설

① **광양자설**
- 광전자의 방출 여부는 빛의 진동수에 따라 결정된다.
- 방출되는 광전자의 최대 운동에너지는 빛의 진동수가 클수록 크다.
- 방출되는 광전자 수는 빛의 세기에 비례한다.

② **빛의 이중성**
- 빛의 입자성과 파동성은 동시에 나타나지 않는다.
- 파동성의 증거 : 빛의 회절과 간섭
- 입자성의 증거 : 광전 효과

30. 물질의 이중성

① **물질파** : 물질 입자가 나타내는 파동. 물질파 또는 드브로이파라고 한다.

② **드브로이 파장**

$$\lambda = \frac{h}{mv}$$

◆ **물리에 나오는 단위 총정리**

(1) 물리에서 사용되는 단위

단위	설명
N(뉴턴)	힘의 단위
J(줄)	• 에너지의 단위, 일의 단위 • 1J = 1N의 힘을 작용하여 물체를 1m 이동시켰을 때 한 일
C(쿨롱)	전하량의 단위
Wb(웨버)	자기장에 수직인 단면을 통과하는 자기력선의 총 개수(자속)의 단위
W(와트)	• 전력의 단위 • 1W = 1V의 전압으로 1A의 전류가 흐를 때의 전력
F(패럿)	• 전기 용량의 단위 • 1F = 1V의 전압을 걸었을 때 양극에 1C의 전하를 저장할 수 있는 전기 용량
cal(칼로리)	• 열량의 단위 • 1cal = 4.186J

(2) SI 접두어

접두원	인자	기호	접두원	인자	기호
데카(deca)	10^1	da	데시(deci)	10^{-1}	d
헥토(hecto)	10^2	h	센티(centi)	10^{-2}	c
킬로(kilo)	10^3	k	밀리(milli)	10^{-3}	m
메가(mega)	10^6	M	마이크로(micro)	10^{-6}	μ
기가(giga)	10^9	G	나노(nano)	10^{-9}	n
테라(tera)	10^{12}	T	피코(pico)	10^{-12}	p
페타(peta)	10^{15}	P	펨토(femto)	10^{-15}	f
엑사(exa)	10^{18}	E	아토(atto)	10^{-18}	a

(3) SI 기본 단위

물리량	단위명	기호
광도	칸델라(candela)	cd
길이	미터(meter)	m
수	몰(mole)	mol
시간	초(second)	s
온도	켈빈(Kelvin)	K
전류	암페어(Ampere)	A
질량	킬로그램(kilogram)	kg

(4) SI 차원 단위

유도량	단위명	기호
주파수	헤르츠(Hertz)	Hz
힘	뉴턴(Newton)	N
압력	파스칼(Pascal)	Pa
에너지, 일	줄(Joule)	J
일률, 전력	와트(Watt)	W
전위차, 전압	볼트(Volt)	V
전기 저항	옴(Ohm)	Ω

(5) 그리스 문자

대문자	소문자	읽기	대문자	소문자	읽기	대문자	소문자	읽기
A	α	알파	I	ι	요타	P	ρ	로
B	β	베타	K	κ	카파	Σ	σ	시그마
Γ	γ	감마	Λ	λ	람다	T	τ	타우
Δ	δ	델타	M	μ	뮤	Y	υ	입실론
E	ϵ	엡실론	N	ν	누	Φ	ϕ	피
Z	ζ	제타	Ξ	ξ	크사이	X	χ	카이
H	η	에타	O	o	오미크론	Ψ	ψ	프사이
Θ	θ	시타	Π	π	파이	Ω	ω	오메가

이론편

9급 공무원 고졸 공무원 경력경쟁 물리 초단기합격

물리
초단기합격

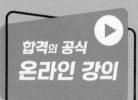

합격의 공식
온라인 강의

잠깐!

혼자 공부하기 힘드시다면 방법이 있습니다.
SD에듀의 동영상강의를 이용하시면 됩니다.
www.sdedu.co.kr → 회원가입(로그인) → 강의 살펴보기

PART

01

역학과 에너지

물리
초단기합격

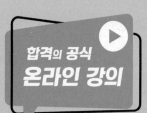

합격의 공식
온라인 강의

CHAPTER 01 힘과 운동

제 1 절   물체의 운동

1 물리량

1. 스칼라와 벡터

(1) **스칼라** : 크기만 있는 물리량

　㉠ 이동거리, 속력, 일, 에너지, 온도 등

(2) **벡터** : 크기와 방향이 있는 물리량

　㉠ 변위, 속도, 가속도, 힘, 전기장, 자기장 등

2 속력과 속도

1. 이동거리와 변위

(1) **이동거리**

　물체가 이동한 경로의 길이로, 크기만 있고 방향이 없는 물리량이다.

(2) **변위**

　처음 위치에서 나중 위치까지의 위치 변화량으로, 크기와 방향이 있는 물리량이다.

2. 속력과 속도

(1) **속력**

　물체의 빠르기를 나타내는 물리량으로, 단위 시간(1초) 동안 이동한 거리를 속력이라고 한다. 따라서 속력은 이동거리를 걸린 시간으로 나눈 값이다.

기출 플러스

빌딩의 옥상에서 작은 돌을 가만히 놓아 떨어뜨렸더니 돌이 5초만에 지면에 도달하였고, 2층으로 내려와서 같은 실험을 하였더니 지면에 도달하는 데 1초가 걸렸다. 2층으로부터 옥상까지의 높이(m)는?(단, 중력가속도는 $10m/s^2$으로 하고 공기저항은 무시한다)

[서울시 13]

① 5m
② 30m
③ 50m
④ 100m
⑤ 120m

해설

5초만에 도달하였으므로 옥상의 높이는 125m이다. 또한 1초만에 도달한 높이는 5m이므로 2층으로부터 옥상까지의 높이는 120m이다.

정답 ⑤

$$속력 = \frac{이동거리}{걸린\ 시간}\ (단위:m/s)$$

(2) 평균 속력과 순간 속력

평균 속력	• 정해진 시간 동안 물체의 평균적인 빠르기 • 평균 속력$=\dfrac{이동거리}{걸린\ 시간}$
순간 속력	• 아주 짧은 시간 동안의 평균적인 빠르기 • 순간 속력$=\dfrac{이동거리}{매우\ 짧은\ 시간}$

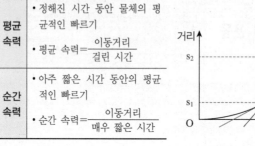
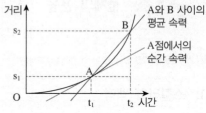

(3) 속도

물체의 빠르기뿐만 아니라 운동 방향을 함께 나타낼 때 속도를 사용한다. 여기서 속도의 크기는 변위의 크기를 걸린 시간으로 나눈 값이다.

$$속도 = \frac{변위}{걸린\ 시간}\ (단위:m/s)$$

(4) 평균 속도와 순간 속도

평균 속도	• 정해진 시간 동안 물체의 평균적인 속도 • 평균 속도$=\dfrac{변위}{걸린\ 시간}$
순간 속도	• 아주 짧은 시간 동안의 평균적인 속도 • 순간 속도$=\dfrac{변위}{매우\ 짧은\ 시간}$

3 가속도

1. 가속도

(1) 가속도 운동

① 속도가 변하는 운동을 가속도 운동이라고 한다.
② 속력이 변하거나 운동 방향이 변하면 가속도 운동이다.

(2) 가속도

① 단위 시간(1초) 동안 증가하거나 감소한 속도를 가속도라고 한다.

② 가속도는 속도 변화량을 걸린 시간으로 나눈 값이다.

$$가속도 = \frac{속도의\ 변화량}{걸린\ 시간} = \frac{나중\ 속도-처음\ 속도}{걸린\ 시간},$$

$$\vec{a} = \frac{\vec{v} - \vec{v_0}}{t}\ (단위 : \mathrm{m/s^2})$$

2. 평균 가속도와 순간 가속도

(1) 평균 가속도

정해진 시간 동안의 평균적인 가속도이다.

$$평균\ 가속도 = \frac{속도의\ 변화량}{걸린\ 시간}$$

(2) 순간 가속도

아주 짧은 시간 동안의 평균 가속도이다.

$$순간\ 가속도 = \frac{속도의\ 변화량}{매우\ 짧은\ 시간}$$

3. 속도와 가속도의 방향 관계

직선 운동을 하는 물체의 속력이 점점 빨라지면 (+)부호의 가속도를 갖고, 속력이 점점 느려지면 (−)부호의 가속도를 갖는다.

$a > 0$		$a < 0$	
$v > 0$	$v < 0$	$v > 0$	$v < 0$
속력 증가	속력 감소	속력 감소	속력 증가

예상 문제 4

처음에 10m/s 의 속력으로 오른쪽 방향으로 운동하던 물체가 등가속도 직선 운동을 하여 5초 후 왼쪽 방향으로 10m/s 의 속력으로 운동하였다. 5초 동안 이 물체가 이동한 거리는?

① 0m

② 25m

③ 50m

④ 150m

해설

물체의 운동을 속도-시간 그래프로 나타내면 다음과 같다.

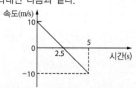

5초 동안 이동한 거리는 그래프 아랫부분의 면적을 모두 더한 값이므로 이동거리는 다음과 같다.

$$\frac{1}{2} \times 2.5 \times 10 + \frac{1}{2} \times 2.5 \times 10$$
$$= 25(\text{m})$$

정답 ②

4 여러 가지 운동

1. 속력과 운동 방향이 모두 일정한 운동

(1) 등속 직선 운동

속도가 일정한 운동, 속력과 운동 방향이 모두 일정한 운동이다.

이동거리＝속력×시간, $s = vt$

(2) 등속도 운동의 조건

① 물체에 힘이 작용하지 않거나 물체에 작용하는 알짜힘이 0이어야 한다.

② 물체에 작용하는 합력이 0이 아닌 경우 물체의 속도가 변하게 된다.

(3) 등속도 운동의 그래프

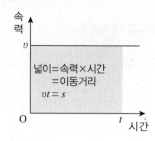
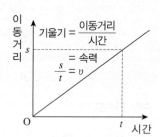

(4) 등속도 운동의 예

무빙워크, 에스컬레이터, 컨베이어 벨트

2. 속력만 변하는 운동

(1) 등가속도 운동

① 가속도의 크기와 방향이 일정한 직선 운동

② 속도가 일정하게 증가하거나 감소하는 직선 운동

- t초 후의 속도 : $v = v_0 + at$
- t초 동안 변위 : $s = v_0 t + \frac{1}{2}at^2$
- 속도와 변위의 관계 : $2as = v^2 - v_0^2$
  (v : 나중 속도, v_0 : 처음 속도, a : 가속도, t : 시간, s : 이동거리)

(2) 등가속도 운동의 기술

① 가속도＞0

가속도-시간 그래프	속도-시간 그래프	위치-시간 그래프
가속도 a / $\Delta v = at$ / 넓이=속도 증가량 / O ─ t 시간	속도 v / 기울기=가속도 / $v=v_0+at$ / $\frac{1}{2}at^2$ / at / v_0 / $v_0 t$ / 넓이=변위 / O ─ t 시간	위치 s / $s=v_0 t+\frac{1}{2}at^2$ / 기울기=순간 속도 / O ─ t 시간

- 가속도-시간 그래프 : 넓이는 속도 증가량을 뜻한다.
- 속도-시간 그래프 : 기울기는 가속도를 나타내므로 가속도는 (＋)값으로 일정하다. 넓이는 변위(이동거리)를 나타낸다.
- 위치-시간 그래프 : 순간 속도를 나타내는 접선의 기울기가 점점 증가한다.

② 가속도＜0

가속도-시간 그래프	속도-시간 그래프	위치-시간 그래프
가속도 O ─── $2t$ 시간 / 넓이=속도 감소량 / $-a$	속도 / 처음 방향으로 이동한 거리 / O ─ t ─ $2t$ 시간 / 반대 방향으로 이동한 거리 / 기울기=가속도	위치 s / 운동 방향이 바뀌는 순간 ($v=0$) / O ─ t ─ $2t$ 시간

- 가속도-시간 그래프 : 넓이는 속도 감소량을 뜻한다.
- 속도-시간 그래프 : 기울기는 가속도를 나타내므로 가속도는 (－)값을 나타낸다. 속도의 부호가 바뀔 때 운동 방향이 바뀐다.
- 위치-시간 그래프 : 위치가 증가하다가 감소할 때 운동 방향이 바뀐다.

(3) 등가속도 직선 운동의 예

자유 낙하 운동, 빗면을 미끄러져 내려오는 물체의 운동, 연직 위로 던져올린 물체의 운동 등이 있다.

- 자유 낙하 운동 : 공기의 저항이 없다면 물체의 크기, 질량에 상관없이 낙하하는 동안의 가속도의 크기는 항상 같다.

$$g = 9.8\,\text{m/s}^2$$

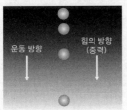

운동 방향 / 힘의 방향 (중력)

www.sdedu.co.kr

기출 플러스

x축상에서 움직이는 물체가 ＋x 방향으로 20m/s의 속도로 등속도 운동하여 일정한 거리를 진행한 후, 곧이어 등가속도 운동하여 물체의 최종 속도가 ＋x방향으로 4m/s가 되었다. 등속도 운동으로 진행한 거리와 등가속도 운동으로 진행한 거리가 같다면, 전체 운동 시간 동안 이 물체의 평균 속력 [m/s]은?

[국가직 18]

① $8\sqrt{2}$
② 12
③ $10\sqrt{2}$
④ 15

해설

등속도 운동을 한 시간을 1초라고 가정하고, 운동에 걸린 총 시간을 x라고 가정한다. 등속도 운동을 한 1초 동안의 진행 거리는 20m이다. 이때 등속도 운동한 거리(A의 넓이)가 등가속도 운동한 거리(B의 넓이)와 같으므로 B의 넓이도 20m가 되어야 한다. B의 넓이를 구하는 공식은 $4\times(x-1)+\{1/2\times(20-4)\times(x-1)\}=20$이다. 이때 x를 계산하면 8/3초가 된다. 따라서 평균 속력은 (전체 이동거리/전체 시간)이므로 $40\text{m}/(8/3s)=15\text{m/s}$이다.

정답 ④

3. 운동 방향만 변하는 운동

운동 방향이 변하므로 가속도 운동이다.

(1) 등속 원운동

인공위성과 같이 원을 따라 일정한 속력으로 돌고 있는 운동을 등속 원운동이라고 한다. 이때 원운동을 가능하게 하는 힘을 구심력이라고 한다.

(2) 구심력

등속 원운동을 하도록 원의 중심을 향하는 힘으로, 구심력이 사라지면 물체는 그 순간의 운동 방향 쪽으로 날아간다.
① **구심력의 방향** : 원의 중심 방향
② **물체의 운동 방향** : 원의 접선 방향으로 운동 방향은 계속 변한다.

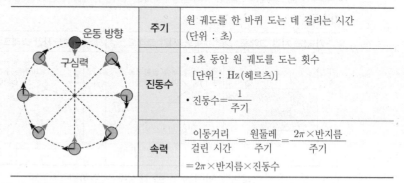

주기	원 궤도를 한 바퀴 도는 데 걸리는 시간 (단위 : 초)	
진동수	• 1초 동안 원 궤도를 도는 횟수 [단위 : Hz(헤르츠)] • 진동수 $=\dfrac{1}{주기}$	
속력	$\dfrac{이동거리}{걸린 시간}=\dfrac{원둘레}{주기}=\dfrac{2\pi\times반지름}{주기}$ $=2\pi\times반지름\times진동수$	

(3) 등속 원운동의 예

쥐불놀이, 인공위성, 회전목마 등

4. 속력과 운동 방향이 모두 변하는 운동

속력과 운동 방향이 모두 변하므로 가속도 운동이다.

(1) 수평으로 던진 물체의 운동

① **수평 방향** : 힘이 작용하지 않으므로 일정한 속력으로 운동한다.
② **수직 방향** : 중력이 계속 작용하므로 속력이 일정하게 증가하는 운동을 한다.

(2) 비스듬하게 차올린 물체의 운동(포물선 운동)

① **수평 방향** : 힘이 작용하지 않으므로 일정한 속력으로 운동한다.

② **수직 방향** : 중력이 운동 방향과 반대 방향으로 작용하다가 같은 방향으로 작용한다.

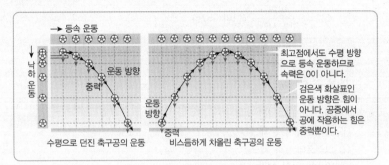

(3) 진자 운동

① **합력의 크기** : 중력과 장력의 합력은 A, B점에서 가장 크고, O점에서 가장 작다.

② **속력 변화**

A점 → O점	A점에서 멈춰 있는 진자는 점점 빨라진다.
O점	속력이 가장 빠르다.
O점 → B점	속력이 점점 느려져서 B점에서 멈춘다.

강추 특강 1

◇ 그래프 그리기 비법

1. 1단계 : s, v, a-t 그래프 관련 공식 암기하기

① 속도 = $\dfrac{\text{변위}}{\text{걸린 시간}}$ (단위 : m/s)

② 가속도 = $\dfrac{\text{속도 변화량}}{\text{걸린 시간}}$ (단위 : m/s^2)

③ $a = \dfrac{F}{m}$, $F = ma$

2. 2단계 : 그래프 완전 정복 - I

① 그래프의 x축 체크

② 그래프의 y축 체크

③ 연관된 공식 생각하기

④ 기울기 구하기

⑤ 밑넓이 구하기

3. 3단계 : 그래프 완전 정복 - II

물체 A	시간(s)	1	2	3	4	5
	이동 거리(m)	5	10	15	20	25

물체 B	시간(s)	1	2	3	4	5
	이동 거리(m)	1	4	9	16	25

• 그래프의 기울기는 $\dfrac{\text{이동거리}}{\text{걸린 시간}}$ 이므로 속력이다.

• 물체 A의 속력 = $\dfrac{25}{5}$ = 5(m/s)

〈물체 A의 이동거리-시간 그래프〉

• 가로축은 시간을 나타내고, 세로축은 이동거리를 나타낸다.

• 그래프의 기울기는 $\dfrac{\text{변위}}{\text{걸린 시간}}$ 이므로 속력이다.

〈물체 B의 이동거리-시간 그래프〉

• 시간-속력 그래프에서 시간에 관계없이 속력은 5m/s로 일정하다.

〈물체 A의 속력-시간 그래프〉

• 속력은 단위 시간 동안 이동한 거리이다.

• 그래프 아래의 넓이는 이동거리를 나타낸다.

〈물체 B의 속력-시간 그래프〉

4. 4단계 : 그래프의 연관과 전환

① 거리-시간 그래프를 속도-시간 그래프로 전환 = 거리-시간 그래프의 기울기 구하기

② 속도-시간 그래프를 거리-시간 그래프로 전환 = 속도-시간 그래프의 밑넓이 구하기

③ 속도-시간 그래프를 가속도-시간 그래프로 전환 = 속도-시간 그래프의 기울기 구하기

④ 속도-시간 그래프를 속도-시간 그래프로 전환 = 가속도-시간 그래프의 밑넓이 구하기

◆ 등가속도 공식 유도 과정

1. 속도와 시간의 관계 : 처음 속도를 v_0, 나중 속도를 v, 걸린 시간을 t라고 하면 속도 변화량이 $v - v_0$이므로 가속도는 $a = \dfrac{v - v_0}{t}$이다. 따라서 나중 속도 v는 다음과 같다.

$$v = v_0 + at$$

2. 변위와 시간의 관계 : 속도-시간 그래프에서 그래프와 시간 축이 이루는 면적이 변위이다. 따라서 시간에 따른 변위 s는 다음과 같다.

$$s = v_0 t + \frac{1}{2} at^2$$

3. 속도와 변위의 관계 : 1, 2의 식에서 시간 t를 소거하면 $2as = v^2 - v_0^2$의 관계가 성립한다.

4. 평균 속도 : 등가속도 직선 운동을 하는 물체의 평균 속도는 처음 속도와 나중 속도의 중간값이다.

$$v_{평균} = \frac{v_0 + v}{2}$$

! 강추 특강 3

1 시간기록계 – 1

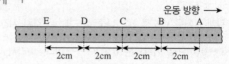

1. 6타점 찍는 데 걸리는 시간 : 진동수가 60Hz이면 1초 동안에 60개 타점을 찍으므로, 6타점 찍는 데 걸리는 시간은 0.1초이다.

2. 평균 속력 구하기

① 각 구간 : $\dfrac{이동거리}{걸린\ 시간} = \dfrac{2cm}{0.1s} = 20cm/s$

② AE 구간 : $\dfrac{(2+2+2+2)cm}{0.1s \times 4} = 20cm/s$

2 시간기록계 – 2

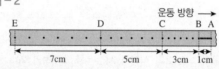

1. 6타점 찍는 데 걸리는 시간 : 0.1초

2. 평균 속력 구하기

① AB 구간 : $\dfrac{이동거리}{걸린\ 시간} = \dfrac{1cm}{0.1s} = 10cm/s$

② AE 구간 : $\dfrac{(1+3+5+7)cm}{0.1s \times 4} = 40cm/s$

제 2 절 뉴턴 운동 법칙

1 힘

1. 힘

(1) **힘의 정의** : 물체의 모양이나 운동 상태를 변화시키는 원인

① **힘의 단위** : N, kgf ⇒ 1kgf ≒ 9.8N

② **힘의 표시** : 힘의 3요소(크기, 방향, 작용점)로 나타냄

③ **알짜힘(합력)** : 물체에 여러 힘이 작용할 때 모든 힘을 합한 것

(2) **두 힘의 합성과 알짜힘**

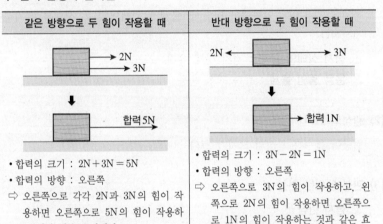

같은 방향으로 두 힘이 작용할 때	반대 방향으로 두 힘이 작용할 때
• 합력의 크기 : 2N＋3N＝5N • 합력의 방향 : 오른쪽 ⇨ 오른쪽으로 각각 2N과 3N의 힘이 작용하면 오른쪽으로 5N의 힘이 작용하는 것과 같은 효과이다.	• 합력의 크기 : 3N－2N＝1N • 합력의 방향 : 오른쪽 ⇨ 오른쪽으로 3N의 힘이 작용하고, 왼쪽으로 2N의 힘이 작용하면 오른쪽으로 1N의 힘이 작용하는 것과 같은 효과가 나타난다.

나란하지 않는 두 힘의 합력 – 평행사변형법

두 힘 F_1, F_2의 작용점을 일치시킨다.	두 힘을 이웃한 두 변으로 하는 평행사변형을 그린다.	작용점에서 출발하는 평행사변형의 대각선을 그린다.

기출 플러스

그림은 등가속도 직선 운동하는 물체의 속도를 시간에 따라 나타낸 것이다. 0초부터 10초까지 물체의 운동에 대한 설명으로 옳은 것은?

[지방직 17]

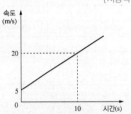

① 물체의 이동거리는 125m 이다.

② 물체의 가속도의 크기는 2m/s² 이다.

③ 물체에 작용하는 알짜힘의 크기는 증가한다.

④ 물체에 작용하는 알짜힘의 방향과 물체의 운동 방향은 반대이다.

해설

① 속도–시간 그래프에서 면적은 거리를 나타내므로 0초에서 10초까지의 면적을 구해보면 125m 이다.

② 물체의 가속도의 크기는 1.5m/s² 이다.

③ 물체에 작용하는 알짜힘 $F=ma$(m은 질량, a는 가속도)이다. 질량은 일정하고 가속도도 일정하므로 알짜힘은 일정하다.

④ 속도가 증가하는 그래프이므로 알짜힘은 운동 방향과 같은 방향이다.

정답 ①

다음 표는 물체 A, B, C의 질량과 각 물체에 가한 힘의 크기를 나타낸 것이다. 물체 A, B, C의 가속도의 크기를 비교한 것으로 옳은 것은?

물체	질량	힘(N)
A	1	2
B	2	2
C	2	1

① A > C > B
② A > B > C
③ B > C > A
④ C > B > A

해설

가속도는 힘에 비례, 질량에 반비례한다. $F = ma$를 이용하여 직접 구해 보면, A의 가속도는 $2m/s^2$, B의 가속도는 $1m/s^2$, C의 가속도는 $0.5m/s^2$이다.

정답 ②

2. 알짜힘과 운동의 관계

힘과 운동 방향의 관계	① 힘과 운동 방향이 같을 때	② 힘과 운동 방향이 반대일 때	③ 힘과 운동 방향이 수직일 때	④ 힘과 운동 방향이 비스듬할 때
운동 상태	속력이 빨라진다. – 자유낙하	속력이 느려진다. – 연직 상방 운동	속력은 일정하고 운동 방향만 변한다. – 등속 원운동	속력과 운동 방향이 모두 변한다. – 진자, 포물선

2 뉴턴 운동 제1법칙(관성의 법칙)

1. 관성

(1) 관성

물체에 작용하는 알짜힘이 0일 때 물체가 원래의 운동 상태를 유지하려는 성질이다.

① **정지 상태인 물체** : 정지 상태 유지
② **운동 중인 물체** : 등속 직선 운동

(2) 관성의 크기

질량이 클수록 관성의 크기가 크다.

(3) 관성에 의한 현상

① **정지 관성**
   • 버스가 갑자기 출발하면 승객이 뒤로 넘어진다.
   • 이불을 방망이로 두드리면 먼지가 떨어진다.
   • 지진계를 이용하여 지진파를 측정한다.
② **운동 관성**
   • 달리던 사람이 돌부리에 걸려 넘어진다.
   • 달리고 있던 버스가 갑자기 정지하면 승객의 몸이 앞으로 쏠린다.
   • 마라톤 선수가 결승선에서 계속 달리다가 멈춘다.

2. 관성 법칙 – 뉴턴의 운동 제1법칙

(1) 관성 법칙

물체에 작용하는 알짜힘이 0이면 정지해 있는 물체는 계속 정지해 있고, 운동 중인 물체는 등속 직선 운동을 계속한다.

(2) 관성력

① 가상적인 힘이다.

② 가속도계의 크기와 같다.

③ 가속도계의 방향과 반대 방향으로 작용한다.

3 뉴턴 운동 제2법칙(가속도 법칙)

1. 가속도, 알짜힘, 질량의 관계

(1) 가속도와 알짜힘 및 질량의 관계

① **힘과 가속도** : 질량을 일정하게 유지하고 힘을 2배, 3배, … 증가시키면 속도–시간 그래프의 기울기(가속도)는 2배, 3배, …로 증가한다.

⇨ 질량이 일정하면 가속도 a는 힘 F에 비례한다. $[a \propto F(m \ : \ 일정)]$

② **질량과 가속도** : 힘을 일정하게 유지하고 질량을 2배, 3배, … 증가시키면 속도–시간 그래프의 기울기(가속도)는 $\frac{1}{2}$배, $\frac{1}{3}$배, …로 감소한다.

⇨ 힘이 일정하면 가속도 a는 질량 m에 반비례한다.

$$\left[a \propto \frac{1}{m}(F : 일정) \right]$$

(2) 뉴턴 운동 제2법칙

가속도는 작용하는 힘에 비례하고 질량이 반비례하는데, 이를 뉴턴 운동 제2법칙 또는 가속도 법칙이라고 한다.

$$\Rightarrow a = \frac{F}{m}, \ F = ma$$

4 뉴턴의 운동 제3법칙(작용–반작용 법칙)

1. 작용과 반작용

(1) 작용 – 반작용

힘은 항상 쌍으로 작용하고 이때 작용하는 하나의 힘을 작용, 나머지 하나의 힘을 반작용이라 한다.

(2) 작용 – 반작용의 조건

① 두 힘의 크기가 같다.

② 두 힘의 방향은 반대이다.

③ 두 힘은 같은 작용선상에 존재한다.

2. 작용 – 반작용 법칙

(1) 작용 – 반작용 법칙의 특성

한 물체가 다른 물체에 힘을 가하면 힘을 받은 물체도 힘을 가한 물체에 크기가 같고 방향이 반대인 힘을 동시에 가하게 된다.

작용 – 반작용과 가속도
두 물체가 작용 – 반작용에 의해 운동할 때 두 힘의 크기가 같으므로 두 물체의 가속도는 각 물체의 질량에 반비례한다.

(2) 작용 – 반작용과 두 힘의 평형

구분	작용 – 반작용	두 힘의 평형
공통점	두 힘의 크기가 같고 방향이 반대이며, 같은 작용선상에 존재	
차이점	두 물체 사이에 작용하는 힘으로, 작용점이 상대방 물체에 존재	한 물체에 작용하는 두 힘으로, 두 힘의 작용점이 한 물체에 존재
예	• F_1 : 지구가 책을 잡아당기는 힘 • F_2 : 책이 지구를 잡아당기는 힘 • F_3 : 책이 책상면을 누르는 힘 • F_4 : 책상면이 책을 떠받치는 힘	• F_1 : 손이 용수철을 당기는 힘 • F_2 : 용수철이 손을 당기는 힘 • F_3 : 용수철이 추를 당기는 힘 • F_4 : 추가 용수철을 당기는 힘 ✯✯✯ 중요 POINT • 작용 – 반작용의 관계인 두 힘 : F_1과 F_2, F_3와 F_4 • 평형 관계인 두 힘 : F_1과 F_4

(3) 작용 – 반작용의 예

① 사람이 걸어간다.

② 로켓이 가스를 내뿜으며 올라간다.

③ 노를 저어 배가 앞으로 나아간다.

강추 특강

1 운동방정식 구하기

1. 〔1단계〕두 물체에 작용하는 알짜힘을 구한다.
2. 〔2단계〕전체 질량을 구한다.
3. 〔3단계〕$F=ma$ 식에 대입하여 가속도를 구한다.
4. 〔4단계〕각 물체에 작용하는 알짜힘을 구한다.
5. 〔5단계〕두 물체 사이에 작용하는 작용–반작용을 구한다.

2 운동방정식 해보기

1.
A
3kg
B
2kg
20N

① 〔1단계〕두 물체에 작용하는 알짜힘 : 20N
② 〔2단계〕두 물체의 질량 : 3kg+2kg=5kg
③ 〔3단계〕$F=ma$ 식에 대입하면,   20N=5kg×a ∴ $a=4$
④ 〔4단계〕A에 작용하는 알짜힘=질량×가속도=3kg×4=12N
　　　　　 B에 작용하는 알짜힘=질량×가속도=2kg×4=8N
⑤ 〔5단계〕작용 – 반작용┌B가 A를 미는 힘 : 12N
　　　　　　　　　　　　└A가 B를 미는 힘 : 12N

2.
2kg
A
3kg
B
10N

① 〔1단계〕두 물체에 작용하는 알짜힘 : 10N
② 〔2단계〕두 물체의 질량 : 2kg+3kg=5kg
③ 〔3단계〕$F=ma$ 식에 대입하면,   10N=5kg×a ∴ $a=2$
④ 〔4단계〕A에 작용하는 알짜힘=질량×가속도=2kg×2=4N
　　　　　 B에 작용하는 알짜힘=질량×가속도=3kg×2=6N
⑤ 〔5단계〕작용 – 반작용┌A가 B를 당기는 힘 : 4N
　　　　　　　　　　　　└B가 A를 당기는 힘 : 4N

3.
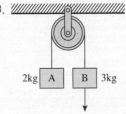
2kg A B 3kg

① 〔1단계〕두 물체에 작용하는 알짜힘
　　　=B에 작용하는 중력−A에 작용하는 중력=30N−20N=10N

예상 문제

다음 그림과 같이 수평면 위의 수레가 도르래를 통하여 추와 실로 연결되어 운동한다. 추의 질량이 수레 질량의 두 배라면 수레의 가속도는?(단, 실과 도르래의 질량, 공기저항 및 모든 마찰은 무시하며 중력가속도는 g이다)

① $\dfrac{1}{3}g$ 　② $\dfrac{2}{3}g$

③ $1g$ 　④ $2g$

해설

수레의 무게를 m이라 하면 추의 무게는 $2m$이 되고, 현재 추 무게에 중력의 힘이 작용하므로 F는 $2mg$이다. $F=ma$에 의하여 수레의 가속도를 계산하면,
$2mg=3m×a$,
$a=\dfrac{2mg}{3m}=\dfrac{2}{3}g$이다.
따라서 수레의 가속도(a)는 $\dfrac{2}{3}g$이다.

정답 ②

② 〔2단계〕 두 물체의 질량 : $2kg + 3kg = 5kg$

③ 〔3단계〕 $F = ma$ 식에 대입하면, $10N = 5kg \times a$ ∴ $a = 2$

④ 〔4단계〕 A에 작용하는 알짜힘 = 질량 × 가속도 = $2kg \times 2 = 4N$

　　　　　　 B에 작용하는 알짜힘 = 질량 × 가속도 = $3kg \times 2 = 6N$

⑤ 〔5단계〕 작용 – 반작용 ┬ A가 B를 당기는 힘 : B에 30N의 힘이 작용할 때
　　　　　　　　　　　　　　　 B에 작용하는 알짜힘이 6N이므로 A가 B를 당기
　　　　　　　　　　　　　　　 는 힘은 $30N - 6N = 24N$ 이다.
　　　　　　　　　　　　　　└ B가 A를 당기는 힘 : 24N

예상 문제

다음은 동일 직선상에서 운동하는 물체 A, B의 충돌 전후의 위치를 시간에 따라 나타낸 것이다. 이에 대한 설명으로 옳은 것만을 모두 고른 것은?(단, A와 B에 외부의 힘은 작용하지 않는다)

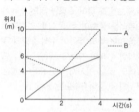

ㄱ. 충돌 시 A가 받은 충격량의 크기와 B가 받은 충격량의 크기는 같다.
ㄴ. A의 질량은 B의 질량의 4배이다.
ㄷ. A와 B의 운동에너지의 총합은 충돌 전과 후에 동일하다.

① ㄱ, ㄴ
② ㄱ, ㄷ
③ ㄴ, ㄷ
④ ㄱ, ㄴ, ㄷ

해설

$v_A = A = 2m/s$ 　　 $v_B = 1m/s$

$\boxed{m_A} \rightarrow$ 　　 $\leftarrow \boxed{m_B}$

$v_A' = 1m/s$ 　　 $v_B' = 3m/s$

$\boxed{m_A} \rightarrow$ 　　 $\boxed{m_B} \rightarrow$

$m_A v_A + m_B v_B = m_A v_A' + m_B v_B'$
에서 $2m_A + (-m_B) = m_A + 3m_B$
이므로 $m_A = 4m_B$

정답 ①

제 3 절　운동량과 충격량

1 운동량

1. 운동량

(1) 운동량(p)

물체의 운동 효과를 나타내는 양. 크기와 방향을 가진 벡터이다.

(2) 운동량의 크기

물체의 질량과 속도에 비례한다.

$$\text{운동량} = \text{질량} \times \text{속도}, \quad \vec{p} = m\vec{v} \ (\text{단위} : kg \cdot m/s)$$

(3) 운동량의 방향

속도의 방향과 동일하다.

(4) 운동량의 비교

운동량은 벡터량으로 크기와 방향을 함께 가지는 물리량이다. 따라서 크기가 같더라도 방향이 다르면 운동량도 다르다.

2. 운동량 보존 법칙

(1) 충돌과 충격량

운동하는 두 물체가 충돌하는 경우 작용 – 반작용 법칙에 따라 같은 크기의 힘을 같은 시간 동안 주고받는 현상을 충돌이라 하며, 이때 두 물체가 받는 충격량은 방향이 반대이고 크기는 항상 같다.

(2) 운동량 보존 법칙

① 운동하는 두 물체가 서로 충돌을 하는 경우 외력이 작용하지 않는다면 충돌 전후의 운동량의 총합은 항상 일정하다.

② 충돌 과정에서 두 물체가 받은 충격량의 크기가 같기 때문에 충돌 전후의 운동량의 합은 일정하게 보존된다.

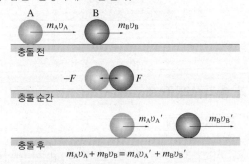

$$m_A v_A + m_B v_B = m_A v_A' + m_B v_B'$$

(3) 충돌의 종류

① 충돌에는 탄성 충돌, 완전 탄성 충돌, 완전 비탄성 충돌이 있다.

② 세 경우 모두 운동량은 보존된다.

③ 운동에너지는 탄성 충돌에서만 보존된다.

④ 우리가 흔히 보는 물체의 충돌은 비탄성 충돌이다.

2 충격량과 운동량의 관계

1. 충격량(I)

물체가 받은 충격의 정도를 나타내는 양. 크기와 방향을 가진 벡터이다.

(1) 충격량의 크기

충돌 시 물체에 작용한 힘과 힘이 작용한 시간에 비례한다.

충격량=힘×시간, $\vec{I} = \vec{F}\Delta t$ (단위 : N·s, kg·m/s)

www.sdedu.co.kr

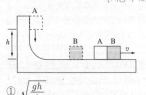
운동량의 변화량

$\vec{I} = \vec{F} \cdot \Delta t$

$= \left(\dfrac{\vec{mv} - \vec{mv_0}}{\Delta t} \right) \Delta t$

$= \vec{mv} - \vec{mv_0} =$ 운동량의 변화량

그림 (가)와 같이 수평면에서 물체 A가 정지해 있던 물체 B를 향해 2m/s의 속력으로 등속도 운동을 하였다. A가 B에 정면충돌한 후 그림 (나)와 같이 A는 왼쪽으로 0.5m/s의 속력으로, B는 오른쪽으로 각각 등속도 운동을 하였다. A, B의 질량은 각각 2kg, 5kg이다. 이에 대한 설명으로 〈보기〉에서 옳은 것만을 모두 고른 것은?(단, 공기저항과 모든 마찰은 무시한다)

[국가직 16]

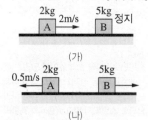

(가)

(나)

보기

ㄱ. 충돌 전 A의 운동량의 크기는 4kg · m/s이다.

ㄴ. 충돌하는 동안 B가 A에 가한 충격량의 크기는 5N · s이다.

ㄷ. 충돌하는 동안 A가 B에 작용한 힘과 B가 A에 작용한 힘은 크기가 같고 방향이 반대이다.

① ㄱ, ㄴ   ② ㄱ, ㄷ
③ ㄴ, ㄷ   ④ ㄱ, ㄴ, ㄷ

해설

• 충돌 전 A의 운동량 :
질량×속도=$2 \times 2 = 4$kg · m/s
충돌 전 B의 운동량 : 0
충돌 후 A의 운동량 :
질량×속도=2×-0.5
$= -1$kg · m/s

• 충돌 후 B의 운동량 :
질량×속도=$5 \times v = 5$kg · m/s
$v = 1$m/s

정답 ④

---

(2) 충격량의 방향

힘의 방향과 동일하다.

(3) 힘-시간 그래프

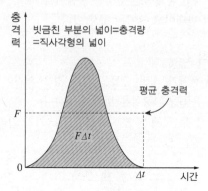

2. 운동량과 충격량의 관계

(1) 운동량과 충격량의 관계

① $F = ma$이고, $a = \dfrac{v - v_0}{\Delta t}$이므로 $F = m\left(\dfrac{v - v_0}{\Delta t}\right)$이다.

따라서 $F\Delta t = mv - mv_0$이므로 $I = \Delta p$이다.

즉, 충격량은 운동량의 변화량과 같다.

$$\vec{F} = \frac{\vec{\Delta p}}{\Delta t} = \frac{m\vec{\Delta v}}{\Delta t} = \frac{m\vec{v} - m\vec{v_0}}{\Delta t}$$

② 충격량의 방향은 운동량의 변화량의 방향과 같다.

(2) 충격량과 힘의 관계

$$I = F\Delta t \;\rightarrow\; F = \frac{I}{\Delta t} = \frac{\Delta p}{\Delta t}$$

① 힘이 일정하면 힘을 받는 시간이 길수록 충격량의 크기가 크다.

$[I \propto \Delta t (F : 일정)]$

예 포신이 길수록 포탄이 더 멀리까지 날아간다.

스포츠에서 팔로스루(follow though)가 중요하다.

② 충격량이 같으면 힘을 받는 시간이 길수록 작용하는 힘의 크기가 작다.

$$\left[F \propto \frac{1}{\Delta t}\,(I : 일정)\right]$$

예 포수 글러브, 에어백, 에어 매트, 번지 점프 등

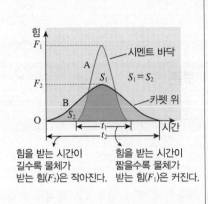

그래프는 똑같은 유리컵을 같은 높이에서 시멘트 바닥(A)과 카펫 위(B)에 떨어뜨렸을 때 유리컵이 받는 힘을 시간에 따라 나타낸 것이다.

그래프 아랫부분의 넓이	$A = B\,(S_1 = S_2)$
충격량	$A = B$
운동량의 변화량	$A = B$
충격력(평균 힘)	$A > B$
힘(충격력)을 받는 시간	$A < B$

(3) 충격 완화

우리가 사용하는 운동 기구는 충격을 흡수하여 사람에게 큰 힘이 작용하는 것을 막을 수 있도록 설계되어 있다.

① **자전거** : 고무 타이어, 압축 공기를 이용한 안장, 헬멧 안쪽의 스펀지 등
② 자동차 에어백, 자동차 범퍼, 공기가 충전된 포장재

CHAPTER 02

에너지와 열

1 일과 에너지

1. 일

과학에서의 일은 물체에 힘을 작용하여 힘의 방향으로 물체를 이동시키는 것을 말한다.

(1) 일의 양

작용한 힘(F)의 크기와 힘의 방향으로 이동한 거리(s)의 곱으로 구한다.
[단위 : J(줄)]

> 일=힘×이동거리, $W = Fs$ (단위 : J, N · m)
> ⇨ 1J : 1N의 힘을 작용하여 물체를 1m 이동시켰을 때 한 일

일의 부호
- 힘의 방향과 운동 방향이 같을 때
  $W = Fs$
- 힘의 방향과 운동 방향이 반대일 때
  $W = -Fs$

(2) 한 일이 0인 경우

① 마찰이 없는 수평면에서 물체가 등속 직선 운동을 할 때(F = 0)
② 물체를 들고 가만히 서 있을 때, 벽을 밀 때(s = 0)
③ 물체를 들고 수평 방향으로 걸어갈 때, 인공위성이 지구 주위를 돌 때
　(F⊥s ⇨ F = 0)

(3) 힘-이동거리 그래프

그래프 아랫부분의 넓이는 한 일을 나타낸다.

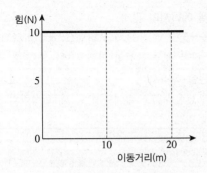

2. 에너지

(1) 에너지

일을 할 수 있는 능력으로 단위는 일과 같은 J(줄)이다.

(2) 운동에너지

① **운동에너지(E_k)** : 운동하는 물체가 가진 에너지를 말한다.

② **운동에너지의 크기**

$$W = Fs = \frac{1}{2}mv^2 - \frac{1}{2}mv_0^2 = \Delta E_k$$

(F : 알짜힘, s : 이동거리, v : 나중 속도, v_0 : 처음 속도)

③ **일과 운동에너지의 관계** : 물체에 작용한 알짜힘이 한 일(W)은 운동에너지 변화량(ΔE_k)과 동일하다.

(3) 퍼텐셜(위치) 에너지

① **퍼텐셜(위치) 에너지(E_p)**
- 물체가 기준 위치와 다른 위치에 있을 때 가지게 되는 에너지이다.
- 중력 퍼텐셜 에너지 : 중력장 내의 물체가 기준 위치와 다른 위치에 있을 때 갖는 에너지
- 탄성력 퍼텐셜 에너지 : 변형된 물체가 가지고 있는 에너지, 탄성력에 의해 일을 할 수 있는 능력

② **중력 퍼텐셜 에너지의 크기**

$$E_p = mgh \ (단위 : J)$$

예상 문제

질량이 2kg인 어떤 물체가 5m/s의 속력으로 움직이고 있다. 이 물체가 정지할 때까지 할 수 있는 일의 양은?

① 5J   ② 25J
③ 70J   ④ 125J

해설

$E_k = \frac{1}{2}mv^2 = \frac{1}{2} \times 2 \times 5^2 = 25J$

에너지와 일은 전환이 가능하다.

정답 ②

일과 운동에너지
알짜힘이 일을 하면 그만큼 운동에너지가 증가하게 된다.
- 중력이 한 일=운동에너지의 증가량
- 탄성력이 한 일=운동에너지의 증가량

③ 일과 퍼텐셜 에너지의 관계
- 물체를 들어올릴 때 : 물체의 퍼텐셜 에너지 증가
- 물체가 낙하할 때 : 물체의 퍼텐셜 에너지 감소

④ 탄성력 퍼텐셜 에너지
- 훅의 법칙 : 용수철을 늘어나게 할 때 탄성력의 크기는 용수철의 늘어난 길이에 비례

$$F \propto x \ \Rightarrow \ F = -kx \ [k : \text{용수철 상수(단위 : N/m)}]$$

탄성력에 의한 퍼텐셜 에너지
탄성력에 의한 퍼텐셜 에너지의 기준점은 평형점을 기준으로 해야만 한다. 다른 위치를 기준점으로 정하면 매우 복잡해진다.

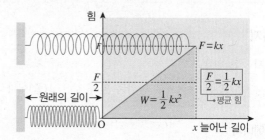

- 용수철을 늘이는 데 한 일

$$\text{용수철에 한 일} = \text{용수철에 작용한 힘} \times \text{용수철의 늘어난 길이}$$
$$W = \frac{1}{2}Fx = \left(\frac{1}{2}kx\right)x = \frac{1}{2}kx^2$$

2 역학적 에너지

1. 역학적 에너지

(1) 역학적 에너지
물체의 운동에너지와 퍼텐셜 에너지의 합이다.

(2) 역학적 에너지의 기준
특정 지점에서 물체가 가지는 역학적 에너지는 기준점에 따라 퍼텐셜 에너지가 달라지므로 이 기준에 따라 역학적 에너지 또한 달라진다.

(3) 역학적 에너지와 일
계의 역학적 에너지는 계 외부로부터 일을 받으면 증가하고 외부에 일을 하면 그만큼 감소한다.

2. 역학적 에너지 보존 법칙

(1) 역학적 에너지 보존 법칙

① 마찰이나 공기저항이 없을 때 역학적 에너지는 일정하게 보존된다.

② 퍼텐셜 에너지가 증가하면 운동에너지가 감소하고, 운동에너지가 증가하면 퍼텐셜 에너지가 감소한다.

역학적 에너지=퍼텐셜 에너지+운동에너지=일정, $E = E_p + E_k =$ 일정

(2) 중력에 의한 역학적 에너지 보존

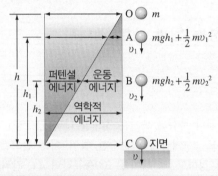

위치	퍼텐셜 에너지	운동에너지	역학적 에너지
O	mgh(최대)	0(최소)	
A	mgh_1	$\frac{1}{2}mv_1^2 = mg(h-h_1)$	mgh(일정)
B	mgh_2	$\frac{1}{2}mv_2^2 = mg(h-h_2)$	
C	0(최소)	$\frac{1}{2}mv^2$(최대)$= mgh$	

(3) 탄성력에 의한 역학적 에너지 보존

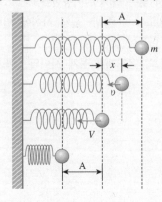

위치에너지	운동에너지	역학적 에너지
$\frac{1}{2}kA^2$	0	$\frac{1}{2}kA^2$
$\frac{1}{2}kx^2$	$\frac{1}{2}mv^2$	$\frac{1}{2}kx^2 + \frac{1}{2}mv^2$
0	$\frac{1}{2}mV^2$	$\frac{1}{2}mV^2$
$\frac{1}{2}kA^2$	0	$\frac{1}{2}kA^2$

(4) 역학적 에너지가 보존되지 않는 운동

① 물체가 중력이나 탄성력 이외에 마찰이나 공기의 저항을 받으며 운동하는 경우 역학적 에너지가 보존되지 않는다.

② 역학적 에너지가 마찰이나 공기저항에 의해 열에너지 등으로 전환된다.

제 2 절 열역학 제1법칙

1 기체가 하는 일과 내부 에너지

1. 온도와 열

(1) 온도와 열

① **온도** : 물체의 차갑고 뜨거운 정도를 나타내는 양
- 섭씨 온도 : 1기압에서 순수한 물이 어는 온도를 0℃, 끓는 온도를 100℃로 정하고 그 사이를 100등분하여 1℃ 간격으로 눈금을 나타낸 온도
- 절대 온도 : 섭씨 온도와 눈금 간격은 같으나 열역학적으로 최저 온도인 −273℃를 0K으로 정한 온도. 절대 온도와 섭씨 온도를 각각 T, t라고 할 때 다음 관계가 성립한다.

$$T(\text{K}) = t(\text{℃}) + 273$$

② **열** : 물체의 온도와 상태를 변화시키는 원인으로 에너지의 일종이므로 열에너지라고도 한다.

③ **열의 이동** : 열은 온도가 높은 물체에서 낮은 물체로 이동한다.

④ **열평형 상태** : 서로 접촉하여 있는 온도가 다른 두 물체 사이에 열이 이동하여 온도가 같아져 더 이상 열의 이동이 없는 상태이다.

⑤ **온도계** : 물체의 온도를 측정하는 도구로, 온도계와 물체 사이의 열평형 상태를 이용한다.

예상 문제

온도가 다른 두 물체를 접촉시켰을 때 온도 변화에 대한 설명으로 옳은 것만을 모두 고른 것은?

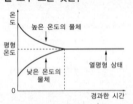

ㄱ. 고온의 물체는 온도가 내려간다.
ㄴ. 저온의 물체가 얻은 열량이 고온의 물체가 잃은 열량보다 작다.
ㄷ. 시간이 지나면서 열의 이동이 없는 상태에 이른다.

① ㄱ   ② ㄷ
③ ㄱ, ㄴ   ④ ㄱ, ㄷ

해설

고온의 물체가 잃어버린 열량만큼 저온의 물체가 열을 얻어 온도가 같아지면 열의 이동이 없는 열평형 상태에 이른다.

정답 ④

2. 기체가 하는 일과 내부 에너지, 열에너지와 기체

(1) 이상 기체

① 분자의 부피를 무시할 수 있고, 탄성 충돌 이외의 상호 작용은 하지 않는 기체

② 퍼텐셜 에너지가 없으므로 기체 분자의 역학적 에너지는 운동에너지와 같다.

③ 1기압의 실온에서 대부분 기체는 이상 기체처럼 행동한다.

$$PV = nRT$$
$(P : 압력, \ V : 부피, \ n : 분자의 총 개수,$
$R = 8.31 \text{J/mol} \cdot \text{K} : 기체 상수, \ T : 절대온도)$

(2) 내부 에너지

① 기체 분자의 운동에너지와 퍼텐셜 에너지의 총합을 말한다.

② 일정량의 이상 기체의 내부 에너지는 운동에너지만의 총합으로 나타나고 절대온도에 비례한다.

$$U \propto \overline{NE_K} \ \Rightarrow \ U \propto NT \quad (U : 이상 기체의 내부 에너지, \ N : 기체 분자의 수)$$

(3) 기체가 하는 일

① 기체에 열을 가하면 온도나 부피의 변화가 일어난다.

② **기체의 부피 변화와 외부에 한 일의 관계** : 기체가 팽창하면 기체가 외부에 일을 하게 되고 기체가 외부로부터 일을 받으면 수축하게 된다.

③ **기체가 하는 일** : 압력이 일정할 때 기체가 하는 일은 다음과 같다.

$$W = F\triangle l = PA\triangle l = P\triangle V$$

---

2 열역학 제0법칙과 열역학 제1법칙

1. 열역학 제1법칙

(1) 열역학 제0법칙

물체 A와 B가 열평형을 이루고 물체 A와 C가 열평형을 이룬다면, 물체 B와 C도 열평형을 이룬다. 이때 이 세 물체는 온도가 같다.

기출 플러스

단열된 실린더에 일정량의 이상 기체가 들어있고, 실린더 내부의 열공급 장치를 이용하여 기체에 열을 가하였더니 기체의 압력이 일정하게 유지되면서 부피가 팽창하였다. 이에 대한 설명으로 〈보기〉에서 옳은 것만을 모두 고른 것은?(단, 실린더 내의 기체의 분자 수는 일정하다) [국가직 16]

보기
ㄱ. 기체는 외부에 일을 하였다.
ㄴ. 기체 분자의 평균 속력은 증가하였다.
ㄷ. 기체가 흡수한 열량은 기체의 내부 에너지 증가량과 같다.

① ㄱ, ㄴ
② ㄱ, ㄷ
③ ㄴ, ㄷ
④ ㄱ, ㄴ, ㄷ

해설

부피가 증가하였으므로 외부에 대하여 일을 하였다. 열을 가하였으므로 온도가 올라가 기체 분자의 평균 속력은 증가했을 것이다. 기체가 흡수한 열량은 기체 내부 에너지 증가와 부피가 팽창하는 일을 함께 하였다.

정답 ①

(2) 열역학 제1법칙

내부 에너지 증가량은 외부에서 흡수한 열량에서 외부에 한 일을 뺀 값과 같다.

$$\triangle U = Q - W, \ Q = W + \triangle U$$

① 기체가 열을 얻었을 때 $Q > 0$이며, 기체가 열을 잃었을 때 $Q < 0$이다.
② **열역학 제1법칙의 의미** : 열에너지와 역학적 에너지를 포함한 에너지 보존의 법칙이다.

예 열기구 내부를 가열하면 기체의 온도가 상승하고 기구가 팽창하며 대기를 밀어내는 일을 한다.

2. 열역학 과정

기체가 외부와 상호작용을 하면서 한 상태에서 다른 상태로 바뀌는 과정으로, 열역학 과정에서 열역학 제1법칙이 적용된다.

(1) 압력이 일정한 과정(등압 과정)

기체의 압력이 일정하게 유지되면서 부피가 팽창하는 과정

① 부피가 팽창하므로 외부에 일을 한다.
② 압력이 일정한 상태에서 부피가 팽창하므로 기체 분자의 운동이 활발해진다. 따라서 내부 에너지와 온도가 상승한다.
③ 기체가 흡수한 열량은 내부 에너지 증가량에 외부에 한 일을 더한 값과 같다.

$$Q = \triangle U + P \triangle V$$

(2) 부피가 일정한 열역학 과정(등적 과정)

기체의 부피가 일정하게 유지되면서 상태가 변하는 과정

① 부피가 일정하게 유지되는 상태에서 기체에 열을 가하면 기체의 온도가 상승하고 압력이 커진다.
② 기체의 부피 변화가 없으므로 기체가 외부에 하는 일은 0이다.
③ 기체에 공급된 열은 모두 내부 에너지 증가에 쓰인다.

$$Q = \triangle U$$

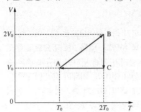

(3) 열의 출입이 없는 과정(단열 변화)

기체가 외부와의 열 출입이 없는 상태에서 부피가 변하는 것

① **단열 팽창** : 외부와의 열 출입이 없는 상태에서 기체의 부피가 팽창하는 변화이다. 기체의 부피가 팽창하면서 하는 일만큼 내부 에너지가 감소한다.

$$P\triangle V = -\triangle U > 0, \ 즉 \ \triangle U < 0$$

② **단열 압축** : 외부와의 열 출입이 없는 상태에서 기체의 부피가 감소하는 변화이다. 기체의 부피가 감소하면서 받은 일만큼 내부 에너지가 증가한다.

$$P\triangle V = -\triangle U < 0, \ 즉 \ \triangle U > 0$$

(4) 온도가 일정한 과정(등온 과정)

기체의 온도가 일정하게 유지되면서 상태가 변하는 과정

제 3 절 열역학 제2법칙

1 열역학 제2법칙

1. 가역 과정과 비가역 과정

(1) 가역 과정

처음의 상태로 완전히 되돌아갈 수 있는 과정
㉾ 공기저항이 없는 상태에서 진동하는 진자운동

(2) 비가역 과정

① 한쪽 방향으로만 일어나는 과정
② 스스로 처음 상태로 되돌아갈 수 없는 과정
③ 자연계에서 일어나는 대부분의 현상은 비가역 과정이다.
　㉾ 기체의 확산운동, 공기 중에서 진자운동, 열의 이동

엔트로피(무질서도)
모든 물질들은 원자나 분자와 같은 수 많은 입자들로 구성되어 복잡한 운동을 하는데, 이러한 입자들의 무질서한 정도를 무질서도 또는 엔트로피라고 한다.

2. 열역학 제2법칙

(1) 열역학 제2법칙

① 자연 현상에서 일어나는 변화의 비가역적 방향성을 제시하는 법칙
② 자연 현상에서 일어나는 변화가 처음의 상태로 되돌아가는 것은 열역학 제1법칙에 위배되지 않는다.
③ 스스로 처음 상태로 되돌아가지 않는다는 것을 의미한다.

(2) 열의 이동과 열역학 제2법칙

① 열은 스스로 고온의 물체에서 저온의 물체로 이동하지만 반대로는 저절로 이동하지 않는다.
② 열 또는 에너지의 이동에 방향성이 있음을 나타내는 법칙이다.

(3) 엔트로피와 열역학 제2법칙

① 한 방향으로만 일어나는 변화는 분자들이 질서 있는 배열에서 점점 무질서한 배열을 이루는 방향으로 진행한다.
② 자연 현상은 엔트로피가 증가하는 방향으로 진행한다.

예상 문제

그림은 열기관에서 에너지의 흐름을 나타낸 것이다.

이에 대한 설명으로 옳은 것을 모두 고르면?

> ㄱ. 열기관이 외부에 한 일은 $Q_1 - Q_2$ 이다.
> ㄴ. $\dfrac{Q_2}{Q_1}$ 가 작을수록 열기관의 열효율은 높아진다.
> ㄷ. $Q_2 = 0$ 인 열기관을 만들 수 있다.

① ㄷ
② ㄱ, ㄴ
③ ㄱ, ㄷ
④ ㄴ, ㄷ

해설
열기관의 효율(e)은
$\dfrac{W}{Q_1} = \dfrac{Q_1 - Q_2}{Q_1} = 1 - \dfrac{Q_2}{Q_1}$ 이다.

정답 ②

2 열기관의 원리와 효율

1. 열기관

(1) 열기관

① 열에너지를 일로 바꾸는 기관
② 열역학적 과정을 거쳐서 원래의 상태로 되돌아오는 과정을 통해 작동하면서 공급한 열에너지의 일부를 일로 전환한다.
③ 높은 온도의 열원(고열원)에서 열을 흡수하고 일을 한 후 남은 열을 온도가 낮은 곳(저열원)으로 방출한다.

(2) 열기관의 효율(e)

① 열기관에 공급된 열에너지 중 일로 이용되는 에너지의 비율
② 높은 온도(T_1)의 열원에서 열(Q_1)을 흡수하여 일을 한 후 온도가 낮은 곳(T_2)으로 열(Q_2)을 방출한다. 이때 열기관이 외부에 한 일은 $W = Q_1 - Q_2$ 이고, 열기관의 효율은 다음과 같다.

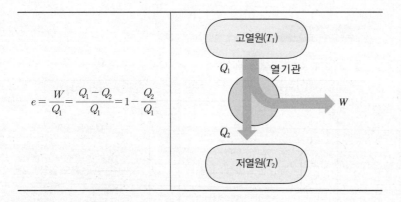

$$e = \frac{W}{Q_1} = \frac{Q_1 - Q_2}{Q_1} = 1 - \frac{Q_2}{Q_1}$$

2. 열효율과 열역학 제2법칙

(1) 고온부에서 저온부로 열의 이동이 없이 전부 일로 전환될 수 없다.

(2) 열기관의 효율 e는 항상 1보다 작다. 즉, 열효율이 100%인 열기관은 없다.

3. 영구기관

영구히 일을 계속할 수 있는 기관

(1) 제1종 영구기관

① 외부 에너지 공급 없이 작동하는 기관

② 열역학 제1법칙에 위배되어 만들 수 없다.

(2) 제2종 영구기관

① 열기관이 작동하며 방출한 낮은 온도의 열을 다시 높은 온도로 보내 사용할 수 있는 열효율이 100%인 열기관

② 열역학 제2법칙에 위배되어 만들 수 없다.

기출 플러스

그림은 고열원에서 Q_h의 열에너지가 공급되어 W의 일을 하고 저열원으로 Q_c의 열에너지가 방출되는 열기관을 나타낸 것이다. 이 열기관에 대한 설명으로 옳은 것을 모두 고르면? [서울시 13]

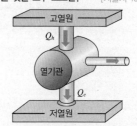

가. 열기관이 한 일 $W = Q_h - Q_c$ 이다.

나. 이 열기관의 열효율은 $\frac{Q_c}{Q_h}$ 이다.

다. 열효율이 1이 되는 열기관은 열역학 제1법칙에 위배된다.

① 가

② 가, 나

③ 가, 다

④ 나, 다

⑤ 가, 나, 다

해설

열효율 $= \frac{W}{Q_h}$

열효율이 1이 되는 것은 열역학 제2법칙에 위배된다.

정답 ①

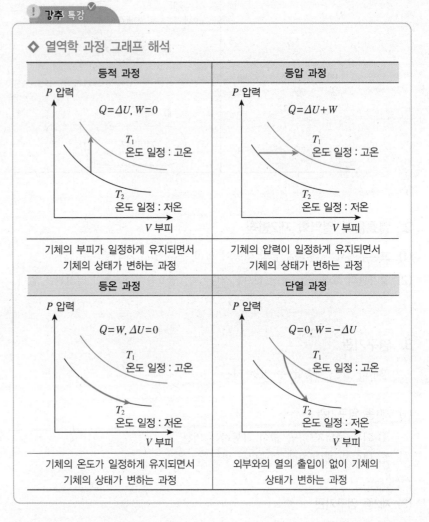

강추 특강

◆ 열역학 과정 그래프 해석

등적 과정	등압 과정
$Q=\Delta U,\ W=0$ T_1 온도 일정 : 고온 T_2 온도 일정 : 저온 P 압력 / V 부피	$Q=\Delta U+W$ T_1 온도 일정 : 고온 T_2 온도 일정 : 저온 P 압력 / V 부피
기체의 부피가 일정하게 유지되면서 기체의 상태가 변하는 과정	기체의 압력이 일정하게 유지되면서 기체의 상태가 변하는 과정
등온 과정	단열 과정
$Q=W,\ \Delta U=0$ T_1 온도 일정 : 고온 T_2 온도 일정 : 저온 P 압력 / V 부피	$Q=0,\ W=-\Delta U$ T_1 온도 일정 : 고온 T_2 온도 일정 : 저온 P 압력 / V 부피
기체의 온도가 일정하게 유지되면서 기체의 상태가 변하는 과정	외부와의 열의 출입이 없이 기체의 상태가 변하는 과정

CHAPTER 03 시간과 공간

특수 상대성 이론

1 상대 속도

1. 상대 속도

운동하고 있는 관찰자가 본 물체의 속도

> A가 본 B의 상대 속도=B의 속도−A의 속도, $\vec{v_{AB}} = \vec{v_B} - \vec{v_A}$

2. 직선 위에서 운동하는 물체의 상대 속도 구하기

기준이 되는 방향을 (+)로 나타낼 때 반대쪽으로 운동하는 물체의 속도는 (−)로 나타낸다.

두 물체의 운동 방향이 같을 때	두 물체의 운동 방향이 반대일 때
상대 속도의 크기 : 두 속도의 크기의 차	상대 속도의 크기 : 두 속도의 크기의 합

2 특수 상대성 이론의 기본 원리

1. 특수 상대성 이론의 배경

(1) 에테르

빛이 전달되기 위한 매질로 가정되었던 가상의 물질이다.

(2) 마이컬슨·몰리 실험

에테르의 존재를 확인하기 위해 실행한 실험이다.

① 실험 결과 에테르가 존재하지 않는다는 것이 밝혀졌다.

② 빛을 전달해 주는 매질은 없으며 빛의 속도는 항상 일정하다는 것을 알게 되었다.

(3) 마이컬슨·몰리 실험 결과에 대한 아인슈타인의 해석

빛은 파동이지만 매질의 필요 없이 진공에서 전파될 수 있다고 생각했다.

2. 특수 상대성 이론의 두 가설

(1) 상대성 원리

모든 관성 좌표계에서 물리 법칙은 동일하게 성립한다.

① **관성 좌표계** : 뉴턴 운동 제1법칙(관성 법칙)을 만족시키는 좌표계로, 한 관성 좌표계에 대해 일정한 속도로 움직이는 좌표계는 모두 관성 좌표계이다.

② 두 관성 좌표계에서 관측되는 물리량은 다를 수 있지만, 그 물리량 사이의 관계식은 동일하게 성립한다.

(2) 광속 불변 원리

① 모든 관성 좌표계에서 보았을 때, 진공 중에서 진행하는 빛의 속도는 관찰자나 광원의 속도에 관계없이 일정하다.

> 예 **등속으로 운동하는 트럭 위에서 공을 연직 위로 던져 올린 경우**
>
> • 트럭 위의 관찰자 : 공이 똑바로 올라갔다가 제자리에 떨어짐
> • 지면의 관찰자 : 포물선 운동을 하는 것으로 보임
> ⇨ 두 경우 모두 $F=ma$로 공의 운동을 설명할 수 있음

② 광속의 99.8%인 속도로 움직이는 파이온에서 나오는 빛의 속도를 측정했더니 정지 상태에서 측정한 광속과 동일하였다.

> 예 **광속 불변 원리의 예**
>
> 등속도로 달리는 기차에서 전등을 켰을 때 기차에 있는 사람도 지면에 있는 사람도 빛의 속도는 $c=3\times10^8$m/s로 일정하게 관측됨

관성 좌표계를 동기화

좌표계의 원점에 위치한 원점 시계가 $t=0$일 때 빛을 내보내면 r만큼 떨어진 격자점에 도달하는 순간 그 지점에 위치한 시계의 시간을 r/c에 맞춘다.

예상 문제 ✎

특수 상대성 이론을 이루는 기본적인 가정으로 옳은 것만을 있는 대로 고른 것은?

> ㄱ. 모든 관성 좌표계에서 작용하는 중력은 공간의 휨을 만든다.
> ㄴ. 모든 관성 좌표계에서 관성력이 근본적으로 중력과 구별할 수 있다.
> ㄷ. 모든 관성 좌표계에서 보았을 때, 진공 중에서 진행하는 빛의 속도는 관찰자나 광원의 속도에 관계없이 일정하다.

① ㄱ
② ㄴ
③ ㄷ
④ ㄱ, ㄴ

해설

중력이 공간의 휨을 만든다는 가정은 일반 상대성 이론과 관계가 있으며 가속 좌표계에서의 관성력과 중력이 구별되지 않는 등가 원리는 상대성 이론의 기본 원리이다.

정답 ③

3. 특수 상대성 이론

(1) 특수 상대성 이론

상대성 원리와 광속 불변의 원리를 바탕으로 하여 관성계에서 관찰자의 상대 속도에 따라 시간, 길이, 질량 등의 물리량이 어떻게 달라지는지를 설명한 이론이다.

(2) 특수 상대성 이론의 성립

관성 좌표계 사이에서 성립하는 이론이다.

③ 특수 상대성 이론에 대한 현상

1. 동시성의 상대성

(1) 사건의 측정

① 물리적 현상의 발생을 사건이라 한다.
② 특정한 시각에 어떤 위치에서 일어나는 일을 측정한다는 것이다.

(2) 동시성의 상대성

지면에 정지해 있는 관찰자에 대해 오른쪽으로 일정한 속도로 운동하는 우주선 안의 중앙에서 빛을 발사한다.

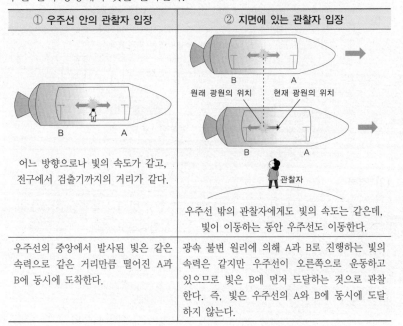

① 우주선 안의 관찰자 입장	② 지면에 있는 관찰자 입장
어느 방향으로나 빛의 속도가 같고, 전구에서 검출기까지의 거리가 같다.	원래 광원의 위치 / 현재 광원의 위치 우주선 밖의 관찰자에게도 빛의 속도는 같은데, 빛이 이동하는 동안 우주선도 이동한다.
우주선의 중앙에서 발사된 빛은 같은 속력으로 같은 거리만큼 떨어진 A과 B에 동시에 도착한다.	광속 불변 원리에 의해 A과 B로 진행하는 빛의 속력은 같지만 우주선이 오른쪽으로 운동하고 있으므로 빛은 B에 먼저 도달하는 것으로 관찰한다. 즉, 빛은 우주선의 A와 B에 동시에 도달하지 않는다.

(3) 결론

① 우주선 안의 관찰자가 볼 때는 동시인 사건이 지면에 정지해 있는 관찰자에게는 동시가 아니다.

② 사건의 동시성은 절대적인 개념이 아니라 상대적인 개념인 것이다.

2. 시간 지연(시간 팽창)

정지한 관찰자가 빠르게 운동하는 관찰자를 보면 상대편의 시간이 느리게 가는 것으로 관찰된다(시간의 상대성).

(1) 시간 지연 현상의 이해

지면에 대해 오른쪽으로 v의 속력으로 등속 직선 운동하는 우주선 안에서 빛을 수직 위로 발사하여 천장에 있는 거울에서 반사한 뒤 되돌아오게 한다.

① 우주선 안의 관찰자	② 지면에 있는 관찰자
 L(빛 시계의 길이) (가) 관찰자 O의 좌표계	 L v (나) 관찰자 O'의 좌표계
• 빛은 위아래로 왕복하는 것으로 본다. • 빛이 바닥에서 출발하여 다시 바닥에 되돌아오는 데 걸리는 시간은 $t_0 = \dfrac{2L}{c}$ 이다. • 우주선 안의 시계로 측정한 시간 간격은 $\dfrac{2L}{c}$ 이고, 이 시간이 고유 시간이다.	• 빛이 바닥에서 출발하여 다시 바닥으로 되돌아오는 데 걸리는 시간을 t라고 한다. • 빛이 위아래로 왕복하는 오른쪽으로 이동한 거리는 vt이고, 빛이 이동한 거리는 ct이다. • 빗변 하나의 길이는(피타고라스 정리) $$\frac{ct}{2} = \sqrt{\left(\frac{vt}{2}\right)^2 + L^2} = \sqrt{\left(\frac{vt}{2}\right)^2 + \left(\frac{ct_0}{2}\right)^2}$$ 이므로 $t = \dfrac{t_0}{\sqrt{1 - \left(\dfrac{v}{c}\right)^2}}$ 이다.

(2) 결론

지면에서 측정한 시간(t)이 운동하는 우주선 안에서 측정한 시간(고유 시간 : t_0)보다 길게 측정된다. 이것을 시간 지연이라고 한다.

피타고라스 정리
직각 삼각형의 빗변을 한 변으로 하는 정사각형의 면적은, 다른 두 변을 각각 한 변으로 하는 두 개의 정사각형의 면적의 합과 같다는 정리

고유 시간(t_0)
어떤 물체의 운동을 기술할 때, 여러 관찰자 중에서 물체와 함께 움직이는 관찰자가 측정한 시간이다.

3. 길이 수축

한 관성 좌표계의 관찰자가 상대적으로 운동하는 물체를 보면 그 길이가 수축되는 것으로 관찰된다(길이의 상대성).

(1) 길이 수축 현상의 이해

지구에 정지해 있는 관찰자에 대해 일정한 속도 v로 행성을 향해 운동하는 우주선이 있다.

① **관측된 길이와 원래의 길이** : 빛의 속도에 가깝게 운동하는 우주선은 원래의 길이보다 짧게 보인다.

정지 상태의 길이

v의 속도로 운동할 때의 길이

- 정지하고 있는 관찰자가 측정한 시간 : $\Delta t = \dfrac{L_0}{v}$ ··················· ㉠
- 운동하는 물체 내에서 이동한 거리 : $L = v\Delta t_0$ ··················· ㉡
- 시간 팽창 : $\Delta t_0 = \dfrac{\Delta t}{\gamma}$ ··················· ㉢

㉡식에 ㉠식과 ㉢식을 대입하여 정리

$\Rightarrow L = L_0 \dfrac{1}{\gamma} = L_0 \sqrt{1-(v/c)^2}$

$\Rightarrow L$은 L_0보다 $\sqrt{1-(v/c)^2}\left(=\dfrac{1}{\gamma}\right)$배만큼 줄어든다.

② 길이 수축은 운동 방향과 나란한 방향의 길이에서만 일어나며, 운동 방향과 수직인 방향의 길이는 수축되지 않는다.

로런츠 인자

$\dfrac{1}{\sqrt{1-(v/c^2)}}$ 을 로런츠 인자라고 하며, 속력 v가 c보다 매우 작을 때는 $r=1$이 되어 상대론의 효과를 측정하기 어렵다.

4. 특수 상대성 이론의 증거

(1) 뮤온이 지표면에서 관측

① 뮤온은 고유 수명이 짧아 지표면까지 도달할 수 없다.
② 실제로는 뮤온이 지표면에서 발견된다.

(2) 뮤온의 지표면 관측과 특수 상대성 이론

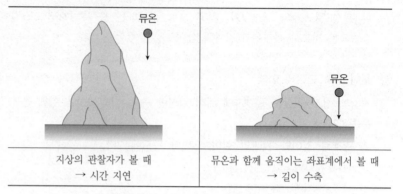

| 지상의 관찰자가 볼 때 → 시간 지연 | 뮤온과 함께 움직이는 좌표계에서 볼 때 → 길이 수축 |

제 2 절 질량과 에너지

1 질량의 에너지 변환

1. 질량과 에너지의 동등성

(1) 정지 질량과 상대론적 질량

① 관성 좌표계에 대해 정지해 있는 물체의 질량을 정지 질량(m_0)이라 한다.

② 운동하는 물체의 질량을 상대론적 질량(m)이라고 한다.

③ 물체의 속력이 증가하면 상대론적 질량도 증가한다.

(2) 속도 v로 움직이는 물체의 질량(m)

$$m = \frac{1}{\sqrt{1-(v/c)^2}} m_0 = \gamma m_0 \ (m_0 : 정지\ 질량)$$

(3) 질량–에너지 동등성

① 질량을 에너지로 바꿀 수 있고, 에너지가 질량으로 전환 가능하다.

② 정지하고 있는 물체라도 질량에 비례하는 에너지를 갖고 있으며, 운동하는 경우 질량 역시 증가한다.

$$E = mc^2 = \gamma m_0 c^2 \ (c : \text{빛의 속도} = 3 \times 10^8 \text{m/s})$$

(4) 질량-에너지 동등성의 예

① 쌍생성 현상	② 핵반응
에너지가 큰 빛이 전자와 양전자를 생성한다.	핵분열 반응이나 핵융합 반응에서 질량 결손에 의해 감소한 질량이 열에너지로 방출된다.

2. 질량 결손

(1) 핵반응 후 핵반응 전보다 줄어든 질량의 합을 말한다.

(2) 핵반응 과정에서 에너지를 방출하기 때문에 질량 결손이 생긴다.

2 핵분열과 핵융합

1. 핵반응

(1) 핵반응

① 핵이 분열하거나 융합하는 것을 말하며, 반응 전과 후 전하량과 질량수가 보존된다.

② 분열하거나 융합하는 과정에서 반응 전의 질량의 총합보다 반응 후의 질량의 총합이 작다. 이때 핵반응 후에 줄어든 질량을 질량 결손이라 하고, 질량 결손에 해당하는 에너지가 방출된다.

(2) 핵반응식

원자핵 A와 B가 반응하여 원자핵 C와 D가 되었을 때 핵반응식은 다음과 같다.

$${}^{a}_{w}\text{A} + {}^{b}_{x}\text{B} \longrightarrow {}^{c}_{y}\text{C} + {}^{d}_{z}\text{D} + (\text{에너지})$$

• 전하량 보존 : $w + x = y + z$
• 질량수 보존 : $a + b = c + d$

질량-에너지 동등성
• 질량이 에너지로 변하는 경우
 우라늄이 핵분열 할 때 감소한 질량이 열이나 빛 등의 에너지로 변환된다.
 예 원자력 발전
• 에너지가 질량으로 변하는 경우
 고에너지의 빛이 물질을 통과할 때 전자와 양전자가 생성된다.
 예 쌍생성 현상

(3) 질량 결손(Δm)

반응 전 질량의 총합에서 반응 후 질량의 총합을 뺀 것을 질량 결손이라 하고, 아인슈타인의 질량·에너지 등가 원리에 따라 방출되는 에너지는 다음과 같다.

$$E = \Delta m c^2 \text{ (단, } c \text{는 진공 중에서 약 } 3 \times 10^8 \text{m/s 이다)}$$

2. 핵분열

(1) 질량수가 큰 원자핵이 크기가 비슷한 2개의 원자핵으로 쪼개지는 현상으로 원자력 발전소의 원자로에서 일어나는 우라늄($^{235}_{92}\text{U}$)의 핵분열 반응이 대표적인 예이다.

(2) 우라늄 원자핵($^{235}_{92}\text{U}$)에 저속의 중성자(^1_0n)가 흡수되면 불안정한 우라늄 원자핵은 분열하여 크립톤($^{92}_{36}\text{Kr}$)과 바륨($^{141}_{56}\text{Ba}$)으로 쪼개지면서 고속의 중성자 3개가 방출된다. 이 과정에서 질량 결손에 해당하는 만큼 에너지가 방출된다.

$$\text{핵분열 반응식 : } ^{235}_{92}\text{U} + ^1_0\text{n} \rightarrow ^{141}_{56}\text{Ba} + ^{92}_{36}\text{Kr} + 3^1_0\text{n} + 200\text{MeV}$$
$$\text{(핵자당 방출하는 에너지는 약 } 0.85\text{MeV 이다)}$$

3. 핵융합

(1) 질량수가 작은 원자핵이 융합하여 질량수가 큰 원자핵으로 되는 현상으로, 중수소 원자핵과 3중 수소 원자핵이 융합하여 헬륨 원자핵이 되는 것이 그 예이다.

(2) 중수소 원자핵(^2_1H)과 3중 수소 원자핵(^3_1H)이 충돌하여 헬륨 원자핵(^4_2He)과 중성자(^1_0n)가 생성된다. 이 과정에서 질량 결손에 해당하는 만큼의 에너지가 방출된다.

$$\text{핵융합 반응식 : } ^2_1\text{H} + ^3_1\text{H} \rightarrow ^4_2\text{He} + ^1_0\text{n} + 17.6\text{MeV}$$
$$\text{(핵자당 방출하는 에너지는 약 } 3.52\text{MeV 이다)}$$

PART

02

물질과
전자기장

물리
초단기합격

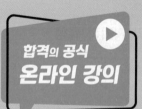

합격의 공식
온라인 강의

물질의 전기적 특성

CHAPTER 01

제 1 절 물체의 운동

1 전자와 원자핵

1. 원자 모형의 발전

① 돌턴		원자는 더 이상 쪼갤 수 없는 단단한 공과 같다.	한계점 : 음극선 실험의 결과를 설명할 수 없다.
② 톰슨	전자	(+)전하가 고르게 분포되어 있는 공 속에 (−)전하를 띤 전자가 여기저기 박혀 있다.	한계점 : 러더퍼드의 알파입자 산란실험 결과를 설명할 수 없다.
③ 러더퍼드	원자핵	부피가 작고 밀도가 큰 (+)전하를 띠는 원자핵이 중심에 있고, 그 주위를 (−)전하를 띠는 전자가 돌고 있다.	한계점 : 원자의 안정성과 수소 원자의 선 스펙트럼을 설명할 수 없다.
④ 보어	궤도	전자는 원자핵 주위의 특정한 에너지 준위를 가진 궤도상에서만 원운동하고 있다.	한계점 : 전자가 2개 이상인 다전자 원자의 선 스펙트럼을 설명할 수 없다.

2. 원자의 구성입자

원자는 전자와 원자핵으로 이루어져 있다.

(1) 전자 - 톰슨의 음극선 실험

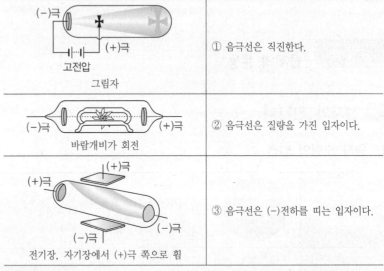

(−)극 (+)극 고전압 그림자	① 음극선은 직진한다.
(−)극 (+)극 바람개비가 회전	② 음극선은 질량을 가진 입자이다.
(+)극 (+)극 (−)극 (−)극 전기장, 자기장에서 (+)극 쪽으로 휨	③ 음극선은 (−)전하를 띠는 입자이다.

④ **결론** : 음극선은 (−)전하를 띤 전자의 흐름이며, 전자는 직진하는 성질과 질량을 지니고 있다.

(2) 원자핵 - 러더퍼드의 알파(α) 입자 산란실험

① 러더퍼드의 알파 입자 산란실험
 • 대부분의 알파 입자가 금박을 통과하여 직진한다. → 원자의 대부분이 빈 공간
 • 극소수의 알파 입자가 크게 휘거나 튕겨져 나온다. → 원자 중심에는 (+)전하를 띤 무거운 입자가 좁은 공간에 모여 있다.

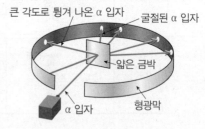

큰 각도로 튕겨 나온 α 입자   굴절된 α 입자
얇은 금박
α 입자   형광막

② **결론** : 원자의 대부분은 빈 공간이며, 원자의 중심에는 (+)전하를 띤 질량이 매우 큰 원자핵이 존재한다.

2 전기력

1. 전자기력과 쿨롱의 법칙

(1) 전기력

① 전하 사이의 상호 작용을 말한다.

② 같은 종류의 전하 사이에서, 즉 양(+)전하 사이나 음(−)전하 사이에는 밀어내는 방향으로 전기력이 작용한다. ⇨ 척력

③ 다른 종류의 전하 사이에서, 즉 양(+)전하와 음(−)전하 사이에는 끌어당기는 방향으로 전기력이 작용한다. ⇨ 인력

(2) 쿨롱의 법칙

① 두 전하 사이에 작용하는 전기력의 크기는 두 전하의 전기량의 곱에 비례하고, 전하가 떨어진 거리의 제곱에 반비례한다.

② 전하량이 각각 q_1, q_2인 두 전하 사이의 거리가 r일 때 두 전하에 작용하는 전기력의 크기 F는 다음과 같다.

$$F = k \frac{q_1 q_2}{r^2}$$

(k는 쿨롱 상수로써, 진공에서 $k = 8.99 \times 10^9 \text{N} \cdot \text{m}^2/\text{C}^2$)

2. 원자에 속박된 전자

(1) 전자와 원자핵 사이에 작용하는 전기력

전자는 (−)전하를 띠고 원자핵은 (+)전하를 띠므로 서로 당기는 전기력, 즉 인력이 작용한다.

① 러더퍼드는 전기력에 의해 전자가 원자핵 주위를 빠르게 원운동하기 때문에 원자의 구조가 유지된다고 설명하였다.

② 전자와 원자핵 사이에는 중력도 작용하지만 중력은 전기력에 비해 매우 작아서 무시할 수 있다.

(2) 전기력에 의한 전자의 속박

전자와 원자핵 사이에 작용하는 강한 전기적 인력은 전자를 원자 내에 묶어 두는 역할을 한다.

📕 기출 플러스

〈보기 1〉은 고정되어 있는 두 점전하 A, B 주위의 전기력선을 나타낸 것이다. 이에 대한 설명으로 옳은 것을 〈보기 2〉에서 모두 고른 것은?

[서울시 18]

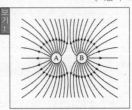

보기 2
ㄱ. A는 양(+)전하이다.
ㄴ. A와 B의 전하량은 같다.
ㄷ. A와 B사이에 전기적 인력이 작용한다.

① ㄱ
② ㄷ
③ ㄱ, ㄴ
④ ㄴ, ㄷ

해설
ㄷ. A, B 점전하 모두 양(+)전하이므로 A와 B사이에는 척력이 작용한다.

정답 ③

1 스펙트럼

1. 스펙트럼

(1) 좁은 폭의 햇빛이나 백열전구의 빛이 프리즘을 통과하면 스크린에 무지개와 같이 여러 색깔이 보이는 색의 띠가 나타난다. 이것을 스펙트럼이라고 한다.

(2) 빛의 파장에 따라 굴절률이 다르기 때문에 스펙트럼이 발생한다.

2. 스펙트럼의 종류

① 연속 스펙트럼	② 방출선 스펙트럼	③ 흡수선 스펙트럼
• 백색광이 프리즘을 통과했을 때 나타나는 스펙트럼 • 모든 파장에서 연속적으로 나타난다.	고온의 기체에서 방출된 선 스펙트럼	백색광을 저온의 기체에 통과시켰을 때 나타나는 선 스펙트럼

2 에너지의 양자화

1. 전자의 궤도

(1) 전자는 원자핵 주위의 특정한 궤도를 돌고 있다.

(2) 전자가 돌 수 있는 특정한 궤도를 양자수(n)이라고 한다.

(3) 특정 궤도를 도는 전자가 가지고 있는 에너지는 양자수에 따라 결정되며 불연속적인 값이다.

(4) 전자는 에너지를 흡수하거나 방출할 경우 에너지 준위를 이동한다.

(5) 에너지 준위의 차이가 클수록 흡수 또는 방출하는 빛의 진동수는 크다.

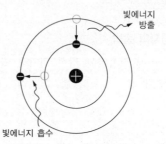

그림 (가)와 (나)는 전자가 양자수 $n = 4$에서 각각 $n = 1$인 상태와 $n = 2$인 상태로 각각 전이하면서 전자기파를 방출하는 것을 나타낸 것이다.

이에 대한 설명으로 옳은 것을 모두 고른 것은?

> 가. (가)보다 (나)에서 방출하는 전자기파의 파장이 더 길다.
> 나. (가)에서는 적외선의 형태로 에너지를 방출한다.
> 다. (나)에서 방출하는 전자기파는 가시광선 영역이다.

① 가
② 가, 나
③ 가, 다
④ 나, 다

해설

방출하는 에너지가 작을수록 전자기파의 파장이 길어지므로 (가)보다 (나)에서 방출되는 전자기파의 파장이 더 길고 (가)는 자외선의 형태로, (나)는 가시광선 영역의 파장의 전자기파를 방출한다.

정답 ③

2. 불연속적인 스펙트럼

전자는 에너지를 흡수하거나 방출하면서 양자화된 에너지 준위를 이동한다. 이때 방출하거나 흡수하는 에너지는 파장을 가지고 있으며 분광기로 측정할 때 선으로 나타난다.

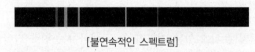

[불연속적인 스펙트럼]

3 보어 원자 모형의 양자 가설

1. 양자 조건

원자 내부의 전자는 어떤 특정한 에너지를 가진 원 궤도에서만 안정된 운동을 한다.

(1) 양자화

어떤 물질적인 양이 연속적으로 변하지 않고 띄엄띄엄한 불연속적인 값들만 가지는 것을 의미한다.
- 양자수 : 전자의 궤도는 원자핵으로부터 멀어지는 순서대로 $n = 1, 2, 3, \cdots$ 인 궤도라고 부르며, n을 양자수 또는 주양자수라고 한다.

(2) 에너지 준위

원자 내 전자가 가지는 에너지 값. 양자수의 값에 따라 불연속적인 값이다.

(3) 에너지 양자화

양자 조건을 만족하는 양자수 n에 따라 원자 내의 전자가 특정한 에너지를 갖는 것을 에너지의 양자화라고 한다.
① **바닥 상태** : 원자가 가장 낮은 에너지를 갖는 상태이다.
② **들뜬 상태** : 바닥 상태보다 큰 에너지를 갖는 상태이다.

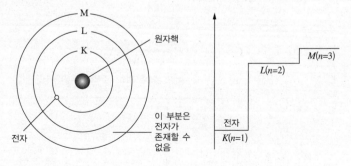

2. 전자의 전이

전자가 에너지 준위를 이동하는 것이다. 흡수 또는 방출하는 에너지는 전자기파 상태이며, 전이하는 두 에너지 준위의 차이와 같다.

(1) 에너지를 흡수할 때

낮은 에너지 준위에 있는 전자가 높은 에너지 준위로 전이한다.

(2) 에너지를 방출할 때

높은 에너지 준위에 있는 전자가 낮은 에너지 준위로 전이한다.

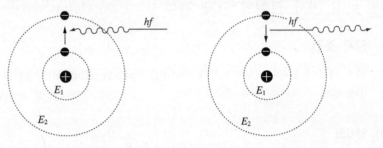

4 수소 원자의 선 스펙트럼

1. 전자가 전이할 때 광자의 에너지

진동수가 f인 광자의 에너지 E는 다음과 같다.

$$E = hf = \frac{hc}{\lambda}$$

(h : 플랑크 상수, c : 진공에서의 광속)

2. 수소 원자의 에너지 준위

$$E_n \fallingdotseq -\frac{13.6}{n^2}\,\text{eV}$$

(n은 1, 2, 3, …… 등의 정수이며, 주양자수를 나타낸다)

3. 스펙트럼의 파장

양자수 m, n인 에너지 준위에 있는 전자의 에너지가 각각 E_m, E_n이라고 하면 전자가 양자수 m, n인 에너지 준위를 전이할 때 방출 또는 흡수하는 빛의 파장 λ는 다음과 같다.

$$hf = \frac{hc}{\lambda} = |E_m - E_n| \ \rightarrow \ \lambda = \frac{hc}{|E_m - E_n|}$$

4. 수소의 선 스펙트럼의 계열

전자가 들뜬상태에서 보다 안정한 상태로 전이할 때 방출 선 스펙트럼이 나타나며, 라이먼 계열, 발머 계열, 파셴 계열 등으로 구분한다.

[전자가 양자수 내인 궤도에서 n인 궤도로 전이할 때 방출하는 파장]

n	m	계열	파장 영역
1	2, 3, 4, 5, 6, …	라이먼	자외선
2	3, 4, 5, 6, …	발머	가시광선
3	4, 5, 6, …	파셴	적외선

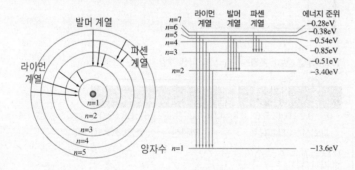

기출 플러스

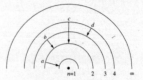

다음 그림에서 $a \sim d$는 보어의 수소 원자 모형에서 일어나는 몇 가지 전자 전이를 나타낸 것이다. 이에 대한 설명으로 옳은 것은?(단, 수소 원자의 주양자수(n)에 따른 에너지 준위(E_n)는 $-\dfrac{A}{n^2}$kJ/mol(A는 상수)이다)

[지방직 16]

① a에서 방출하는 에너지는 c에서 방출하는 에너지의 3배이다.
② $a \sim d$ 중 방출하는 빛의 파장은 d에서 가장 짧다.
③ 수소의 이온화 에너지는 AkJ/mol이다.
④ b에서 방출하는 빛은 자외선 영역에서 관찰된다.

해설

① a에서 방출하는 에너지($E_2 - E_1$)$= A$는 c에서 방출하는 에너지($E_4 - E_2$)$= A$의 4배에 해당한다.
② $a \sim d$ 중, a는 라이먼, b, c는 발머, d는 파셴 계열로 파셴 계열인 d가 적외선으로 가장 파장이 길다.
④ b는 발머 계열로 가시광선 영역에 해당한다.

정답 ③

강추 특강

1 수소 원자의 에너지 준위와 전자 전이

전자 전이 a~c에서 에너지 출입
과 에너지 값
① a의 전자 전이
② b의 전자 전이
③ c의 전자 전이

2 수소 원자의 전자 전이로부터 얻어지는 선 스펙트럼의 해석

① 라이먼
② 발머
③ 파셴

제 **3** 절   에너지띠와 반도체

1   고체의 에너지띠

1. 고체 원자의 에너지 준위

원자들 사이의 간격이 가까워 인접한 원자들의 전자 궤도들이 겹쳐 에너지 준위도 겹치게 된다.

(1) 에너지 준위의 변화

파울리의 배타 원리에 의해 2개의 원자가 같은 양자수를 갖지 않는다.

> 🔍 **플러스⁺   파울리의 배타 원리**
>
> 1개의 에너지 준위에는 1개의 전자만 존재할 수 있다. 다수의 전자를 포함하는 원자에서 2개 이상의 전자가 같은 양자수를 갖지 않는다는 것이다.

① **정상 상태** : 원자 내의 전자가 안정하게 존재할 수 있는 상태이다.

  ⇨ $n=1$인 정상 상태를 바닥 상태라고 하고, $n=2$ 이상인 상태를 들뜬 상태라고 한다.

② **에너지 준위** : 전자가 정상 상태에서 가지는 에너지. 특정한 궤도에서 전자가 가질 수 있는 에너지 값이다.

2. 고체의 에너지

(1) 에너지띠

고체를 구성하는 원자의 에너지 준위는 영향을 주는 원자의 수만큼 미세하게 변한다. 따라서 고체의 에너지 준위의 구조는 차이가 미세하여 연속적으로 볼 수 있는 에너지 준위가 존재하는 영역으로 구성된 에너지띠를 이룬다.

(2) 허용된 띠

고체 내의 전자들이 존재할 수 있는 에너지띠를 허용된 띠라고 한다.

(3) 띠틈

허용된 띠 사이에 전자가 존재할 수 없는 에너지 간격을 띠틈이라고 하며, 고체의 전기 전도성은 띠틈에 의하여 결정된다.

기체 원자의 에너지 준위

원자들 사이에 간격이 멀어 원자들 사이에 영향을 주고받지 않는다.

⇨ 같은 종류 기체 원자의 에너지 준위 분포는 동일하다.

예상 문제 ✎

고체의 에너지띠와 관련된 전도성에 대한 설명으로 옳은 것을 아래에서 있는 대로 고른 것은?

> ㄱ. 고체가 에너지띠를 가지는 것은 원자들의 연속적인 에너지 준위가 겹치기 때문이다.
> ㄴ. 원자가띠란 전자들이 존재할 수 없는 에너지 준위 영역을 의미한다.
> ㄷ. 기체는 원자들 사이의 거리가 멀어서 같은 종류의 기체 원자는 동일한 에너지 준위 분포를 가진다.

① ㄱ   ② ㄴ
③ ㄷ   ④ ㄱ, ㄴ

해설

여러 원자들의 에너지 준위가 겹칠 경우 전자가 존재 가능한 영역과 불가능한 영역이 존재하고, 그 사이 띠틈의 폭에 의해서 전기 전도성이 결정된다.

정답 ③

(4) 원자가띠와 전도띠

① **원자가띠** : 온도가 0K일 때 원자 내부의 전자들은 허용된 띠의 에너지가 낮은 상태에서 시작하여 점점 에너지가 높은 상태로 채워 나간다. 원자의 가장 바깥쪽에 있는 전자가 차지하는 에너지띠를 원자가띠라고 한다.

② **전도띠** : 원자가띠의 전자가 에너지를 흡수하여 이동할 수 있는 허용된 띠로, 원자가띠 위에 위치한다.

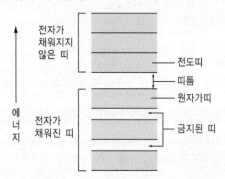

기체 원자의 에너지띠
기체 원자들은 서로 떨어져 있어서 원자 사이에 영향을 주지 않기 때문에 같은 종류의 기체인 경우에 원자는 에너지 준위의 분포가 동일하다.

---

2 고체의 전기 전도성

1. 고체의 전도성

(1) 고체의 전도성

온도가 0K일 때 원자가띠를 채우고 있는 전자들은 고체 내부를 이동하는 것이 불가능하다. 하지만 고체에 열에너지나 전기 에너지가 공급되면 원자가띠에 있는 전자들이 더 높은 에너지 준위로 이동하게 되며, 고체의 에너지띠 구조에 따라 전자가 고체 내부를 이동할 수 있는 성질이 다르게 나타난다.

(2) 자유 전자와 양공

① **자유 전자** : 전도띠에 있는 전자는 약간의 에너지에 의하여 고체 내부를 쉽게 이동할 수 있다. 전도띠에 있으며 쉽게 이동할 수 있는 전자를 자유 전자라고 한다.

② **양공** : 원자가띠에 있던 전자가 전도띠로 이동하면 원자가띠에는 전자가 비어 있는 자리가 있게 된다. 원자가띠에서 전자가 비어 있는 자리는 양(+)전하와 같은 성질을 가지며, 양공이라고 한다.

(3) 고체의 종류와 전기 전도성

① 도체	② 절연체(부도체)	③ 반도체
원자가띠와 전도띠가 일부 겹쳐 있거나, 원자가띠의 일부분만 전자로 채워져 있어 상온에서도 비교적 많은 자유 전자들이 자유롭게 이동할 수 있는 물질을 도체라고 한다. 예 금, 은, 구리, 알루미늄 등	원자가띠와 전도띠 사이의 띠틈이 상당히 크고 상온에서 전도띠에 전자가 거의 분포하지 않는 물질을 절연체 또는 부도체라고 한다. 예 나무, 고무, 유리, 플라스틱, 유황, 에보나이트, 공기 등	원자가띠와 전도띠 사이의 띠틈이 비교적 작아서 상온에서 전도띠에 전자가 약간 분포하는 물질을 반도체라고 한다. 예 저마늄(Ge), 실리콘(Si) 등

3 반도체

1. 고유(순수) 반도체

(1) 전류가 흐르는 정도가 도체와 절연체의 중간 정도이고, 불순물이 거의 없는 반도체를 순수한 반도체(진성 반도체)라고 한다.

(2) 원자가 전자가 4개인 실리콘(Si)과 같은 반도체는 원자가 전자가 일정한 영역에 있으면서 이웃한 원자를 결합하는 역할을 하고, 열에너지에 의하여 전도띠로 전이되는 전자의 수가 매우 적어 전류가 잘 흐르지 않는다.

(3) 순수한 반도체의 순도는 매우 높아 불순물 원자는 10^{12}개에 1개 정도이다.

2. 비고유(불순물) 반도체

(1) 비고유 반도체

고유 반도체에 특정한 불순물을 넣어 전기 전도성을 증가시킨 반도체이다.

(2) 도핑

순수한 반도체에 불순물을 첨가하는 과정을 도핑이라고 한다.

기출 플러스

그림 (가)와 (나)는 각각 고체의 에너지 띠 구조를 나타낸 것으로, 음영 부분은 전자가 채워진 부분을, 흰색 부분은 전자가 채워져 있지 않은 부분을 나타낸 것이다. 이에 대한 설명으로 옳은 것만을 모두 고른 것은? [국가직 13]

ㄱ. A는 전도띠이다.
ㄴ. 반도체는 (나)에 속한다.
ㄷ. (가)보다 (나)의 전기 전도도가 더 높다.

① ㄱ ② ㄱ, ㄷ
③ ㄴ, ㄷ ④ ㄱ, ㄴ, ㄷ

해설

고체의 경우에는 결합을 하면서 바깥쪽 전자들의 구름이 겹치면서 전자가 존재하는 일종의 띠를 만드는데 이것을 원자가띠라고 한다. 원자가띠에 있는 전자들이 에너지를 받으면 전도띠(그림 (가)의 A 부분)라는 곳으로 옮겨지게 되고 전도띠에 있는 전자는 자유 전자가 되어 이동이 가능하게 되는데 이러한 물질을 도체라고 한다. 원자가띠와 전도띠 사이의 간격을 띠틈이라고 하는데 이 띠틈이 너무 넓어서 원자가띠에 있는 전자가 전도띠로 이동하지 못해서 전기가 통하지 않는 물질이 절연체(부도체)이고 간격이 비교적 좁아서 약간의 에너지를 주면 전도띠로 전자가 이동해서 전기가 통하는 물질이 반도체이다. A는 전도띠이며, (나)는 도체이다.

정답 ②

온도와 저항의 관계
• 도체 : 온도가 올라가면 원자와 자유 전자가 충돌하는 횟수가 증가하여 전기 저항이 증가한다.
• 반도체와 부도체 : 온도가 올라가면 자유 전자의 수가 증가하여 전기 저항이 감소한다.

(3) 비고유 반도체의 종류

① **p형 반도체** : 원자가 전자가 4개인 저마늄(Ge), 실리콘(Si)과 같은 반도체에 원자가 전자가 3개인 알루미늄(Al), 붕소(B), 인듐(In) 등을 첨가한 반도체이다.

- 불순물 원자 주변의 원자 4개 중 1개는 전자가 비어 있는 양공을 가지게 된다.

- 주변에 있던 전자가 양공을 채우면 이동해 온 전자의 자리로 양공이 이동하는데, 양공이 전자와 반대 방향으로 이동하므로 양공은 양(+)전하의 성질을 갖는다.

- p형 반도체는 전도띠의 전자보다 원자가띠의 양공이 많도록 도핑되어 주로 양공에 의하여 전류가 흐른다.

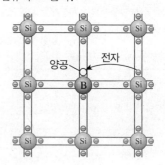

(주요 전하 나르개 : 양공)

② **n형 반도체** : 원자가 전자가 4개인 실리콘(Si), 저마늄(Ge)과 같은 반도체에 원자가 전자가 5개인 인(P), 비소(As), 안티몬(Sb) 등을 첨가한 반도체이다.

- 불순물 원자 주변에 자유로이 이동할 수 있는 여분의 전자 1개를 가지게 된다.

- n형 반도체는 원자가띠의 양공보다 전도띠의 전자가 많도록 도핑되어 주로 전자에 의하여 전류가 흐른다.

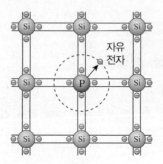

(주요 전하 나르개 : 자유 전자)

4 다이오드

1. 다이오드

(1) p−n 접합을 이용하여 만든 소자를 말한다.

(2) 전류를 한쪽 방향으로만 흐르게 하는 역할을 한다.

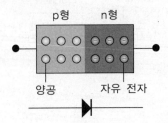

2. 바이어스

다이오드에 흐르는 전류를 조절하기 위해 전압의 방향과 크기를 바꾸는 것

(1) 순방향 바이어스(순방향 전압)

① p형 반도체에 전원의 (+)극 연결, n형 반도체에 전원의 (−)극 연결

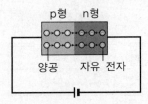

② 양공이 n형 반도체 쪽으로 이동하고, 전자는 p형 반도체 쪽으로 이동하여 접합면에서 결합한다.

③ 양공과 전자가 접합면을 쉽게 통과하므로 전류가 흐른다.

(2) 역방향 바이어스(역방향 전압)

① p형 반도체에 전원의 (−)극 연결, n형 반도체에 전원의 (+)극 연결

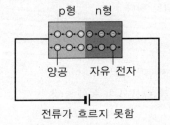

전류가 흐르지 못함

② 양공이 (−)극 쪽으로 이동하고, 전자는 (+)극 쪽으로 이동한다.

③ 양공과 전자가 접합면을 통해 이동할 수 없어 전류가 흐르지 않는다.

(3) 정류 작용

① 다이오드는 한쪽 방향으로만 전류를 흐르게 하는 성질이 있다.

② 이를 이용하여 교류를 직류로 바꾸는 기능을 다이오드의 정류 작용이라고 한다.

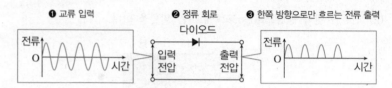

3. 다이오드의 이용

(1) 발광 다이오드(LED)

전류가 흐를 때 빛을 방출하는 다이오드를 발광 다이오드(Light Emitting Diode)라고 한다.

① **작동 원리** : p-n 접합 다이오드에 순방향으로 전류가 흐를 때 전도띠의 바닥에 있던 전자가 원자가띠의 꼭대기에 있는 양공으로 떨어지면, 그 사이 띠틈에 해당하는 만큼의 에너지가 빛으로 방출된다.

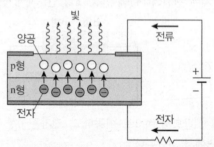

② **특징** : LED를 제작하는 반도체의 재질에 따라 띠틈의 에너지가 변화하며, 이를 이용하여 방출하는 빛의 색깔을 바꿀 수 있다.

③ **이용** : 발광 다이오드는 전력 손실이 작은 장점 이외에도, 수명이 길고 크기가 작으며 가벼워서 각종 영상 표시 장치, 조명 장치, 레이저 등의 제작에 사용되고 있다.

(2) 광다이오드

① 빛을 비추면 전류가 흐르는 다이오드

② 자동문, 리모컨 수신 장치 등에 이용

○ PART 02 물질과 전자기장

CHAPTER 02 물질의 자기적 특성

제 1 절 　전류에 의한 자기작용

1 자기장과 자기력선

1. 자석 주위의 자기장

(1) 자기력

① 자석 사이에 작용하는 힘을 자기력이라고 한다.

② 자석의 N극과 N극, S극과 S극 사이에는 서로 밀어내는 방향으로 자기력이 작용한다.

③ 자석의 N극과 S극 사이에는 서로 끌어당기는 방향으로 자기력이 작용한다.

(2) 자기장

① 자석 주위에 다른 자석을 놓으면 자기력이 작용한다.

② 자석이나 전류 주위에 자기력이 작용하는 공간을 자기장이라고 한다.

- 자기장의 방향 : 자침의 N극이 가리키는 방향이 자침이 놓인 지점에서 자기장의 방향이다.
- 자기장의 세기 : 자석의 자극에 가까울수록 자기장의 세기가 크다.

2. 자기력선

(1) 자기력선

자기장 내에서 자침의 N극이 가리키는 방향을 연속적으로 연결한 선이다.

(2) 자기력선의 특징

① 자석의 N극에서 나와서 S극으로 들어가는 폐곡선이다.

② 서로 교차하거나 도중에 갈라지거나 끊어지지 않는다.

③ 자기력선 위의 한 점에서 그은 접선 방향이 그 점에서 자기장의 방향이다.

④ 자기장에 수직인 단위 면적을 지나는 자기력선의 수(밀도)는 자기장의 세기에 비례한다.

지구 자기장
- 북쪽이 S극, 남쪽이 N극이다.
- 항상 자석의 N극은 북쪽을 가리킨다.

자석
- 자성을 띠고 있는 물체를 자석이라 한다.
- 자석의 특성
  - 자석의 극에는 N극과 S극이 있으며, 반드시 함께 존재한다.
  - 같은 극끼리는 척력, 다른 극끼리는 인력이 작용한다.
  - 나누어도 N극과 S극으로 분리되지 않는다.

자극
자성이 강한 자석의 양 끝부분으로 자석을 수평으로 매달았을 때 지구의 북쪽을 가리키는 극을 N극, 지구의 남쪽을 가리키는 극을 S극이라고 한다.

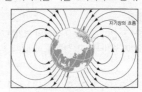

(3) **자석 주위의 자기력선**

자석 주위에 배열된 철가루의 모양으로 자기력선을 관찰할 수 있다.

① 같은 극 사이에는 서로 밀어내는 방향으로 자기력선이 분포하고, 다른 극 사이에는 서로 당기는 방향으로 자기력선이 분포한다.

② 자석의 끝부분에서 자기력선의 밀도가 크다.

(4) **자기 선속(Φ)**

① 자기 선속은 자기 다발이라는 것을 의미한다.

② 자기장에 수직인 단면을 지나가는 자기력선의 수에 비례한다.

③ 단위는 Wb(웨버)를 사용한다.

(5) **자기력의 세기(B)**

① 자기장에 수직인 단위 면적을 통과하는 자기 선속을 자기장의 세기라고 한다.

② 자기장에 수직이고 면적이 S인 단면을 통과하는 자기 선속이 Φ일 때 자기장의 세기 B는 다음과 같다.

$$B = \frac{\Phi}{S} \quad [\text{단위} : \text{T(테슬라)}, \ 1\text{T} = 1\text{Wb/m}^2]$$

자기장 세기 단위
T(테슬라)는 자기장의 세기에 대한 SI 단위이다.

[기출 플러스]

그림 (가)와 같이 일정한 전류 I가 흐르는 무한히 긴 직선 도선으로부터 거리가 r인 점 P에서 자기장의 세기가 B_0으로 측정되었다. 일정한 전류 I가 같은 방향으로 흐르는 무한히 긴 두 직선 도선이 그림 (나)와 같이 $2r$만큼 떨어져 있다. 점 Q에서 자기장의 세기는?

[국가직 13]

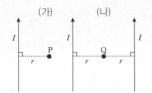

① 0
② B_0
③ $2B_0$
④ $4B_0$

[해설]

직선 도선이 만드는 자기장의 크기는 거리에 반비례하고 전류에 비례한다.

$$B = k\frac{I}{r}$$

왼쪽 도선이나 오른쪽 도선이나 전류의 세기가 같고 거리가 같으므로 각각의 도선이 만드는 자기장의 세기는 같으나 Q점의 상대적 위치가 서로 반대이므로 두 자기장은 서로 상쇄되어 합성 자기장은 0이 된다.

[정답] ①

---

2 전류에 의한 자기장

1. 직선 전류에 의한 자기장

(1) **전류에 의한 자기장**

① 1820년 덴마크의 과학자 외르스테드는 전류가 흐르는 도선 주위에 있던 자침이 회전하는 현상을 강의 도중 우연히 발견한 후, 자기장이 영구자석뿐만 아니라 전류에 의해서도 만들어진다는 것을 알아내었다.

② **앙페르 법칙** : 이것은 오른나사의 진행 방향을 전류의 방향으로 할 때 자기장의 방향이 나사가 회전하는 방향과 같아지므로 '오른나사 법칙'이라고도 한다.

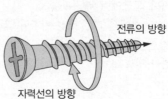

(2) 직선 전류에 의한 자기장

직선 도선에 전류가 흐르면 도선 주위에 도선을 중심으로 하는 동심원의 자기장이 형성된다.

① **자기장의 세기** : 전류의 세기가 클수록 강해지고, 전류가 흐르는 도선에서 멀어질수록 약해진다.

② **자기장의 방향** : 직선 전류가 흐르는 방향으로 오른손 엄지손가락을 향하게 하면 직선 전류에 의한 자기장의 방향은 나머지 네 손가락이 도선을 감아쥐는 방향이다.

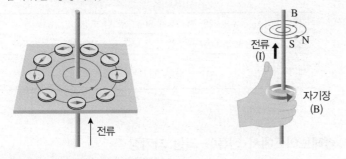

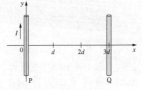

모양	직선 도선을 중심으로 한 동심원 모양
방향	오른손 엄지손가락을 전류의 방향으로 향하게 하고 나머지 네 손가락으로 도선을 감아쥘 때 네 손가락이 가리키는 방향
세기	$B \propto \dfrac{I}{r}$ (I : 전류의 세기, r : 도선으로부터의 거리)

2. 원형 전류에 의한 자기장

(1) 중심에서 자기장의 세기

① 전류의 세기가 클수록 강해진다.

② 반지름이 클수록 약해진다.

(2) 중심에서 자기장의 방향

① 전류의 방향으로 오른손의 엄지손가락을 향하게 한다.

② 자기장의 방향은 나머지 네 손가락이 도선을 감아쥐는 방향이다.

그림과 같이 $+y$방향으로 세기가 일정한 전류 I가 흐르는 직선 도선 P가 y축에 고정되어 있고, $x = 3d$에 직선 도선 Q가 P와 나란히 고정되어 있다. x축상의 점 $x = 2d$에서 자기장의 세기가 0이 되기 위하여 Q에 흐르는 전류의 세기와 방향은?(단, 두 도선은 가늘고 무한히 길다) [지방직 18]

① $\frac{1}{4}I$, $+y$

② $\frac{1}{2}I$, $+y$

③ $\frac{1}{4}I$, $-y$

④ $\frac{1}{2}I$, $-y$

해설

도선 Q가 P와 나란히 고정되어 있으며, 자기장의 세기가 P와 Q 사이에서 0이 되려면 항상 전류가 같은 방향을 나타내야 한다. 따라서 자기장의 방향은 $+y$이다. 자기장의 세기는 전류에 비례하고 거리에 반비례하므로 $2d$지점에서 자기장이 세기가 0이 되기 위해서 P가 I일 때 Q는 $\frac{1}{2}I$가 된다.

정답 ②

그림은 일정한 세기의 전류가 xy 평면에 수직 아래로 흐를 때, 전류가 만드는 자기장에 의해 도선 주변의 철가루들이 동심원을 그리며 배열된 모습을 나타낸 것이다. 이에 대한 설명으로 옳은 것은?(단, 점 p와 q는 x축상에 있으며, 지구 자기장은 고려하지 않는다)

[서울시 16]

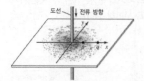

① 같은 세기의 전류가 처음과 반대 방향으로 흐를 때, 점 p에서 자기장의 세기는 더 커진다.
② 자기장의 세기는 점 p에서가 점 q에서보다 작다.
③ 점 p에서 자기장의 방향은 $+y$방향이다.
④ 도선 주변의 철가루는 자화되었다.

해설

도선의 아래 방향으로 전류가 흐르고 있으므로 앙페르의 법칙(오른나사 법칙)에 따라 시계 방향으로 자기장이 생긴다.
① 도선에서 일정한 거리에 있는 점에서는 전류의 세기가 같다면 자기장의 세기는 같다. 단지 전류의 방향만 바뀌었다면 자기장의 방향도 반대로 바뀔 뿐이다.
② 자기장의 세기는 전류가 흐르는 도선의 수직거리에 반비례한다. 그러므로 가까운 p점의 자기장의 세기가 더 크다.
③ 도선 주위로 시계 방향으로 자기장이 형성되므로, 점 p에서의 자기장은 $-y$방향이다.

정답 ④

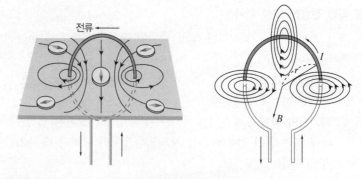

모양	직선 전류에 의한 자기장이 원형으로 휜 모양
방향	오른손의 엄지손가락을 전류의 방향으로 향할 때 네 손가락이 감기는 방향
세기	$B \propto \dfrac{I}{r}$ (I : 전류의 세기, r : 도선의 반지름)

3. 솔레노이드에서 전류에 의한 자기장

(1) 솔레노이드 주위의 자기장 세기

솔레노이드 내부의 자기장은 균일하고, 외부에 비해 상대적으로 세기가 세다.

① **솔레노이드** : 도선을 촘촘하고 균일하게 원통형으로 길게 감아 놓은 것
② **솔레노이드에 의한 자기장의 세기를 증가시키는 방법**
  • 흐르는 전류의 세기를 증가시킨다.
  • 코일의 단위 길이당 감은 횟수를 증가시킨다.
  • 솔레노이드 내부에 철심을 넣는다.

(2) 솔레노이드 내부에서 자기장의 방향

① 오른손의 네 손가락을 감아쥔 방향이 전류의 방향이다.
② 엄지손가락이 가리키는 방향이 자기장 N극이다.

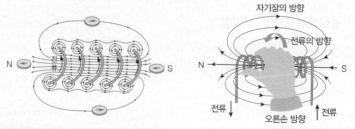

모양	직선 전류에 의한 자기장이 원형으로 휜 모양
방향	오른손의 엄지손가락을 전류의 방향으로 향할 때 네 손가락이 감기는 방향
세기	$B \propto I \cdot N$ (I : 전류의 세기, N : 감은 수)

4. 전류에 의한 자기장의 이용

(1) 전자석의 이용

자기 공명 영상 장치(MRI), 자기 부상 열차, 전자석 기중기 등

(2) 자기력의 이용

전동기, 스피커, 전류계 등

(3) 전류에 의한 자기장의 이용

① 자기 공명 영상 장치	② 자기 부상 열차
초전도체로 만든 코일에 강한 전류를 흐르게 하여 강한 자기장을 만든다. 이를 이용하여 인체 내부를 영상화하는 진단 장치이다.	레일에 설치된 영구자석과 열차에 부착된 전자석 사이의 자기력에 의해 열차가 레일 위에 뜬 상태로 마찰 없이 매우 빠르게 달릴 수 있다.
③ 직류 전동기	④ 스피커
코일에 전류가 흐르면 자기력을 받아 코일이 회전한다. 이때 정류자에 의해 전류의 방향이 조절되므로 코일은 계속 한 방향으로 회전한다.	코일에 소리 정보가 담긴 교류가 흐르면 자석과 코일 사이에 자기력이 작용하여 진동판이 진동한다.

제 2 절 물질의 자성

1 물질의 자성

1. 자성과 자성체

(1) 원자 자석 물질

내부에서 자석의 역할을 하는 하나하나의 원자이다.

① **외부 자기장이 없을 때** : 원자 자석들은 무질서하게 흩어져 있어 전체적으로 자석의 효과가 나타나지 않는다.

② **외부 자기장이 있을 때** : 원자 자석들은 외부 자기장에 반응하여 일정한 방향으로 정렬된다.

(2) 자기화

외부 자기장의 영향으로 원자 자석들이 일정한 방향으로 정렬되는 현상이다.

철
철은 자성을 띠지 않지만 자석을 가까이하면 자화된다.

자기화
물질 내부 원자 자석들이 외부 자기장에 의해 정렬되어 물체가 자석의 성질을 띠는 현상이다.

전자의 회전 운동(스핀)
전자는 원자핵 주위를 도는 궤도 운동 외에도 자신의 무게 중심을 지나는 축을 중심으로 회전 운동을 한다. 이 자전 운동을 스핀이라고 한다.

예상 문제
자성체에 대한 설명으로 옳지 않은 것은?
① 자기장 속에 놓인 물체가 자성을 가지는 것이다.
② 강자성체, 상자성체, 반자성체가 있다.
③ 상자성체는 가장 강하게 자기화가 일어나는 것이다.
④ 반자성체는 외부 자기장과 반대 방향으로 자기화된다.

해설
상자성체는 자기장 속에서 약하게 자화되는 물질이다.
정답 ③

(3) 자성

① **물질이 자석에 반응하는 성질** : 물질을 구성하는 원자 내 전자의 운동에 의해 자기장이 발생하기 때문에 물질이 자석에 반응하게 된다.
② 강자성, 상자성, 반자성으로 구분한다.

(4) 자성체

자성을 지닌 물질, 즉 자기장 안에서 자기화하는 물질이다.

2. 자성의 원인

(1) 자성의 원인

물질을 구성하는 원자 내 전자의 운동 때문이다.

① **전자 궤도 운동** : 전자가 원자핵을 중심으로 시계 방향으로 회전하면 전류는 시계 반대 방향으로 흐르는 형태가 되므로, 자기장의 방향은 전자의 궤도면에 수직인 위 방향이 된다.
② **전자의 회전 운동** : 전자 자신이 자전축을 기준으로 시계 방향으로 회전하면 자기장의 방향은 전자의 자전축 위 방향이 된다.

(2) 원자 자석

원자는 전자의 궤도 운동과 회전 운동에 의해 자기장을 형성하므로 하나의 원자를 작은 자석으로 생각할 수 있다.

(3) 물질의 종류에 따라 자성이 다르게 나타나는 이유

① **강자성체** : 한 원자 내에 짝을 이루지 않은 전자의 개수가 많으며 원자들 사이의 상호작용이 강한 물질이다.
② **상자성체** : 짝을 이루지 않은 전자의 개수가 적어 원자들 사이의 상호작용이 약한 물질이다.
③ **반자성체** : 한 원자 내 전자들이 모두 짝을 이루어 전자의 궤도 운동과 회전 운동에 의한 자기장이 완전히 상쇄되는 물질이다.

3. 자성체의 종류와 특징

(1) 강자성

① **강자성** : 물질 내부에 무질서하게 흩어져 있던 원자 자석들에 외부 자기장이 가해지면 원자 자석들이 나란하게 외부 자기장의 방향으로 강하게 자기화되므로 외부 자기장을 제거해도 자기화 상태를 오래 유지하는 것이다.

② **강자성체** : 외부 자기장이 가해지면 강하게 자기화된 후 외부 자기장이 사라져도 자성을 유지하는 물질이다.

예 철, 코발트, 니켈

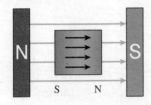

(2) 상자성

① **상자성** : 물질 내부에 무질서하게 흩어져 있던 원자 자석들에 외부 자기장이 가해지면 원자 자석들이 외부 자기장의 방향으로 약하게 자기화되므로 외부 자기장을 제거하면 원래 상태로 되돌아가는 것이다.

② **상자성체** : 외부 자기장이 가해지면 약하게 자기화된 후 외부 자기장이 사라지면 원래 상태로 되돌아가는 물질이다.

예 알루미늄, 백금, 산소

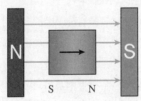

(3) 반자성

① **반자성** : 외부 자기장을 가하기 전에는 원자 자석이 없는 상태이지만 외부 자기장이 가해지면 물질 내부의 원자 자석들이 외부 자기장의 반대 방향으로 자기화된다.

② **반자성체** : 외부 자기장이 가해지면 반대 방향으로 자기화된 후 외부 자기장이 사라지면 원래 상태로 되돌아가는 물질이다.

예 물, 구리, 유리, 나무

예상 문제

강자성과 관련이 있는 설명만을 있는 대로 고른 것은?

ㄱ. 철, 니켈, 구리는 강자성체이다.
ㄴ. 외부 자기장을 제거하면 자석의 효과가 바로 사라진다.
ㄷ. 물질 내 원자 자석들이 외부 자기장과 같은 방향으로 정렬된다.

① ㄱ
② ㄴ
③ ㄷ
④ ㄱ, ㄷ

해설
구리는 강자성체가 아니며, 강자성체는 외부 자기장이 사라진다고 해도 바로 자성이 사라지지 않고, 여전히 어느 정도 남아 있다.

정답 ③

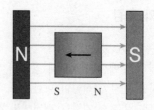

2 자성체의 이용

1. 강자성체의 이용

(1) 전자석

① 솔레노이드 내부에 강자성체를 넣는 것

② 전류가 흐르면 강자성체가 자기화되어 강한 자기장이 형성된다.

(2) 액체자석

① 강자성체 분말을 매우 작게 만들어 액체 속에 넣고 서로 엉기지 않도록 처리하여 만든다.

② 지폐의 위조 방지를 위한 자석잉크 등에 이용된다.

(3) 고무자석

① 강자성체 분말을 고무에 섞어 만든다.

② 일반적인 자석과 다르게 원자 자석이 여러 방향으로 자기화되어 있다.

(4) 하드디스크

정보를 저장하기 위해 헤드에 전류가 흐르게 하면 강자성체인 산화철로 코팅된 디스크(플래터)가 자기장에 의해 자기화되면서 정보가 기록된다.

2. 상자성체와 반자성체의 이용

(1) 상자성체의 이용

액체 산소의 상자성

(2) 반자성체의 이용

① 초전도체의 반자성

② 자기 부상 열차에 이용

제 3 절 전자기 유도

1 전자기 유도

1. 전자기 유도

(1) 전자기 유도

코일을 통과하는 자기력 선속이 시간에 따라 변할 때 코일에 전류가 흐르는 현상이다.

(2) 유도 기전력

전자기 유도 현상에 의해 솔레노이드 양단에 발생하는 기전력(전압)을 말한다.

(3) 유도 전류

① 전자기 유도에 의해 흐르는 전류
② 코일을 통과하는 자기력 선속(자속)의 변화를 방해하는 방향으로 흐른다.

2. 유도 전류의 방향

(1) 렌츠의 법칙

전자기 유도가 일어날 때 자기 선속의 변화에 따른 유도 전류의 방향을 찾는 법칙이다. 자기 선속의 변화를 방해하는 방향으로 유도 전류에 의한 자기장이 형성되도록 유도 전류가 흐른다.

(2) 자석의 운동에 따른 유도 전류 방향

① 자석의 N극이 원형 도선에 가까워지면 원형 도선 중심에 아래 방향으로 자기 선속이 증가한다. 따라서 아래 방향으로 증가하는 자기 선속을 방해하려면 유도 전류에 의한 자기장이 위 방향이 되어야 하므로, 원형 도선에는 반시계 방향으로 유도 전류가 흐른다.

② 자석의 N극이 원형 도선에서 멀어지면 원형 도선 중심에 아래 방향으로 자기 선속이 감소한다. 따라서 아래 방향으로 감소하는 자기 선속을 방해하려는 유도 전류에 의한 자기장이 아래 방향이 되어야 하므로, 원형 도선에는 시계 방향으로 유도 전류가 흐른다.

③ 자석의 S극이 원형 도선에 가까워지면 원형 도선 중심에 위 방향으로 자기 선속이 증가한다. 따라서 위 방향으로 증가하는 자기 선속을 방해하려면 유도 전류에 의한 자기장이 아래 방향이 되어야 하므로, 원형 도선에는 시계 방향으로 유도 전류가 흐른다.

앙페르 법칙
도선에 전류가 흐르면 도선 주위에 자기장이 만들어진다.

예상 문제

다음 그림은 자석 또는 코일이 속력 v로 운동하는 경우를 나타낸다. 이때 코일에 흐르는 전류의 방향이 나머지 세 경우와 반대인 것은?

①
자석을 아래 방향으로 움직이는 경우

②
코일을 아래 방향으로 움직이는 경우

③
자석을 위쪽 방향으로 움직이는 경우

④
코일을 위쪽 방향으로 움직이는 경우

해설
① 그림의 코일 윗부분이 N극이 된다.
② 그림의 코일 윗부분이 S극이 된다.
③ 그림의 코일 아랫부분이 N극이 된다.
　→ 위쪽은 S극
④ 코일의 윗부분이 S극이 된다.

정답 ①

④ 자석의 S극이 원형 도선에서 멀어지면 원형 도선 중심에 위 방향으로 자기 선속이 감소한다. 따라서 위 방향으로 감소하는 자기 선속을 방해하려면 유도 전류에 의한 자기장이 위 방향이 되어야 하므로, 원형 도선에는 반시계 방향으로 유도 전류가 흐른다.

N극을 가까이할 때	S극을 가까이할 때	N극을 멀리할 때	S극을 멀리할 때
가까이 Ⓝ → Ⓖ → I	가까이 Ⓢ → Ⓖ ← I	멀리 Ⓢ → Ⓖ ← I	멀리 Ⓝ → Ⓖ → I

3. 유도 전류의 세기

(1) 패러데이의 전자기 유도 법칙

① 유도 기전력의 크기는 솔레노이드를 지나는 자기력 선속(Φ)의 시간적 변화율과 솔레노이드의 감은 수에 비례한다.

② **패러데이의 법칙** : 시간 $\triangle t$ 동안 감은 수가 N인 코일에 자기 선속의 변화가 $\triangle \Phi$이면 유도 기전력 V는 다음과 같다.

$$V = -N\frac{\triangle \Phi}{\triangle t}$$

식에서 (−)부호는 유도 기전력의 방향이 자기 선속의 변화를 방해하는 방향이라는 의미를 가지므로, 패러데이의 법칙은 렌츠의 법칙을 포함한다.

(2) 유도 전류의 세기

① 자석의 세기가 셀수록 크다.
② 코일의 감은 수가 많을수록 크다.
③ 자석과 코일의 운동 속력이 빠를수록 크다.

4. 전자기 유도의 이용

(1) 전자기 유도 이용의 예

① 자전거 발전기   ② 발광 킥보드
③ 도난 방지 장치 센서   ④ 태블릿 컴퓨터
⑤ 마그네틱 카드(신용카드)   ⑥ 온라인 전기 자동차
⑦ 금속 탐지기

(2) 발전기와 전동기(모터)

발전기와 전동기는 작동 원리는 같지만 에너지 전환이 바뀐 것이다.

① **발전기** : 역학적 에너지 ⇨ 전기 에너지

② **전동기** : 전기 에너지 ⇨ 역학적 에너지

강추특강 1

◆ 초전도체

1. 초전도체

물체의 온도를 매우 낮게 했을 때 전기 저항이 0에 가까워지는 현상이 나타나는 도체

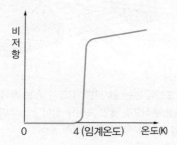

※임계온도 : 전기 저항이 0이 되는 온도

2. 마이스너 효과

초전도체 위에 자석을 올려놓으면 자석이 공중에 뜨는 현상이다. 초전도체에 외부 자기장을 걸어 주면 초전도체에는 외부 자기장과 반대 방향으로 강한 자기장이 만들어져 자석을 밀어내는 반자성이 강하게 나타난다.

3. 초전도체의 이용

전기 저항이 0	• 전력 손실 없는 송전선(열이 발생하지 않음) • 핵융합로, 자기 공명 영상 장치(강한 자기장을 발생시키는 전자석), 전기 에너지 저장 장치(고리 모양)
내부 자기장이 0	자기 부상 열차(마이스너 효과)

◆ 전자기력과 전자기 유도

1. 전자기력
   ① 자기장 속에 있는 도선에 전류가 흐르면 자석에 의한 자기장과 전류에 의한 자기장에 의해 도선이 힘을 받는데, 이 힘을 전자기력이라고 한다.
   ② 전자기력의 방향(플레밍의 왼손 법칙)

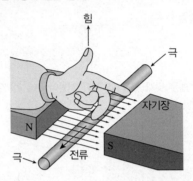

   ③ 전자기력의 크기
   자기장 속에서 도선이 받는 전자기력의 크기 F는 자기장의 세기 B와 전류의 세기 I, 자기장에 수직으로 놓인 도선의 길이 $l\sin\theta$에 비례한다.
   • 방향 : 전류의 방향과 자기장의 방향에 수직
   • 크기 : $F = Bl\sin\theta(\mathrm{N})$

2. 전자기 유도(패러데이의 법칙)
   ① 코일을 통과하는 자기장이 변할 때, 자기장의 변화를 방해하는 전류가 유도된다.
   ② 폐회로를 통과하는 자속이나 자기장이 변하여 회로에 전류가 발생하는 현상이다.
   • 전자기 유도에 의해 발생하는 전류를 유도 전류, 전압을 유도 전압이라 한다.
   • 유도 전압은 자기장의 변화가 클수록, 코일의 감은 수가 많을수록 커진다.

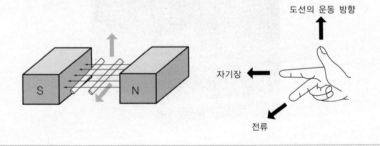

◆ 정보의 읽기와 쓰기

앙페르의 법칙을 이용하여 강자성체를 자화시켜 정보를 쓰고, 패러데이의 법칙을 이용하여 전자기 유도 현상으로 자화된 정보를 읽는다.

1. 정보의 쓰기
   ① 정보가 담긴 전류가 헤드에 감긴 코일에 흐름
   ② 코일에 자기장이 발생하여 철심 끝이 두 자극이 됨(앙페르의 법칙)
   ③ 자기 테이프가 철심의 극과 반대 극으로 자화

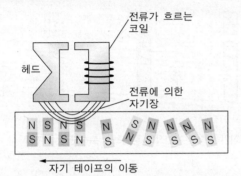

2. 정보의 읽기
   ① 정보가 저장된 자기 테이프가 헤드 아래로 이동
   ② 철심을 통과하는 자기장이 변하면 코일을 통과하는 자기장도 변화
   ③ 코일에 유도 전류가 흐름(패러데이의 법칙)

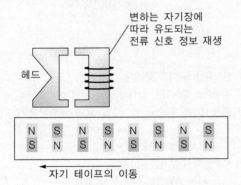

강추특강 4

◇ 유도 전류 방향

1. 자석의 운동에 따른 유도 전류 방향
   ① 자석이 코일에 가까워질 때 밀어내는 힘이 작용하도록 코일에 유도 전류가 흐른다.
      ⇨ 자석이 접근하는 코일 쪽에 자석과 같은 극이 형성
   ② 자석이 코일에서 멀어질 때 당기는 힘이 작용하도록 코일에 유도 전류가 흐른다.
      ⇨ 자석이 멀어지는 코일 쪽에 자석과 반대 극이 형성
   ③ 도전해보기

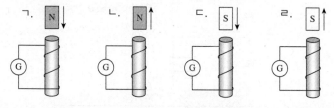

2. 종이면에 수직인 방향의 자기장을 통과하는 도선과 유도 전류

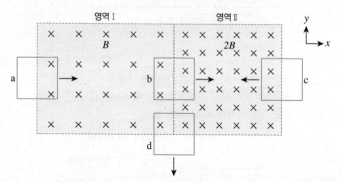

   ① 〔1단계〕 정사각형 도선의 움직임을 체크한다.
   ② 〔2단계〕 수직으로 들어가는 자기장 영역을 체크한다.
   ③ 〔3단계〕 도선 내부를 통과하는 수직으로 들어가는 방향의 자기 선속을 체크한다.
      • a, b, c 의 자기 선속이 증가한다.
        → 반시계 방향으로 유도 전류 발생
      • d는 자기 선속이 감소한다.
        → 시계 방향으로 유도 전류 발생

PART

03

파동과
정보통신

CHAPTER 01   파동의 성질과 이용

CHAPTER 02   빛과 물질의 이중성

물리
초단기합격

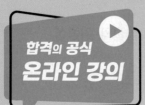

합격의 공식
온라인 강의

잠깐!

혼자 공부하기 힘드시다면 방법이 있습니다.
SD에듀의 동영상강의를 이용하시면 됩니다.
www.sdedu.co.kr ➜ 회원가입(로그인) ➜ 강의 살펴보기

CHAPTER

01 파동의 성질과 이용

1 파동의 발생

1. 파동

매질의 한 점에서 생긴 진동이 매질을 따라 규칙적으로 퍼져나가는 현상이다.

(1) 파원과 매질

① **파원** : 파동이 처음 발생한 지점

② **매질** : 파동을 전달시켜 주는 물질

(2) 파동의 전파

파동의 진행 에너지가 이동하는 현상으로, 매질은 진동만 하고 이동하지 않는다.

2. 파동의 종류

(1) 횡파와 종파

파동의 진행 방향과 매질의 진동 방향의 관계에 따른 구분

① 횡파	② 종파
마루 → 진행 방향 / 골	밀 소 → 진행 방향 / 진동 방향
파동의 진행과 매질의 진동 방향이 수직인 파동	파동의 진행 방향과 매질의 진동 방향이 나란한 파동
예 물결파, 전자기파, 지진파의 S파	예 소리, 지진파의 P파

(2) 탄성파와 전자기파

매질의 유무에 따른 구분

① 탄성파	② 전자기파
매질을 통해 에너지 전달	매질이 없어도 에너지 전달
예 물결파, 음파, 지진파, 용수철 파동	예 자외선, 가시광선, 전파

3. 파동의 표시와 파동 그래프

(1) 파동의 요소

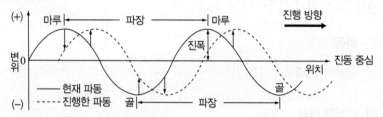

① **파장**(λ) : 이웃한 마루와 마루 또는 이웃한 골과 골 사이의 거리. 매질의 각 점이 한 번 진동하는 동안 파동이 진행한 거리

② **진폭**(A) : 매질의 최대 변위 크기. 즉 매질의 진동 중심으로부터 마루 또는 골까지의 수직 거리

③ **주기**(T) : 매질의 각 점이 한 번 진동하는 데 걸리는 시간. 즉 파동이 진행할 때 한 마루가 지나가고 다음 마루가 오는 데 걸리는 시간(단위 : s)

④ **진동수**(f) : 매질의 한 점이 1초 동안 진동하는 횟수(단위 : Hz)

$$T = \frac{1}{f} \ \text{또는} \ f = \frac{1}{T}$$

⑤ 주기와 진동수는 파동을 발생시키는 파원에서 결정된다. 즉, 매질이 달라져도 주기와 진동수는 변하지 않는다.

(2) 파동 그래프

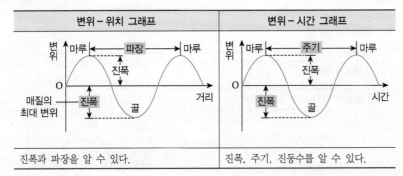

변위 – 위치 그래프	변위 – 시간 그래프
진폭과 파장을 알 수 있다.	진폭, 주기, 진동수를 알 수 있다.

4. 파동의 속력

(1) 파동의 속력

$$파동의 속력 = \frac{파장}{주기} = 진동수 \times 파장 \quad \Rightarrow \quad v = \frac{\lambda}{T} = f\lambda$$

(2) 같은 매질에서 파동의 속력은 일정하다.

⇨ 진동수가 클수록 파장이 짧다.

(3) 매질에 따른 파동의 속력

① **소리의 속력** : 고체>액체>기체, 공기의 온도가 높을수록 빠르다.
② **물결파의 속력** : 물의 깊이가 깊을수록 빠르다.
③ **빛의 속력** : 기체>액체>고체
④ **줄에 생긴 파동의 속력** : 줄이 가늘수록, 팽팽할수록 빠르다.

예상 문제

다음은 북을 칠 때 북에서 발생한 소리가 전달되는 과정을 순서대로 나타낸 것이다. 이 과정에서 옳은 것만을 모두 고른 것은?

ㄱ. 북이 진동하여 소리를 발생시킨다.
ㄴ. 진동하는 공기 분자가 직접 이동하여 소리를 전달한다.
ㄷ. 북 주위의 공기 분자가 소리의 진행 방향과 나란한 방향으로 진동한다.

① ㄱ
② ㄴ
③ ㄷ
④ ㄱ, ㄷ

해설

진동하는 분자는 직접 이동하지 않고 소리만 퍼져 나간다.

정답 ④

헬륨 가스를 마시면 목소리가 높아지는 이유는?

같은 온도와 압력에서 기체 분자들의 운동은 질량이 작을수록 활발하다. 따라서 헬륨의 분자 질량이 작아 일반 공기보다 분자의 운동이 더 활발하므로 헬륨 기체 속에서 소리의 속력이 더 빨라지기 때문이다.

2 파동의 굴절

1. 파동의 굴절

소리의 굴절
소리가 굴절할 때 반드시 꺾이는 것만은 아니다. 매질의 성질이 조금씩 변화하여 파동의 속력도 조금씩 변화하면 휘어지기도 한다.

파동의 굴절
파동이 굴절될 때 속력과 파장은 변하지만, 진동수는 변하지 않는다.

파동의 굴절	파동이 한 매질에서 성질이 다른 매질로 진행할 때 파동의 속력이 달라져 파동의 진행 방향이 꺾이는 현상
굴절의 법칙	파동이 굴절할 때 입사각(i)과 굴절각(r)의 sin값의 비율은 일정

$$n_{12}=\frac{n_2}{n_1}=\frac{v_1}{v_2}=\frac{\lambda_1}{\lambda_2}=\frac{\sin i}{\sin r}=일정$$

(n_{12} : 매질 1에 대한 매질 2의 상대 굴절률)

2. 빛의 굴절

(1) 굴절

파동이 한 매질에서 다른 매질로 진행할 때 진행 방향이 꺾인다. 빛도 파동의 한 종류이므로 파동과 마찬가지로 매질의 경계면에서 굴절된다.

(2) 굴절률

① **절대 굴절률(n)** : 매질에서의 빛의 속력(v)과 진공에서의 빛의 속력(c)의 비

$$n=\frac{c}{v}$$

② 입사각이 증가하면 반사각과 굴절각도 증가한다.
③ 빛이 반사, 굴절하더라도 빛의 진동수는 변하지 않는다.

(3) 굴절의 예

① 강바닥이 실제보다 얕아 보인다.
② 막대 자를 물에 담그면 물에 잠긴 부분의 눈금 간격이 좁게 보인다.
③ 오목 렌즈나 볼록 렌즈를 이용해 시력을 교정한다.

3. 굴절 법칙(스넬의 법칙)

입사 광선과 굴절 광선은 경계면에 수직으로 세운 법선과 같은 평면 위에
있고 두 광선은 법선의 양쪽에 있다.

$$\frac{n_2}{n_1} = \frac{v_1}{v_2} = \frac{\sin i}{\sin r}$$

4. 여러 가지 매질에서 빛의 속력과 굴절률

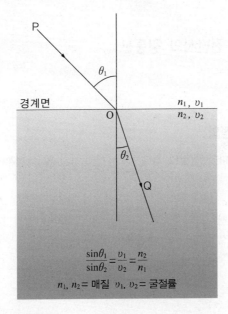

$$\frac{\sin\theta_1}{\sin\theta_2} = \frac{v_1}{v_2} = \frac{n_2}{n_1}$$

n_1, n_2 = 매질 v_1, v_2 = 굴절률

(1) 굴절각의 크기

기체 > 액체 > 고체

(2) 굴절되는 정도(굴절률)

고체 > 액체 > 기체

(3) 빛의 속력

기체 > 액체 > 고체

기출 플러스

그림과 같이 빛이 굴절률 n_1인 매질에
서 n_2인 매질로 입사할 때 입사각은
30°, 굴절각은 45°이었다. 이에 대한
설명으로 옳은 것은?   [지방직 17]

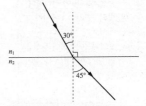

① 굴절률은 n_1이 n_2보다 작다.
② 입사각을 30°보다 크게 하면 굴절
   각은 45°보다 작아진다.
③ 굴절률이 n_1인 매질에서보다 n_2인
   매질에서 빛의 속력이 느리다.
④ 빛이 굴절률 n_1인 매질에서 n_2인
   매질로 진행할 때 전반사가 일어날
   수 있다.

해설

전반사는 빛이 굴절률이 큰 매질에서
굴절률이 작은 매질로 진행할 때 입사
각이 임계각보다 클 경우 경계면에서
전부 반사(100% 반사)되는 현상이다.
일반적으로 굴절률이 큰 매질에서 굴
절률이 작은 매질로 진행하면 경계면
에서 일부는 투과해 나가고 일부는 반
사된다. 그러나 입사각을 점점 증가시
키면 특정한 각 이상이 되었을 때 투과
하는 빛은 전혀 없고 전부 경계면에서
반사한다. 이것을 전반사라고 하며, 이
때의 입사각을 임계각(臨界角)이라고
한다.

정답 ④

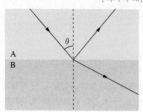
5. 생활 속의 굴절 현상

(1) 물속에 잠긴 물체의 깊이가 실제보다 얕아 보이고, 일부분만 잠긴 물체는 꺾여 보인다.

(2) 신기루나 아지랑이가 발생한다.

(3) 렌즈의 모양에 따라 빛이 모이거나 퍼진다.

(4) 낮보다 밤에 소리가 멀리까지 퍼진다.

(5) 파도가 해안선에 나란하게 진행한다.

제 2 절   전반사와 광통신

1 전반사

1. 전반사의 정의

빛이 진행하다가 매질의 경계면에서 굴절하지 않고 전부 반사하는 현상

(1) 임계각

빛이 물속에서 공기 중으로 입사할 때 입사각을 점점 크게 한다면 굴절각은 더 커질 것이고, 어느 순간에는 굴절각이 90°가 될 것이다. 이때 입사각을 임계각이라고 한다.

(2) 빛의 전반사

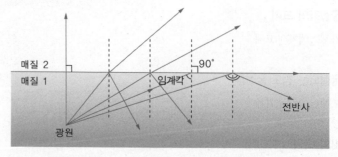

① **입사각<임계각** : 매질의 경계면에서 빛의 일부는 반사하고 일부는 굴절하여 진행한다.

② **입사각=임계각** : 굴절각이 90°에 근접한다.

③ **입사각>임계각** : 매질의 경계면에서 빛이 모두 반사하는 전반사가 일어난다.

2. 전반사의 특징

(1) 전반사가 일어날 조건

① 빛이 밀한 매질에서 소한 매질로 입사해야 한다.

② 입사각이 임계각보다 커야 한다.

(2) 굴절률과 임계각

굴절률이 큰 물질일수록 임계각이 작다(전반사가 잘 일어난다).

(3) 전반사를 이용하면 빛의 세기가 약해지지 않고 빛의 진행 경로를 바꿀 수 있으며, 빛을 멀리까지 보낼 수 있다.

(4) 전반사의 이용

① 쌍안경

② 잠망경

③ 광섬유를 이용한 장식품

④ 내시경

⑤ 광케이블

2 광통신

1. 광섬유

(1) 광섬유의 구조

빛을 전송시킬 수 있는 투명한 유리 섬유로 된 관으로, 중앙의 코어를 클래딩이 감싸고 있는 이중 원기둥 모양이다.

(2) 코어와 클래딩의 굴절률

코어의 굴절률이 클래딩의 굴절률보다 크므로 코어와 클래딩의 경계면에서 빛은 전반사하면서 코어를 따라 진행한다.

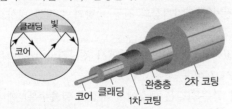

① 굴절률 : 코어＞클래딩

② 빛의 속력 : 코어＜클래딩

코어와 클래딩

코어는 광섬유의 중심에 있는 원통 모양의 투명한 유리이며, 클래딩은 코어를 감싸고 있는 원통 모양의 투명한 유리이다.

2. 광통신

(1) 광통신의 정의

음성, 영상 등과 같은 정보를 빛 신호로 전환한 후 빛의 전반사를 이용하여 광케이블로 전송하는 통신 방식

(2) 광통신의 과정

① 〔1단계〕 음성, 영상 등과 같은 신호를 전기 신호로 전환
② 〔2단계〕 발광 다이오드나 레이저를 이용하여 빛 신호로 전환
③ 〔3단계〕 빛 신호가 광섬유를 통해서 멀리까지 전달되면 수신기의 광검출기에서 전기 신호로 전환하여 음성, 영상 등을 재생한다.

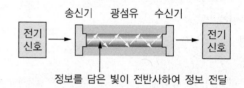

정보를 담은 빛이 전반사하여 정보 전달

(3) 광통신의 장단점

① **장점** : 도선을 이용한 유선 통신에 비해 전송 속도가 빠르고 대용량으로 전송할 수 있으며, 외부 전파에 의한 간섭이나 혼선이 없다.
② **단점** : 광섬유를 급격하게 구부리면 전반사 현상이 일어나지 않는다.

3 전자기파

1. 전자기파의 특성과 종류

(1) 전자기파의 특성

① 전기장과 자기장이 시간에 따라 진동하면서 공간을 퍼져 나가는 파동이다.
② 전자기파의 전기장과 자기장의 진행 방향은 서로 수직이고, 이때 전자기파는 전기장과 자기장의 진동 방향과 수직인 방향으로 진행하므로 횡파이다.
③ 매질이 없어도 진행하며, 진공에서 전자기파의 속력은 파장에 관계없이 약 3×10^8 m/s이다.
④ 진동수가 클수록(같은 매질에서 파장이 짧을수록) 에너지도 크다.
⑤ 파동의 일반적인 성질인 반사, 굴절, 회절 현상과 같은 파동성이 나타나고, 광전 효과와 같은 입자성도 나타난다.

(2) 전자기파의 발견

1864년 영국의 맥스웰이 처음으로 존재를 예언하였고, 독일의 헤르츠가 전자기파의 존재를 실험으로 확인하였다.

2. 전자기파의 종류와 이용

전자기파의 종류는 파장에 따라 구분된다.

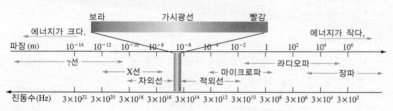

(1) 감마(γ)선

불안정한 원자핵이 붕괴하면서 방출하는 파장이 매우 짧은 전자기파이다. 투과력과 에너지가 매우 크고 화상, 암, 유전자 변형을 일으키기도 하며 의료계에서는 암을 치료하는 데 이용된다.

(2) X선

자외선보다 파장이 짧은 전자기파로, 투과력이 강해 인체 내부의 골격을 살펴볼 때 이용하거나 공항에서 물품 검사를 하는 데 이용된다.

(3) 자외선

가시광선의 보라색 빛보다 파장이 짧으며, 사람의 피부를 그을리게 하거나 미생물을 파괴시킬 수도 있을 만큼 에너지가 커서 살균 및 소독기에 이용된다. 형광물질에 흡수되면 가시광선을 방출하므로 위조지폐 검사에 이용되기도 한다.

(4) 가시광선

① 가시광선은 우리 눈으로 감지할 수 있는 전자기파이며, 파장은 약 380~770nm이고 진동수는 약 $3.9 \times 10^{14} \sim 7.9 \times 10^{14}$ Hz이다.
② 가시광선보다 파장이 짧은 것은 자외선, 그보다 더 짧은 것은 X선, 감마(γ)선이 있다.
③ 가시광선보다 파장이 긴 것은 적외선, 그보다 더 긴 것은 마이크로파, 라디오파(극초단파, 초단파, 단파, 중파, 장파)가 있다.

(5) 적외선

가시광선의 빨간색 빛보다 파장이 길며, 강한 열작용을 하여 열선이라고도 한다. 적외선 온도계, 적외선 카메라, 광통신, 적외선 센서 등 다양한 용도로 활용되고 있다.

(6) 마이크로파

적외선보다 파장이 길며, 레이더와 위성 통신, 전자레인지에서 음식을 데우는 데 이용된다.

(7) 라디오파

마이크로파보다 파장이 긴 전자기파로, 회절이 잘 되며 TV나 라디오 방송, 휴대전화 통신 등 무선 통신에 주로 이용된다.

제 3 절 파동의 간섭

1 파동의 간섭

1. 파동의 중첩 원리와 파동의 독립성

(1) 파동의 중첩 원리

두 파동이 겹칠 때 합성파의 변위는 각 파동의 변위의 합과 같다.

(2) 파동의 독립성

두 파동이 중첩 이후에 서로 다른 파동에 아무런 영향을 주지 않고 본래의 특성을 그대로 유지하면서 진행한다.

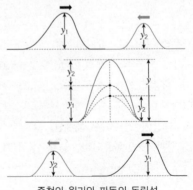

중첩의 원리와 파동의 독립성

2. 파동의 간섭

어느 한 점에서 두 파동이 만나면 중첩되어 진폭이 커지거나 작아진다.

(1) 보강 간섭

마루와 마루(골과 골)가 만나면 합성파의 진폭이 커진다.

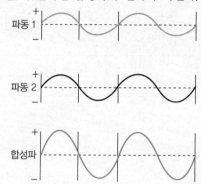

(2) 상쇄 간섭

마루와 골이 만나면 합성파의 진폭이 작아진다.

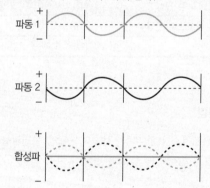

3. 정상파

(1) 정상파의 정의

동일한 두 파동이 서로 반대 방향으로 진행할 때 서로 중첩되어 정지한 것처럼 보이는 파동이다.

(2) 정상파의 형성 원리

① 동일한 두 파동이 서로 반대 방향으로 진행하다가 간섭하여 만들어진다.
② 정상파의 파장, 진동수, 속력은 원래 파동과 동일하다.

예상 문제

(가)와 (나)는 두 벽면 사이에서 형성된 정상파의 어느 순간 모습을 나타낸 것이다. 이 정상파의 주기가 4초라면 (가)의 상태에서 처음으로 (나)의 상태가 되는 데 걸리는 시간은 몇 초인가?

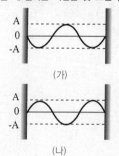

① 1초
② 2초
③ 3초
④ 4초

해설

정상파의 위상이 반대로 되는 데 걸리는 시간은 $\frac{1}{2}$ 주기이다.

정답 ②

③ 파동이 서로 중첩되었을 때 어느 방향으로도 진행하지 않는 것처럼 보이는 합성파이다.

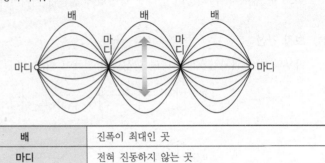

배	진폭이 최대인 곳
마디	전혀 진동하지 않는 곳

4. 소리의 간섭

(1) 두 소리가 만나면 간섭이 일어나 소리의 크기가 변한다.

(2) 소리의 간섭

① 보강 간섭	② 상쇄 간섭
두 소리가 같은 위상으로 만난다.	두 소리가 반대 위상으로 만난다.
소리가 크게 들린다.	소리가 작게 들린다.

5. 물결파의 간섭

(1) 두 개의 점 파원에서 진폭과 파장, 진동수가 같은 물결파를 같은 위상으로 발생시키면 진동이 크게 일어나는 부분과 진동이 거의 일어나지 않는 부분이 생긴다.

(2) 물결파의 간섭

① 보강 간섭	② 상쇄 간섭
밝기가 크게 바뀐다.	밝기가 일정하다.
가장 크게 진동한다.	진동하지 않는다.

6. 얇은 막에 의한 빛의 간섭

(1) 얇은 막(비누막이나 기름막)의 윗면에서 반사한 빛과 아랫면에서 반사한 빛이 간섭을 일으킬 때, 얇은 막의 두께와 보는 각도에 따라 경로차가 달라지므로 보강 간섭하는 빛의 색깔도 달라진다.

(2) 얇은 막에 의한 빛의 간섭

① 보강 간섭	② 상쇄 간섭
비누막의 윗면에서 반사한 빛과 아랫면에서 반사한 빛의 위상이 같다.	비누막의 윗면에서 반사한 빛과 아랫면에서 반사한 빛의 위상이 반대이다.
빛을 볼 수 있다.	빛을 볼 수 없다.

2 간섭의 활용

1. 간섭을 활용한 장치

(1) 소음 제거 장치

소음을 상쇄 간섭하도록 소리를 발생시켜 소음을 없애거나 줄이는 장치

(2) 무반사 코팅

얇은 막을 코팅하여 막의 윗면과 아랫면에서 반사하는 빛이 상쇄 간섭을 일으키도록 하여, 반사하는 빛의 세기를 감소시키고 투과하는 빛의 세기를 증가시킨다.

(3) 충격파 쇄석술

초음파 발생기에서 발생하는 초음파가 보강 간섭을 하여 수술하지 않고도 결석을 깨뜨린다.

(4) 분광기

빛의 간섭 현상을 이용하여 빛을 파장별로 분리시키는 장치로, 별이나 성운의 스펙트럼을 관측하여 구성 물질의 성분을 알아낸다.

2. 간섭의 이용과 현상

(1) 여러 가지 악기

악기에서 파동의 간섭 현상으로 소리가 발생하며, 이 소리가 울림통에서 보강 간섭을 하면 더 큰 소리가 난다.

(2) 공연장 설계

공연장의 벽이나 천장에서 반사되는 소리가 상쇄 간섭이 일어나지 않고, 모든 관객에게 고르게 퍼져나갈 수 있도록 각도를 조절하여 설계한다.

CHAPTER
02

빛과 물질의 이중성

제 1 절 빛의 이중성

1 빛의 이중성

1. 빛의 파동설과 입자설에 대한 역사

17세기	• 뉴턴 – 빛의 입자설 주장 • 하위헌스 – 빛의 파동설 주장
19세기	• 빛의 파동성 확립 　– 영의 빛의 간섭 실험 　– 프레넬의 빛의 회절 실험 　– 맥스웰의 전자기파의 속력이 빛의 속력과 같다고 입증
19세기 후반	헤르츠 – 광전 효과 발견(빛의 파동성으로 설명할 수 없었다)

2. 광전 효과

(1) 광전 효과

금속판에 빛을 쪼이면 금속 표면에서 전자(광전자)가 방출되는 현상이다.

① 금속에 빛을 비추면 금속에서 전자가 곧바로 튀어나올 수 있다.

② 일정한 진동수 이상의 빛을 비추어야 전자가 튀어나올 수 있다.

③ 진동수가 큰 빛을 비출수록 튀어나온 전자의 운동에너지가 크다.

④ 빛을 비추어 전자가 튀어나올 때 진동수는 일정하게 하고, 빛의 세기를 증가시키면 광전자의 개수가 증가한다.

(2) 광전자

광전 효과로 인해 튀어 나온 전자를 광전자라 한다.

빛의 세기와 광전류
동일한 진동수의 빛에 의해 단위 시간 당 방출되는 광전자의 수는 빛의 세기에 비례한다.

광전관
빛을 음극관에 비추면 음극관에서 방출된 광전자가 양극으로 끌려가 회로에 광전류가 생긴다.

(3) 광전 효과 실험

광전관 속 음극인 금속판에 한계 진동수 이상의 빛을 비추면 금속판에서 전자(광전자)가 방출되어 양극으로 끌려가 전기 회로에 전류가 흐른다.

(4) 파동설에 의한 예상과 광전 효과 실험 결과

광전 효과는 빛이 파동이 아니라 입자 성질을 가지는 알갱이라는 것을 증명한다.

① 빛의 파동성의 의한 예상

- 진동수에 관계없이 빛의 세기가 세면 전자가 방출되어야 하며, 약한 빛이라도 오래 쪼이면 전자가 방출되어야 한다.
- 빛의 에너지는 밝기에 의해 결정되므로, 밝은 빛을 쪼이면 방출된 전자의 에너지가 커야 한다.
- 금속에 빛을 비추면 금속 내부에서 에너지를 얻은 전자가 방출되는 데 시간이 걸린다.

② 광전 효과 실험 결과

- 금속 표면에 쪼이는 빛의 진동수가 한계 진동수보다 작으면 아무리 센 빛을 쪼여도 광전자가 방출되지 않는다.
- 광전자의 운동에너지는 빛의 세기와는 관계가 없고 빛의 진동수에 비례한다.
- 쪼이는 빛의 진동수가 한계 진동수보다 크면 아무리 약한 빛을 쪼여도 시간 지연 없이 즉시 광전자가 방출된다.

3. 광양자설

(1) 광양자설

아인슈타인은 파동설로는 설명할 수 없는 광전 효과를 설명하기 위해 빛을 광자라고 하는 불연속적인 에너지 입자의 흐름으로 설명하였다.

(2) 광자의 에너지

빛을 광자라고 할 때 진동수 f인 광자 1개의 에너지 E는 다음과 같다.

$$E = hf = \frac{hc}{\lambda} \ (h : \text{플랑크 상수}, \ f : \text{진동수})$$

(3) 광양자설에 의한 광전 효과의 해석

① **한계 진동수(= 문턱 진동수, f_0)** : 금속에서 전자를 떼어 내기 위한 최소한의 빛의 진동수로, 금속의 종류에 따라 다르다.

예상 문제

광전 효과에 대한 설명으로 옳은 것을 있는 대로 고른 것은?

> ㄱ. 문턱 진동수보다 낮은 진동수의 빛은 아무리 세게 쪼여도 광전자가 방출되지 않는다.
> ㄴ. 광전자의 운동에너지는 빛의 진동수에 비례한다.
> ㄷ. 문턱 진동수 이상의 빛에서는 즉시 광전자가 방출된다.

① ㄱ
② ㄴ
③ ㄱ, ㄴ, ㄷ
④ ㄴ, ㄷ

해설

광전 효과는 빛의 진동수가 한계(문턱) 진동수 이상일 때 일어나며 광전자의 최대 운동에너지는 $hf = \frac{hc}{\lambda}$ 이다.

정답 ③

광자(광양자)
아인슈타인은 일정한 에너지의 빛입자를 광자(광양자)라고 불렀다. 광자는 에너지만 있을 뿐 질량을 가지고 있지 않다.

② **일함수**($W = hf_0$) : 전자를 금속 표면 밖으로 나오게 할 때 필요한 최소한의 에너지로, 일함수는 금속의 종류에 따라 다르다. 여기서 h는 플랑크 상수이고, f_0은 문턱 진동수이다.

(4) 광전자의 최대 운동에너지

① 문턱 진동수(f_0)보다 작은 진동수의 빛으로는 광전자를 방출시키지 못한다.

② 광전자의 최대 운동에너지는 빛의 세기와 관계없고 진동수와 일함수에 의해서만 결정된다.

$$E_k = \frac{1}{2}mv^2 = hf - W = hf - hf_0 \ (f_0 : \text{한계 진동수}, \ W : \text{일함수})$$

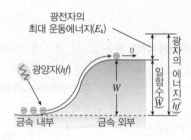
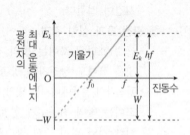

(5) 방출되는 광전자의 수

① 빛의 세기는 광자의 수에 비례한다.

② 광자 1개가 충돌할 때 전자 1개가 방출되므로, 빛의 세기가 셀수록 방출되는 광전자 수도 증가한다.

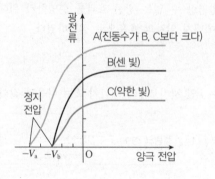

광전류
광전관의 음(−)극에 빛을 비출 때, 광전자가 방출되어 양(+)극으로 모이므로 전류(광전류)가 흐르게 된다.

4. 빛의 이중성

(1) 빛은 어떤 경우에는 파동의 성질을 지니며, 또 다른 경우에는 입자의 성질을 나타낸다.

(2) 빛의 입자성과 파동성이 동시에 나타나지 않는다.

(3) 어떤 순간에 입자적 성질과 파동적 성질 중 하나만 측정할 수 있다.
   ⇨ 빛의 파동성을 관찰하는 실험에서는 입자성이 나타나지 않는다.

(4) **빛의 파동성의 증거**
   ① 빛의 회절
   ② 간섭 현상

(5) **빛의 입자성의 증거**
   ① 광전 효과
   ② 콤프턴 산란

(6) **빛의 파동성과 입자성으로 모두 설명 가능한 현상**
   ① 빛의 굴절
   ② 빛의 반사

여러 가지 센서	
가속도 센서	물체에 속도 변화(가속도)가 있을 때, 관성에 의한 질량체의 위치 변화를 이용한다.
광센서	빛의 세기에 따라 전기 저항의 변화나 빛을 받았을 때 전류가 흐르는 성질을 가진 반도체를 이용한다.
압력 센서	센서에 작용한 압력에 의해 전압이 생기거나, 전기 저항의 크기가 변하는 것을 이용한다.
온도 센서	• 비접촉식 : 온도에 따라 전기 저항이 변하거나 온도차에 의해 전압이 생기는 것을 이용한다. • 접촉식 : 물체가 자신의 온도에 해당하는 적외선 에너지를 방출하는 것을 이용한다.
전자기 센서	자기장 변화로 발생하는 유도 전류를 이용한다.
소리 센서	매질의 진동으로 전류가 발생하는 것을 이용한다.

2 광전 효과를 이용한 현상

1. 광센서

(1) 광전 효과를 이용하여 빛의 양, 물체의 모양이나 상태, 움직임 등을 감지하는 장치(빛 신호 ⇨ 전기 신호)

(2) **종류**
   광다이오드, 태양 전지, CCD(Charge-Coupled Device) 등이 있다.

2. 광다이오드

(1) p-n 접합 다이오드 구조로 되어 있고 빛을 비추면 전류가 흐른다.

(2) 빛을 전기 신호로 변환시켜 준다.

p형 반도체와 n형 반도체
- p형 반도체 : 반도체 원소에 붕소와 같은 13족의 원소를 첨가한 반도체로 전자가 부족한 빈자리(양공)를 메우면서 전하를 운반한다.
- n형 반도체 : 반도체 원소에 인과 같은 15족 원소를 첨가한 반도체로 전자가 1개 더 많기 때문에 자유 전자가 전하를 운반한다.

(3) 이용

① 광전 변환 소자

② 태양전지

3. 전하 결합 소자(CCD)

(1) 원리

① 렌즈를 통해 들어온 빛이 CCD의 광다이오드에 닿으면 광전 효과 발생

② 각 화소에 발생하는 전하의 양, 즉 빛 신호를 전기 신호로 바꾸어 빛의 세기에 대한 영상 정보를 기록한다.

(2) 구조

광센서가 평면적으로 배열된 형태를 가지고 있으며 아주 작은 화소인 수백만 개의 광다이오드가 규칙적으로 배열된 반도체 소자

(3) CCD의 이용

① 디지털 카메라

② CCTV

③ 내시경 카메라

④ 블랙박스

4. 태양 전지

(1) 구조

p형과 n형 반도체를 사용하여 태양의 빛에너지를 전기 에너지로 전환하는 장치

(2) 원리

태양 전지에 빛을 비추면 반도체 내부에서 전자와 양공이 발생하여 접합 영역에 형성된 내부 전기장이 전자는 n형 반도체로, 양공은 p형 반도체로 이동시켜 기전력을 발생시킨다.

(3) 이용

① 태양광 발전

② 인공위성

③ 전자계산기

강추 특강

◆ 광전 효과 실험

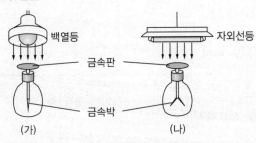

그림 (가)는 대전되지 않은 검전기의 금속판에 백열등 빛을 비추었더니 금속박에 아무 변화가 없는 모습을, (나)는 백열등을 자외선등으로 바꾸어 금속판에 빛을 비추었더니 금속박이 벌어진 모습을 나타낸 것이다.

1. 결과
   ① (가) 형광등을 비추면 금속박은 아무런 변화가 없다.
      (나) 금속판에 자외선등을 비추면 금속박이 벌어진다.
   ② 자외선등을 비추면 금속판에서 전자가 튀어나온다.

2. 결론
   특정 진동수 이상의 빛을 금속 표면에 쪼여 주면 전자가 튀어나오지만, 특정 진동수 이하의 빛을 쪼여 주면 전자가 튀어나오지 않는다.

3. 광전 효과 실험으로 알 수 있는 사실
   ① 빛의 진동수와 광전자 방출 : 금속 표면에 쪼이는 빛의 진동수가 한계 진동수보다 작으면 아무리 센 빛을 쪼여도 전자가 방출되지 않는다.
   ② 빛의 진동수와 최대 운동에너지 : 광전자의 최대 운동에너지는 빛의 세기와 관계가 없고 빛의 진동수에 비례한다.
   ③ 빛의 세기와 광전자 방출 : 쪼이는 빛의 진동수가 한계 진동수보다 크면 아무리 약한 빛을 쪼여도 즉시 광전자가 방출된다.
   ④ 빛의 세기와 광전류 : 동일한 진동수의 빛에 의해 단위 시간당 방출되는 광전자의 수는 빛의 세기에 비례한다.

제 2 절   물질의 이중성

1 물질의 이중성

1. 물질파의 대한 역사

아인슈타인이 빛이 입자와 파동의 두 가지 성격을 모두 갖고 있다는 '광양자설'을 발표	1923년 콤프턴 실험과 1925년 보테-가이거 실험을 통해서 확인	1924년 드브로이는 아인슈타인의 빛의 이중성을 물질에 적용시킨 '물질파'라는 개념을 제안

2. 드브로이의 물질파

(1) 빛이 입자와 파동의 이중성을 가진다면, 물질도 입자와 파동의 이중성을 가진다고 주장하였다. 이때 물질이 나타내는 파동 현상을 드브로이는 '물질파'라고 표현한 것이다.

(2) 물질 입자의 파장

질량 m인 입자가 v의 속도로 운동한다면 그 물질이 갖는 파장 λ는 다음과 같다.

$$\lambda = \frac{h}{mv}$$

이와 같은 파동을 물질파 또는 드브로이파라고 부른다.

(3) 물질파 확인 실험

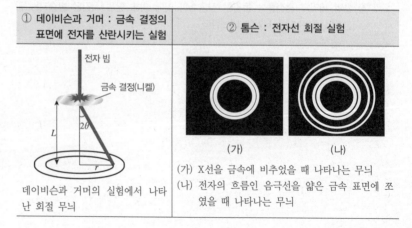

① 데이비슨과 거머 : 금속 결정의 표면에 전자를 산란시키는 실험	② 톰슨 : 전자선 회절 실험
전자 빔 금속 결정(니켈) L 2θ r 데이비슨과 거머의 실험에서 나타난 회절 무늬	(가) (나) (가) X선을 금속에 비추었을 때 나타나는 무늬 (나) 전자의 흐름인 음극선을 얇은 금속 표면에 쪼였을 때 나타나는 무늬

전자들이 특정 방향으로 많이 산란 된다는 것을 알아냄	• 전자선을 금속박에 입사시켜 X선의 회절과 닮은 전자의 회절 무늬를 얻음 • 전자가 파동의 성질을 가짐

3. 물질의 이중성

(1) 물질도 빛과 마찬가지로 입자성과 파동성을 모두 가지는 것을 말한다.

(2) 입자에도 파동성이 있다면 드브로이파의 파장에 대응하는 회절 및 간섭 현상이 관측되어야 하지만 일반적인 입자들의 파동성은 잘 관측되지 않는다.

(3) **일상생활에서 물질파를 관찰할 수 없는 이유**

① 질량이 0.2kg인 야구공이 40m/s의 속력으로 날아가고 있을 때 야구공 의 드브로이 파장은 다음과 같다.

$$\lambda = \frac{h}{mv} = \frac{6.6 \times 10^{-34} \text{J} \cdot \text{s}}{0.2 \text{kg} \times 40 \text{m/s}} = 8.25 \times 10^{-35} \text{m}$$

② 플랑크 상수(h)가 너무 작아서 파장이 너무 작기 때문에 회절 및 간섭 현상 등의 파동성을 관측할 수 없다.

(4) **입자의 파동성을 이용한 장치**

① 중성자 산란 실험장치
② 전자회절 표면 분석장치
③ 전자 현미경 등

2 전자 현미경

1. 분해능

(1) **분해능**

① 광학 기기에서 가까이 있는 두 점을 구분하여 볼 수 있는 능력
② 렌즈의 크기가 같을 때 사용하는 빛의 파장이 짧을수록 분해능이 우수
③ 분해능이 좋을수록 구별할 수 있는 두 점 사이의 거리가 작으므로 미세 한 물체까지 선명하게 볼 수 있다.

(2) 광학 현미경의 분해능

① 광학 현미경은 빛의 굴절 현상을 이용한 광학 기기이다.

② 광학 현미경의 한계는 빛의 회절 현상이라는 파동적 성질 때문에 나타난다. 이러한 빛의 회절 현상에 의한 한계를 '분해능'이라고 한다.

③ 빛의 회절 현상으로 인해 매우 미세한 크기의 바이러스와 같은 생물체를 관측할 수 없다.

2. 전자 현미경

(1) 전자 현미경

전자 현미경의 분해능은 빛의 회절 현상이 아닌 전자의 물질파를 이용한 현미경

(2) 전자현미경의 분해능과 배율

① **분해능** : 전자의 물질파 파장이 매우 짧기 때문에 분해능이 매우 우수하다.

② **배율** : 최대 수백만 배 정도로 광학 현미경의 최대 배율보다 크다.

(3) 전자 현미경의 특징

① 시료에 전자를 쪼여야 하므로 살아 있는 생물은 관찰할 수 없다.

② 공기가 있으면 전자의 진행이 방해를 받기 때문에 전자 현미경의 내부는 진공 상태이다.

(4) 전자 현미경의 활용과 종류

① 빛으로 볼 수 없는 바이러스 병원체나 물질 속의 원자 배치 상태 등을 알아낼 수 있다.

② **종류**
- 주사 전자 현미경(SEM)
- 투과 전자 현미경(TEM)

문제편

9급 공무원 고졸 공무원 경력경쟁 물리 초단기합격

물리
초단기합격

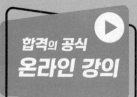

합격의 공식
온라인 강의

잠깐!

혼자 공부하기 힘드시다면 방법이 있습니다.
SD에듀의 동영상강의를 이용하시면 됩니다.
www.sdedu.co.kr ➜ 회원가입(로그인) ➜ 강의 살펴보기

역학과 에너지

PART 01

읽어보기 📄

▶ 등가속도 공식

1. 속도와 시간의 관계 : 처음 속도를 v_0, 나중 속도를 v, 걸린 시간을 t라고 하면 속도 변화량이 $v - v_0$이므로 가속도는 $a = \dfrac{v - v_0}{t}$ 이다. 따라서 나중 속도 v는 다음과 같다.

$$v = v_0 + at$$

2. 변위와 시간의 관계 : 속도-시간 그래프에서 그래프와 시간 축이 이루는 면적이 변위이다. 따라서 시간에 따른 변위 s는 다음과 같다.

$$s = v_0 t + \frac{1}{2}at^2$$

3. 속도와 변위의 관계 : 1, 2의 식에서 시간 t를 소거하면 $2as = v^2 - v_0{}^2$의 관계가 성립한다.

4. 평균 속도 : 등가속도 직선 운동을 하는 물체의 평균 속도는 처음 속도와 나중 속도의 중간값이다.

$$v_{평균} = \frac{v_0 + v}{2}$$

▶ 역학적 에너지의 보존

1. 역학적 에너지 : 물체의 (㉠)와 (㉡)의 합

2. 역학적 에너지 보존 법칙 : 마찰이나 공기저항이 없을 때 역학적 에너지는 일정하게 보존

   ➡ 퍼텐셜 에너지가 증가하면 운동에너지가 감소하고, 운동에너지가 증가하면 퍼텐셜 에너지가 감소

   역학적 에너지=퍼텐셜 에너지+운동에너지=일정, $E = E_p + E_k$=일정

3. 중력에 의한 역학적 에너지 보존

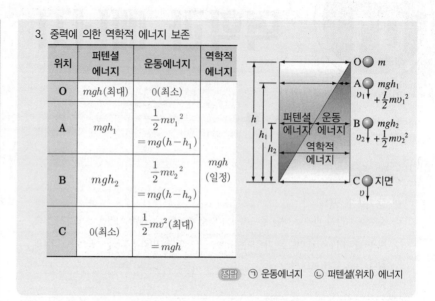

위치	퍼텐셜 에너지	운동에너지	역학적 에너지
O	mgh(최대)	0(최소)	
A	mgh_1	$\frac{1}{2}mv_1^2$ $= mg(h-h_1)$	
B	mgh_2	$\frac{1}{2}mv_2^2$ $= mg(h-h_2)$	mgh (일정)
C	0(최소)	$\frac{1}{2}mv^2$(최대) $= mgh$	

정답 ㉠ 운동에너지 ㉡ 퍼텐셜(위치) 에너지

★★★

01 그림은 토끼와 거북이가 수평면 위에 있는 점 a에서 동시에 출발하여 각각 경로 P, Q를 따라 이동하여 점 b에 동시에 도착하는 영상을 보고 토끼와 거북이의 운동에 대하여 세 학생이 대화하는 모습을 나타낸 것이다.

옳게 말한 학생만을 있는 대로 고른 것은?

① A   ② C

③ A, B   ④ B, C

해설 **이동거리, 변위, 평균 속력 이해하기**

학생 B : 평균 속력$=\dfrac{\text{이동거리}}{\text{시간}}$이므로, 평균 속력은 토끼가 거북이보다 크다.

학생 C : 변위의 크기는 처음 위치에서 나중 위치까지의 직선 거리이므로 경로가 달라도 같다.

학생 A : 이동거리는 실제 이동한 경로의 길이이므로 토끼의 이동거리는 거북이보다 크다.

★★★★★

02 그림과 같이 직선 도로에서 기준선 P에 정지해 있던 자동차가 도로와 나란하게 운동하여 기준선 Q를 지나 기준선 R을 통과한다. P에서 Q까지와 Q에서 R까지의 거리는 각각 100m이고, 출발 후 P에서 R까지 걸린 시간은 10초이다. 자동차는 P에서 R까지 속력이 일정하게 증가하였다.

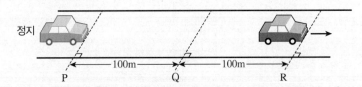

출발 후 P에서 R까지 자동차의 운동에 대한 옳은 설명만을 〈보기〉에서 있는 대로 고른 것은?

> **보 기**
>
> 가. 평균 속력은 20m/s이다.
> 나. 자동차에 작용한 합력(알짜힘)은 점점 증가하였다.
> 다. 걸린 시간은 P에서 Q까지가 Q에서 R까지보다 짧다.

① 가
② 다
③ 가, 나
④ 나, 다

해설 속력의 변화가 일정한 운동 이해하기

가. 평균 속력은 $\dfrac{200\,\text{m}}{10\,\text{s}} = 20\,\text{m/s}$이다.

나. 속력이 일정하게 증가하였으므로 합력은 일정하다.

다. 점점 빨라지므로 걸린 시간은 P에서 Q까지가 Q에서 R까지보다 길다.

★★★★★

03 그림은 일정한 높이에서 수평 방향으로 던진 물체의 운동 경로를, 표는 물체를 던진 순간부터 수평면에 도달할 때까지 걸린 시간과 수평 이동거리를 던진 속력에 따라 나타낸 것이다.

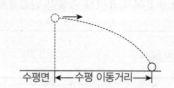

던진 속력	걸린 시간	수평 이동거리
v	㉠	R
$2v$	t	㉡

이에 대한 옳은 설명만을 〈보기〉에서 있는 대로 고른 것은?(단, 물체의 크기와 공기저항은 무시한다)

> **보기**
>
> 가. ㉠은 $2t$이다.
> 나. ㉡은 $2R$이다.
> 다. 물체가 운동하는 동안 물체에는 수평 방향으로 일정한 힘이 작용한다.

① 가
② 나
③ 가, 나
④ 가, 다

해설 수평으로 던진 물체의 운동 이해하기

나. 수평 방향으로는 속력이 변하지 않으므로 이동거리는 시간에 비례한다.
가. 높이가 같으면 수평으로 던진 속력에 관계없이 떨어지는 데 걸리는 시간은 같다.
다. 물체에는 연직 방향의 중력만 작용한다.

★★★★★★

04 그림 (가)는 자동차 A, B가 기준선 P를 각각 v_A, v_B의 속력으로 동시에 통과하는 모습을 나타낸 것이다. 그림 (나)는 (가)의 순간부터 서로 나란한 직선 경로를 따라 기준선 Q에 도달할 때까지 A, B의 운동량을 시간에 따라 나타낸 것이다.

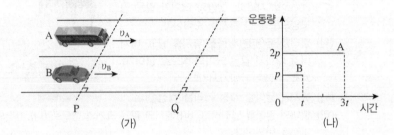

(가)   (나)

A, B의 질량을 각각 m_A, m_B라고 할 때, $\dfrac{m_A}{m_B}$는?

① $\dfrac{3}{2}$

② 2

③ $\dfrac{5}{2}$

④ 6

[해설] 물체의 운동량 이해하기

등속도로 같은 거리를 이동하는 데 걸린 시간은 A가 B의 3배이므로 속도는 B가 A의 3배이다.

운동량은 속도와 질량의 곱과 같다. 운동량은 A가 B의 2배이므로 질량은 A가 B의 6배이다.

・$v_B = 3v_A$

・$p = v \times m$

$p_A = 2p_B = 2 \times v_B \times m_B = 2 \times 3v_A \times m_B \rightarrow v_A \cdot m_A = 6v_A \cdot m_B$

$m_A = 6v_B$

∴ $\dfrac{m_A}{m_B} = 6$

[플러스] 운동량($\vec{p}$)

물체의 운동 효과를 나타내는 양, 크기와 방향을 가진 벡터

1. 운동량의 크기 : 물체의 질량과 속도에 비례

> 운동량=질량×속도, $\vec{p}=m\vec{v}$ (단위 : kg・m/s)

2. 운동량의 방향 : 속도의 방향과 동일

[관련] 문제

질량이 20kg인 물체가 40cm/s의 속력으로 움직이고 있다면 이 물체의 운동량의 크기는?

① 2kg・m/s

② 20kg・m/s

③ 8kg・m/s

④ 80kg・m/s

[해설]

운동량= 질량×속도

= 20kg × 0.4m/s = 8kg・m/s

[정답] ③

Tip 평균 충격력

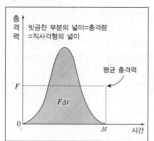

빗금친 부분의 넓이=충격량
=직사각형의 넓이

평균 충격력

$F\Delta t$

★★★
05 다음은 충격량에 대한 실험이다.

[실험 과정]

(가) 동일한 빨대를 각각 길이 10cm, 15cm, 20cm로 자르고, 질량과 크기가 같은 공 모양으로 뭉친 휴지를 준비한다.

(나) 빨대를 불 부분에 뭉친 휴지를 넣고, 빠져 나갈 때까지 같은 크기의 힘으로 불어 휴지를 수평으로 발사시킨다.

(다) 휴지가 날아간 수평 거리를 측정한다.

(라) 빨대의 길이를 달리하고, (나)에서와 같은 크기의 힘으로 (나), (다)의 과정을 반복한다.

휴지에 대한 설명으로 옳은 것만을 〈보기〉에서 있는 대로 고른 것은?

보기

가. 빨대의 길이가 길수록 더 멀리 날아간다.
나. 빨대의 길이에 관계없이 빨대 속에서 받은 충격량의 크기는 모두 같다.
다. 빨대 속에서, 받은 충격량의 크기와 운동량 변화량의 크기는 같다.

① 가   ② 나
③ 가, 나   ④ 가, 다

해설 **충격량의 크기와 운동량의 변화 이해하기**

가·다. 빨대의 길이가 길수록 힘을 받는 시간이 길어지므로 충격량이 커진다. 그리고 충격량의 크기는 운동량의 변화량의 크기와 같으므로, 속력이 빨라 멀리 날아간다.

나. 빨대의 길이가 길수록 휴지가 충격력을 받는 시간이 길어지므로 충격량은 커진다.

🔍 **플러스** 충격량(I)

물체가 받은 충격의 정도를 나타내는 양, 크기와 방향을 가진 벡터

1. 충격량의 크기 : 충돌시 물체에 작용한 힘과 힘이 작용한 시간에 비례

$$\vec{I} = \vec{F}\Delta t \quad \text{충격량=힘×시간,} \quad (\text{단위} : N \cdot s, \ kg \cdot m/s)$$

2. 충격량의 방향 : 힘의 방향과 동일
   • 운동량과 충격량의 관계 : 물체가 받은 충격량은 물체의 운동량의 변화량과 동일

$$\text{충격량=운동량의 변화량=나중 운동량−처음 운동량}$$

O·X

01. 운동량은 무게와 속도의 곱이다.
                   (   )
02. 충격량은 힘과 시간의 곱이다.
                   (   )

해설
01. 운동량은 질량과 속도의 곱이다.
02. 충격량은 힘과 시간의 곱으로 충돌 시 물체에 작용한 힘과 힘이 작용한 시간에 비례한다.

정답 01. × 02. ○

★★

06 높은 곳에서 물방울을 자유 낙하시켰더니 3초 후에 바닥에 떨어졌다. 3초 동안의 평균 속력이 14.6m/s였다면 바닥에 닿는 순간의 속력은 몇 m/s인가?

① 9.8m/s　　　　　　② 14.7m/s
③ 29.2m/s　　　　　　④ 44.1m/s

해설

등가속도 운동의 평균 속력$=\dfrac{0+x}{2}=14.6\,\text{m/s}$이므로 $x=29.2\,\text{m/s}$이다.

★

07 이동거리와 변위의 크기가 같은 값을 가지는 경우는?

① 원을 따라 운동을 할 때
② 직선을 따라 왕복 운동을 할 때
③ 일정한 속력으로 운동을 할 때
④ 직선을 따라서 한 방향으로 운동을 할 때

해설

직선을 따라서 한 방향으로 운동을 할 때는 물체가 실제로 이동한 경로의 총 길이와 처음 위치에서 나중 위치까지의 직선 거리가 같다.

🔍 **플러스 · 이동거리와 변위**

1. 이동거리 : 물체가 실제로 움직인 총 거리
2. 변위 : 물체의 위치 변화량, 처음 위치에서 나중 위치까지의 직선 거리와 방향

문제 🖋

빌딩의 옥상에서 작은 돌을 가만히 놓아 떨어뜨렸더니 돌이 5초 만에 지면에 도달하고, 2층으로 내려와 같은 실험을 하였더니 지면에 도달하는 데 1초가 걸렸다. 2층으로부터 옥상까지의 높이는?(중력가속도는 $10\,\text{m/s}^2$, 공기 저항력 무시)

① 20m　　　② 50m
③ 100m　　　④ 120m

해설

지면에서 옥상까지 높이는

$s=\dfrac{1}{2}gt^2=\dfrac{1}{2}\times10\times5^2=125(\text{m})$ 이고,

지면에서 2층까지의 높이는

$s=\dfrac{1}{2}gt^2=\dfrac{1}{2}\times10\times1^2=5(\text{m})$ 이므로

2층에서부터 옥상까지의 높이는 120m이다.

정답 ④

Tip 평균 속력과 순간 속력

평균 속력	• 정해진 시간 동안 물체의 평균적인 빠르기 • 평균 속력$=\dfrac{\text{이동거리}}{\text{걸린 시간}}$
순간 속력	• 아주 짧은 시간 동안의 평균적인 빠르기 • 순간 속력$=\dfrac{\text{이동거리}}{\text{매우 짧은 시간}}$

O·X

01 속력은 단위 시간 동안의 변위이다.　　　　　( )
02. 이동거리는 $\dfrac{\text{속력}}{\text{시간}}$ 이다.( )
03. 물체가 실제로 움직인 총 거리를 변위라고 한다.　( )

해설

01. 속력은 단위 시간 동안의 이동거리이다.
02. 이동거리는 속력과 시간의 곱이다.
03. 변위는 물체의 위치 변화량, 처음 위치에서 나중 위치까지의 직선 거리와 방향을 말한다.

정답 01. × 02. × 03. ×

08 A라는 도시에서 B라는 도시까지의 거리는 약 180km 이다. 기차로 도시 A에서 도시 B까지 여행하는 데 1시간 30분이 걸린다면 이 기차의 평균 속력은 몇 km/h인가?

① 2km/h
② 56km/h
③ 80km/h
④ 120km/h

해설

기차의 평균 속력은 $\dfrac{180km}{1\text{시간 } 30\text{분}} = \dfrac{180km}{1.5\text{시간}} = 120km/h$ 이다.

🔍 플러스⁺ 속력

속력$= \dfrac{\text{이동거리}}{\text{걸린 시간}}$, $v = \dfrac{s}{t}$ (단위 : m/s, km/h)

09 동쪽으로 30km/h로 가고 있는 자동차 A에 탄 승객이 서쪽으로 40km/h로 가는 자동차 B를 본 상대 속도의 크기와 방향은?

① 30km/h, 동
② 40km/h, 서
③ 70km/h, 동
④ 70km/h, 서

해설
$\vec{v}_{AB} = \vec{v}_B - \vec{v}_A$
$= (-40km/h) - (30km/h) = -70km/h$

🔍 플러스⁺ 상대 속도

1. 운동하고 있는 관찰자가 본 물체의 속도

> A가 본 B의 상대 속도=B의 속도−A의 속도, $\vec{v}_{AB} = \vec{v}_B - \vec{v}_A$

2. 직선 위에서 운동하는 물체의 상대 속도 구하기
   기준이 되는 방향을 (+)로 나타낼 때 반대쪽으로 운동하는 물체의 속도는 (−)로 나타냄

두 물체의 운동 방향이 같을 때	상대 속도의 크기=두 속도의 크기의 차
두 물체의 운동 방향이 반대일 때	상대 속도의 크기=두 속도의 크기의 합

★★

10 그림 (가)는 마찰이 없는 수평면에서 질량 m인 물체에 크기가 6N인 힘이 수평 방향으로 작용하는 모습을, (나)는 (가)의 물체의 속도를 시간에 따라 나타낸 것이다. 0초에서 4초까지 물체의 운동에 대한 설명으로 옳은 것만을 〈보기〉에서 고른 것은?

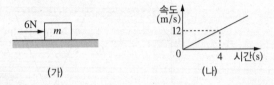

(가)　　　　　(나)

> **보 기**
>
> ㄱ. 이동거리는 24m이다.
> ㄴ. 가속도의 크기는 $2m/s^2$이다.
> ㄷ. 질량 m은 3kg이다.

① ㄱ

② ㄴ

③ ㄱ, ㄷ

④ ㄴ, ㄷ

해설

ㄱ. 이동거리는 (나) 그래프의 아래 삼각형 면적이므로 24m이다.

ㄴ. 가속도의 크기는 그래프의 기울기이다. 따라서 가속도의 크기는 $3m/s^2$이다.

ㄷ. $F=ma$이므로 $6N = m \times 3(m/s^2)$이다. 따라서 질량 m은 2kg이다.

Tip 등속도 운동의 그래프

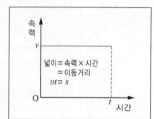

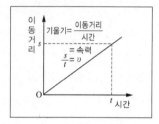

★★★★★

11 다음 그래프는 직선 도로에서 운동하는 물체의 속도를 시간에 따라 나타낸 것이다. 이 운동에 대한 해석으로 옳지 <u>않은</u> 것은?

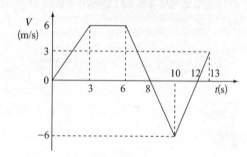

① 등속 운동으로 이동한 거리는 18m 이다.
② 이 물체의 운동 방향은 3번 바뀌었다.
③ 8초 동안의 이동거리는 33m 이다.
④ 6초일 때의 위치와 10초일 때의 위치는 같다.

해설

이 운동은 8초와 12초에서 총 2번 방향을 변화하였다.

○·×

01. 등속도 운동은 알짜힘이 0이어야 한다.　( )
02. 등속 원운동은 속력만 변하는 운동이다.　( )
03. 등가속도 운동은 속도가 일정하게 증가하거나 감소하는 직선 운동이다.　( )
04. 등속 원운동을 하기 위한 힘은 원심력이다.　( )

해설

01. 물체에 작용하는 합력이 0일 경우 속도가 일정한 운동을 한다.
02. 등속 원운동은 방향만 변하는 운동이다.
03. 등가속도 운동은 가속도의 크기와 방향이 일정한 직선 운동이다.
04. 등속 원운동을 하기 위한 힘은 구심력이다.

정답 01. ○ 02. × 03. ○ 04. ×

★

12 36km/h의 속도로 직선 철로를 달리던 기차가 일정한 가속도로 점점 속력이 증가하여 30초 후 90km/h가 되었다. 이 기차의 30초 동안의 가속도와 30초 동안의 이동거리는?

	가속도(m/s^2)	이동거리(m)
①	0.5	525
②	1.0	500
③	1.8	250
④	2.0	200

해설

• 가속도 : 30초 동안 기차의 속력이 $\frac{36,000m}{3,600s} = 10m/s$ 에서 $\frac{90,000m}{3,600s} = 25m/s$ 로 빨라진 것이므로, 가속도는 $\frac{25m/s - 10m/s}{30s} = 0.5m/s^2$ 이다.

• 이동거리 : $2as = v^2 - v_0^2$ 이므로 $2 \times 0.5 \times s = 25^2 - 10^2$, $s = 525m$ 이다. 따라서 30초 동안 이동한 이동거리는 525m이다.

13 물체의 관성에 대한 설명으로 옳지 <u>않은</u> 것은?

① 급출발하는 버스의 승객은 버스 앞쪽으로 관성력을 느낀다.

② 물체의 관성은 물체의 질량에 비례한다.

③ 지진계는 무거운 추의 관성을 이용한 것이다.

④ 관성은 물체의 운동 상태를 그대로 유지하려는 성질이다.

해설

관성은 물체의 운동 상태를 그대로 유지하려는 성질이므로 급출발하는 버스의 승객은 버스의 뒤쪽으로 관성력을 느낀다.

플러스 ⊕ 뉴턴의 운동 제1법칙(관성 법칙)

1. 관성 : 물체에 작용하는 알짜힘이 0일 때 물체가 원래의 운동 상태를 유지하려는 성질
   • 정지 상태인 물체 : 정지 상태 유지
   • 운동 중인 물체 : 등속 직선 운동
2. 관성의 크기 : 질량이 클수록 관성이 큼
3. 관성 법칙 : 물체에 작용하는 알짜힘이 0이면 정지해 있는 물체는 계속 정지해 있고, 운동 중인 물체는 등속 직선 운동을 계속 함
4. 관성의 예
   • 버스가 갑자기 출발하면 승객이 뒤로 넘어짐
   • 달리던 사람이 돌부리에 걸려 넘어짐

Tip 관성에 의한 현상

1. 정지 관성
   • 버스가 갑자기 출발하면 승객이 뒤로 넘어진다.
   • 이불을 방망이로 두드리면 먼지가 떨어진다.
   • 지진계를 이용하여 지진파를 측정한다.
2. 운동 관성
   • 달리던 사람이 돌부리에 걸려 넘어진다.
   • 달리고 있던 버스가 갑자기 정지하면 승객의 몸이 앞으로 쏠린다.
   • 마라톤 선수가 결승선에서 계속 달리다가 멈춘다.

○·×

01. 물체에 작용하는 힘이 0일 때 물체가 원래 운동 상태를 유지하려는 성질은 관성이다. ( )

02. 질량이 클수록 관성은 작아진다. ( )

03. 지진계는 운동 관성의 원리를 이용하여 지진파를 측정한다. ( )

해설

01. 정지 상태인 물체는 정지 관성, 운동하는 물체는 운동 관성을 가진다.
02. 질량이 클수록 관성은 커진다.
03. 지진계는 정지 관성의 원리를 이용한다.

정답 01. ○ 02. × 03. ×

14

그림은 연극에서 소년이 봇짐을 머리에 이고 수평면에 봇짐과 함께 정지한 모습을 나타낸 것이다.

봇짐

수평

이에 대한 설명으로 옳은 것만을 〈보기〉에서 있는 대로 고른 것은?

보기

> 가. 봇짐에 작용하는 알짜힘의 크기는 0이다.
> 나. 소년이 봇짐에 작용하는 힘과 지구가 봇짐에 작용하는 힘은 작용과 반작용 관계이다.
> 다. 소년이 수평면을 누르는 힘의 크기는 수평면이 소년을 떠받치는 힘의 크기와 같다.

① 가
② 다
③ 가, 나
④ 가, 다

해설 뉴턴의 운동 법칙 이해하기

가. 봇짐이 정지 상태(힘의 평형)에 있으므로 알짜힘의 크기는 0이다.

다. 소년과 수평면 사이에 서로 상호 작용하는 힘은 작용과 반작용 관계이므로 힘의 크기가 같다.

나. 한 물체에 서로 반대 방향으로 같은 크기의 두 힘이 일직선상에서 작용하고 있는 상태가 힘의 평형이다. 'A가 B를, B가 A를'과 같이 주어, 목적어가 서로 바뀔 때, 힘은 작용 – 반작용 관계가 된다.

O·X

01. 힘의 단위는 J이다. ( )
02. 힘의 3요소는 힘의 크기, 힘의 방향, 작용점이다. ( )
03. 물체의 모양이나 운동 상태를 변화시키는 원인은 힘이다. ( )

해설

01. 힘의 단위는 N(뉴턴)이다.
02. 힘의 3요소는 힘의 크기, 힘의 방향, 작용점이다.
03. 힘이 작용하면 물체의 모양이 변하거나 운동 상태가 변화한다.

정답 01. × 02. ○ 03. ○

15

수평인 직선 도로 위에서 10m/s의 속력으로 달리는 자동차의 운전자가 급브레이크를 밟아 제동이 걸리기 시작한 후 10m를 가서 정지하였다. 자동차의 질량이 1,000kg이면 자동차와 도로 사이의 마찰력의 크기는 몇 N인가? (단, 제동이 걸리는 동안 자동차의 가속도는 일정하다)

① 6,000N
② 5,500N
③ 5,000N
④ 4,000N

달리고 있을 때의 자동차의 운동에너지 $= \frac{1}{2} \times 1,000 \times 10^2 = 50,000 \text{J}$

힘의 방향과 운동 방향이 반대이므로 $W = -F \cdot S$

$50,000\text{J} = -F \times 10\text{m}$

마찰력$(F) = 5,000\text{N}$

★★
16 그림은 수평면에서 4m/s 의 속력으로 운동하는 질량이 3kg 인 장난감 자동차 A와 1m/s 의 속력으로 운동하는 질량이 2kg 인 장난감 자동차 B가 충돌한 후, A의 속력이 2m/s 이고 B의 속력은 v 인 것을 나타낸 것이다. 충돌 전과 후, 두 장난감 자동차의 운동 방향은 같다.

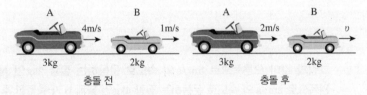

A 4m/s B 1m/s   A 2m/s B v
3kg   2kg   3kg   2kg
충돌 전   충돌 후

이에 대한 설명으로 옳은 것만을 〈보기〉에서 있는 대로 고른 것은?(단, 장난감 자동차의 크기, 모든 마찰과 공기 저항은 무시한다)

> **보기**
>
> 가. A의 운동량 변화량의 크기는 $6\text{kg} \cdot \text{m/s}$ 이다.
> 나. B가 받은 충격량의 크기는 $6\text{N} \cdot \text{s}$ 이다.
> 다. v 는 3m/s 이다.

① 가   ② 다

③ 가, 나   ④ 나, 다

운동량 보존 법칙 이해하기

가. A의 운동량 변화량의 크기 $|\Delta p_A| = |p_{A나중} - p_{A처음}|$ 이므로 $|3 \times 2 - 3 \times 4| = 6\text{kg} \cdot \text{m/s}$ 이다.

나. B가 받는 충격량의 크기는 A의 운동량 변화량의 크기와 같으므로, $6\text{kg} \cdot \text{m/s}$ 이고 $6\text{N} \cdot \text{s}$ 이다.

다. $p_{A처음} + p_{B처음} = p_{A나중} + p_{B나중}$ 이므로 $3 \times 4 + 2 \times 1 = 3 \times 2 + 2 \times v$ 이다. 따라서 $v = 4\text{m/s}$ 이다.

★★★

17 정지해 있는 질량 10kg의 물체에 5초간 일정한 힘을 가해 20m/s 의 속도로 운동하게 만들었다. 물체에 가해진 충격량은 얼마인가?

① 40N · s　　　　　　② 50N · s

③ 200N · s　　　　　　④ 500N · s

해설

[풀이 1] 충격량=운동량의 변화량
　　　　　=나중 운동량－처음 운동량
　　　　　$=(10kg \times 20m/s)-(10kg \times 0m/s)$
　　　　　$=200kg \cdot m/s = 200N \cdot s$
[풀이 2] 충격량=질량×가속도×시간=힘×시간
　　　　　$=10kg \times 4m/s^2 \times 5s = 40N \times 5s = 200N \cdot s$

O·X

01. 충격력의 크기는 단위 시간 동안의 운동량의 변화량과 동일하다.　　　　　　　　　　( )
02. 충돌 시 외력이 작용하지 않아도 충돌 전후의 운동량의 총합은 항상 감소한다.　　( )
03. 자동차 에어백은 충돌 시간을 길게 하기 위한 장치이다. ( )

해설

01. 충격력은 물체가 충돌할 때 받는 힘으로 단위 시간 동안의 운동량의 변화량과 동일하다.
02. 충돌 시 외력이 작용하지 않는다면 충돌 전후의 운동량의 총합은 항상 같다.
03. 에어백은 충돌 시간을 길게 하여 작용하는 힘의 크기를 최소화한다.

정답 01. ○ 02. × 03. ○

★★★

18 그림과 같이 오른쪽으로 5m/s 의 속도로 운동하는 질량 2kg인 물체 A와 왼쪽으로 2m/s 의 속도로 운동하는 질량 4kg인 물체 B가 충돌한 후 한 덩어리가 되어 운동하였다. 한 덩어리가 된 후 두 물체의 속력 V는 몇 m/s 인가?

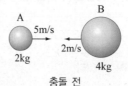

충돌 전　　　　　　　　　　충돌 후

① $\frac{1}{4}$ m/s　　　　　　② $\frac{1}{3}$ m/s

③ $\frac{1}{2}$ m/s　　　　　　④ 3m/s

해설

충돌 전 운동량의 총합=충돌 후 운동량의 총합
$$m_A V_A + m_B V_B = m_A V_A' + m_B V_B'$$
$$(2kg \times 5m/s) + (4kg \times -2m/s) = (2kg + 4kg) \times V'$$
$$V' = \frac{1}{3} m/s$$

19 질량이 2kg인 어떤 물체가 5m/s 의 속력으로 움직이고 있다. 이 물체가 정지할 때까지 할 수 있는 일의 양은?

① 5J

② 25J

③ 50J

④ 125J

해설

$E_k = \frac{1}{2}mv^2 = \frac{1}{2} \times 2 \times 5^2 = 25J$

에너지와 일은 전환이 가능하다.

🔍 **플러스 과학에서의 일**

1. 물체에 힘을 작용하여 힘의 방향으로 물체를 이동시켰을 때

일=힘×이동거리, $W = F \cdot s$ (단위 : J, N·m)
⇨ 1J : 1N의 힘을 작용하여 물체를 1m 이동시켰을 때 한 일

2. 한 일이 0인 경우
- 마찰이 없는 수평면에서 물체가 등속 직선 운동을 할 때($F=0$)
- 물체를 들고 가만히 서 있을 때, 벽을 밀 때($s=0$)
- 물체를 들고 수평 방향으로 걸어갈 때, 인공위성이 지구 주위를 돌 때 ($F \perp s \Rightarrow F=0$)

Tip 힘-이동거리 그래프

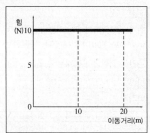

→ 그래프 아래의 넓이는 한 일을 나타냄

20 질량이 500kg인 자동차가 20m/s 로 달리고 있다. 이 자동차에 1.25×10^5J 의 일을 해줄 때 속력은?(단, 해준 일은 모두 운동에너지로 전환된다)

① 30m/s

② $30\sqrt{2}$ m/s

③ 40m/s

④ 50m/s

해설

처음의 운동에너지$= E_k = \frac{1}{2}mv^2 = \frac{1}{2} \times 500 \times 20^2 = 100,000J$

자동차가 받은 일$= 1.25 \times 10^5$J → 모두 운동에너지로 전환

나중의 운동에너지$= 100,000J + 125,000J = 225,000J = \frac{1}{2} \times 500 \times v'^2$

일을 받은 자동차의 속력은 30m/s 이다.

○·×

01. 일의 단위는 J(줄)이다. ( )
02. 1J은 1N 의 힘을 작용하여 물체를 10m 이동시켰을 때 한 일이다. ( )
03. 에너지는 일을 할 수 있는 능력이다. ( )
04. 힘-이동거리 그래프의 아래 넓이는 충격량을 나타낸다. ( )

해설

02. 1J은 1N 의 힘을 작용하여 물체를 1m 이동시켰을 때 한 일이다.
03. 에너지는 일을 할 수 있는 능력으로 단위는 J(줄)이다.
04. 힘-이동거리 그래프의 아래 넓이는 한 일을 나타낸다.

정답 01. ○ 02. × 03. ○ 04. ×

관련 문제

해수면 500m 높이에서 어떤 물체가 공기저항을 받으며 낙하한다. 해수면에 도달하는 순간 물체의 속력이 20m/s가 되었다. 이 물체의 초기 총 역학적 에너지에 대한 공기저항에 의해 손실된 역학적 에너지의 비율은?(단, 중력가속도는 10m/s²)

① 60%　　② 64%
③ 80%　　④ 96%

해설

초기 총 역학적 에너지는 mgh 로써, $m \times 10 \times 500$ 이고 지면에 도달하는 순간의 역학적 에너지는 $\frac{1}{2} \times m \times 20^2$ 이다.

따라서

$\dfrac{\text{나중 역학적 에너지}}{\text{처음 역학적 에너지}} = \dfrac{200\text{m}}{5,000\text{m}}$

$= \dfrac{2}{50}$ 이다. 즉, 4%만 운동에너지로 전환되고 나머지 96%는 공기저항에 의하여 에너지 손실이 일어남을 알 수 있다.

정답 ④

O·X

01. P(일률)$= \dfrac{W}{s}$ 이다. (　)
02. 마찰이 없는 수평면에서 물체가 등속 직선 운동을 할 때 한 일은 0이 아니다. (　)
03. 운동하는 물체가 가지는 에너지를 퍼텐셜 에너지라고 한다. (　)

해설

01. 일률은 $\dfrac{W}{t}$ 이다.
02. 마찰이 없는 수평면에서 물체가 등속 직선 운동을 할 때 한 일은 0이다.
03. 운동하는 물체가 가지는 에너지를 운동에너지라고 한다.

정답 01. ×　02. ×　03. ×

★★★

21 지상에서 질량이 0.2kg인 야구공을 연직 위로 20m/s의 속력으로 던졌더니 15m 높이까지 올라갔다. 올라가는 동안 공기의 저항에 의해 발생한 열에너지는 몇 J인가?(단, 중력가속도는 10m/s²이다)

① 1J　　　　　　　　② 10J
③ 20J　　　　　　　　④ 30J

해설

처음 운동에너지＝15m 높이의 위치에너지＋발생한 열에너지

$\frac{1}{2} \times 0.2 \times 20^2 = \underbrace{(0.2 \times 10 \times 15)}_{} + $ 열에너지

　　　　위치에너지＝질량×중력가속도×기준면으로부터의 높이＝mgh

∴ 발생한 열에너지＝10J

★★

22 철수는 수레의 역학적 에너지와 수레가 하는 일과의 관계를 알아보기 위하여 다음의 탐구 활동을 수행하였다.

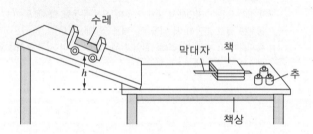

⊙ 책상면으로부터 높이 h인 곳에서 수레를 놓아 막대자에 충돌시켜 막대자가 이동하는 거리를 측정한다.
© 높이 h와 수레의 질량을 다르게 하여 막대자가 이동하는 거리를 측정한다.

이 실험에서 막대자의 이동거리가 커지는 경우를 〈보기〉에서 모두 고른 것은?(단, 막대자와 책 사이의 마찰력은 일정하다)

보기
가. 같은 수레에 대해 높이 h를 크게 한다.
나. 같은 높이 h에 대해 수레의 질량을 크게 한다.
다. 수레가 막대자에 충돌하기 전까지 수레의 수평 이동거리를 크게 한다.

① 가　　　　　　　　② 가, 나
③ 가, 다　　　　　　　④ 나, 다

해설

처음 수레가 가지는 퍼텐셜 에너지가 커지게 되면 역학적 에너지도 증가하게 된다.
따라서 질량이 커지거나 (나) 높이가 높아지면 (가) 퍼텐셜 에너지가 증가하여 막대자의 이동
거리가 증가하게 된다.

🔍 플러스 ✛ 역학적 에너지

물체의 운동에너지와 퍼텐셜 에너지의 합
– 역학적 에너지 보존 법칙 : 마찰이나 공기저항이 없을 때 역학적 에너지는 일정
  하게 보존
  ⇨ 퍼텐셜 에너지가 증가하면 운동에너지가 감소하고, 운동에너지가 증가하면
    퍼텐셜 에너지가 감소

역학적 에너지=퍼텐셜 에너지+운동에너지=일정, $E = E_p + E_k$=일정

$E_k = \dfrac{1}{2}mv^2$ (단위 : J) / $E_p = mgh$ (단위 : J)

★★★
23 다음은 열에 의한 공기의 부피 변화 실험이다.

[실험 과정]
(가) 풍선을 씌운 빈 유리병을 수조 안에 세운다.
(나) 수조에 뜨거운 물을 넣으면서 유리병에 씌워진
    풍선을 관찰한다.

[실험 결과]
풍선이 부풀어 오른다.

풍선이 부풀어 오르는 동안, 유리병과 풍선 속 공기에 대한 설명으로 옳은
것만을 〈보기〉에서 있는 대로 고른 것은?

보기

가. 공기 분자의 운동이 활발해진다.
나. 공기의 내부 에너지가 증가한다.
다. 공기가 받은 열에너지와 공기가 외부에 한 일은 같다.

① 가   ② 다
③ 가, 나   ④ 나, 다

Tip 열역학 과정

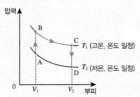

- 등적 과정 : 기체의 부피가 일정하게 유지되면서 기체의 상태가 변하는 과정
- 등온 과정 : 기체의 온도가 일정하게 유지되면서 기체의 상태가 변하는 과정

해설 기체의 내부 에너지와 기체가 한 일 이해하기

가·나. 뜨거운 물에서 유리병 안으로 열이 이동하여 공기 분자의 운동이 활발해지고, 내부 에너지가 증가한다.

다. 공기가 받은 열에너지는 내부 에너지를 증가시키고, 외부에 일을 하는 데 사용된다.

★★★★★

24 그림은 일정량의 이상 기체가 A→B→C→D→A 과정을 따라 변할 때 압력과 부피를 나타낸 것이다. B→C 과정과 D→A 과정은 각각 온도가 T_1, T_2로 일정하다.

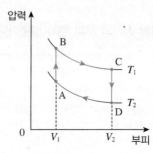

이 기체에 대한 설명으로 옳은 것만을 〈보기〉에서 있는 대로 고른 것은?

보 기

가. A → B 과정에서 외부로부터 열을 흡수한다.

나. B → C 과정에서 외부에 일을 한다.

다. D → A 과정에서 내부 에너지는 일정하다.

① 가   ② 가, 나

③ 나, 다   ④ 가, 나, 다

해설 열역학 법칙 이해하기

가. A → B 과정에서, 온도가 증가하였기 때문에 외부로부터 열을 흡수한다.

나. B → C 과정에서, 기체의 부피가 증가하여 외부에 일을 한다.

다. D → A 과정에서, 온도가 일정한 곡선 위에 있고 내부 에너지는 온도에 비례하므로 일정하다.

○·×

01. 운동에너지와 퍼텐셜 에너지의 합은 역학적 에너지이다. ( )
02. 마찰이나 공기저항이 없으면 역학적 에너지는 일정하게 보존된다.
( )

정답 01. ○ 02. ○

★★★

25 그림은 중수소($_1^2$H)와 삼중수소($_1^3$H)가 충돌하여 중성자($_0^1$n)와 헬륨($_2^4$He), 에너지가 생성되는 핵반응을 나타낸 것이다.

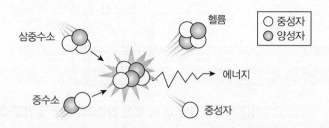

이 핵반응에 대한 설명으로 옳은 것만을 〈보기〉에서 있는 대로 고른 것은?

보 기

가. 핵분열 과정에서 에너지를 얻는 반응이다.
나. 반응 전 반응물의 질량 합과 반응 후 생성물의 질량 합은 같다.
다. 생성된 에너지는 질량 결손에 의한 것이다.

① 가
② 다
③ 가, 나
④ 나, 다

해설 핵반응 이해하기
다. 핵반응에서 발생한 에너지는 감소한 질량이 변한 것이므로, 질량과 에너지가 서로 변환될 수 있는 양이라는 질량 에너지 등가 원리(동등성)로 이 반응을 설명할 수 있다.
가. 이 반응은 핵융합 반응이고, 원자력 발전에서는 핵분열 반응이 일어난다.
나. 핵반응에서 발생한 에너지는 감소한 질량이 변한 것이므로, 반응 전 반응물의 질량 합은 반응 후 생성물의 질량 합보다 크다.

Tip 질량-에너지 동등성
• 질량을 에너지로 바꿀 수 있고, 에너지가 질량으로 전환 가능하다.
• 정지하고 있는 물체라도 질량에 비례하는 에너지를 갖고 있으며, 운동하는 경우 질량 역시 증가한다.

Tip 질량 결손
• 핵반응 후 핵반응 전보다 줄어든 질량의 합을 말한다.
• 핵반응 과정에서 에너지를 방출하기 때문에 질량 결손이 생긴다.

Tip 기체가 하는 일

- 기체에 열을 가하면 온도나 부피의 변화가 일어난다.
- 기체의 부피 변화와 외부에 한 일의 관계 : 기체가 팽창하면 기체가 외부에 일을 하게 되고 기체가 외부로부터 일을 받으면 수축하게 된다.
- 기체가 하는 일 : 압력이 일정할 때 기체가 하는 일은 다음과 같다.
$$W = F \triangle l = PA \triangle l = P \triangle V$$

★★★

26 그림과 같이 기체 A가 들어 있는 공을 뜨거운 물이 담긴 비커에 넣었더니, A는 부피가 일정하게 유지되면서 온도가 증가한다.

기체 A

뜨거운 물

A의 온도가 증가하는 동안, A에 대한 설명으로 옳은 것만을 〈보기〉에서 있는 대로 고른 것은?

보기

가. 열을 흡수한다.
나. 압력은 감소한다.
다. 분자의 평균 운동에너지는 감소한다.

① 가
② 다
③ 가, 나
④ 나, 다

해설 열역학 과정 적용하기

가 · 다. A의 부피가 일정하므로 A가 한 일은 0이고, A의 온도가 증가하므로 내부 에너지가 증가한다. 따라서 A는 열을 흡수하고, A 분자의 평균 운동에너지는 증가한다.
나. A의 부피가 일정하게 유지되면서 온도가 증가하였으므로, 분자 운동이 활발해져 A의 압력은 증가한다.

★★★★★

27 그림은 실린더에 들어 있는 부피가 V인 이상 기체에 열량 Q를 가했더니 기체의 압력이 P로 일정하게 유지되면서 부피가 증가하여 $2V$가 된 모습을 나타낸 것이다.

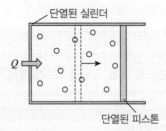

단열된 실린더

Q

단열된 피스톤

이에 대한 설명으로 옳은 것만을 〈보기〉에서 있는 대로 고른 것은?(단, 피스톤의 마찰은 무시한다)

> **보기**
>
> 가. 기체가 외부에 한 일은 PV이다.
> 나. 기체의 내부 에너지 증가량은 Q이다.
> 다. 기체의 온도는 증가한다.

① 가
② 나
③ 가, 다
④ 나, 다

해설 열역학 과정 적용하기

가. 기체의 압력이 P로 일정하게 유지되면서 부피가 V만큼 증가하였으므로 기체가 외부에 한 일은 PV이다.

다. 기체의 내부 에너지가 증가하였으므로 온도는 증가한다.

나. 기체가 외부에 한 일은 0이 아니므로 기체의 내부 에너지의 증가량은 Q보다 작다.

★★★★
28 다음은 핵반응 A, B의 핵반응식을 나타낸 것이다. A, B는 각각 핵분열, 핵융합 중 하나이다.

- A : $_1^2$H $+ _1^3$H $\rightarrow _2^4$He $+ _0^1$n $+ 17.6$MeV
- B : $_{92}^{235}$U $+ _0^1$n $\rightarrow _{56}^{141}$Ba $+ _{36}^{92}$Kr $+ 3_0^1$n $+ 200$MeV

이에 대한 설명으로 옳은 것만을 〈보기〉에서 있는 대로 고른 것은?

보기

가. A는 핵융합이다.
나. B에서 입자들의 질량의 합은 반응 전이 반응 후보다 작다.
다. 중성자의 정지 에너지는 0이다.

① 가
② 나
③ 가, 나
④ 나, 다

해설 **핵반응 자료 분석 및 해석하기**
가. A는 원자 번호가 작은 원자핵들이 융합하여 원자 번호가 큰 원자핵으로 변환되는 핵융합이다.
나. 핵분열 후 에너지가 발생하였으므로 입자들의 질량의 합은 반응 전이 반응 후보다 크다.
다. 중성자는 질량을 가지고 있으므로 정지 에너지는 0이 아니다.

★★★

29 그림과 같이 깃대를 든 철수에 대하여 광속에 가까운 속력으로 깃대와 나란하게 등속도 운동하는 우주선에 영희가 타고 있다. 영희가 측정할 때 광원 O에서 나온 빛이 검출기 A, B에 동시에 도달한다. 이에 대한 설명으로 옳은 것을 〈보기〉에 있는 대로 고른 것은?

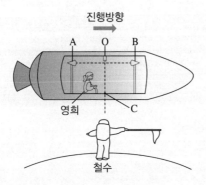

Tip 동시성의 상대성

지면에 있는 관찰자 입장에서는 광속 불변 원리에 의해 A과 B로 진행하는 빛의 속력은 같지만 우주선이 오른쪽으로 운동하고 있으므로 빛은 A에 먼저 도달하는 것으로 관찰된다. 즉, 우주선 밖의 관찰자에게도 빛의 속도는 같지만 빛이 이동하는 동안 우주선도 이동하므로 빛은 우주선의 A와 B에 동시에 도달하지 않는다.

> **보기**
>
> ㄱ. 깃대의 길이는 철수가 측정한 값보다 영희가 측정한 값이 작다.
> ㄴ. 철수가 측정할 때 O에서 나온 빛은 A보다 B에 늦게 도달한다.
> ㄷ. 빛이 O에서 C까지 진행하는 데 걸린 시간은 영희의 측정값이 철수의 측정값보다 크다.

① ㄱ
② ㄴ
③ ㄱ, ㄴ
④ ㄱ, ㄴ, ㄷ

해설

ㄱ. 깃대는 정지해 있으므로 철수가 측정한 길이가 고유 길이로 영희가 측정한 값은 고유 길이보다 짧다.

ㄴ. 철수가 측정할 때 A는 광원이 있는 쪽으로 이동한 것으로 보이므로 A에 먼저 도착한다.

ㄷ. 우주선은 가로로 운동하고 있으므로 세로로는 어떤 시간 팽창 또는 길이 수축도 일어나지 않는다.

🔍 플러스 ✚ 특수 상대성 이론 – 시간 팽창

등속 운동하는 좌표계에서 측정한 시간(Δt_0)은 정지해 있는 좌표계에서 보면 느리게 가는 것으로 관찰됨

> 예 등속도로 운동하는 우주선 안에서 천장의 거울에 반사되는 빛이 왕복하는 시간은 우주선 안에서 측정하는 것보다 정지 상태의 외부 관측자가 보는 경우에 더 길게 측정됨(c : 빛의 속도, v : 운동하는 물체의 속도, t_0 : 운동하는 물체의 시간, t : 관찰자의 시간)

> • 우주선 내에서 측정된 왕복 시간 : $\Delta t_0 = \dfrac{2l}{c}$
>
> • 우주선 밖에서 측정된 왕복 시간 : 피타고라스의 정리에 의해 빛이 왕복하는
> 동안 이동한 거리는 $c\dfrac{\Delta t}{2} = \sqrt{\left(v\dfrac{\Delta t}{2}\right)^2 + l^2}$
>
> $\Rightarrow \Delta t = \dfrac{2l}{c} \cdot \dfrac{1}{\sqrt{1-(v^2/c^2)}} = \dfrac{1}{\sqrt{1-(v/c)^2}}\Delta t_0 = \gamma \Delta t_0$
>
> $\Rightarrow \Delta t$는 Δt_0보다 $\dfrac{1}{\sqrt{1-(v/c)^2}}$($=\gamma$: 로런츠 인자)배만큼 늘어남

★★★

30 그림 (가)는 물체 A, B가 수평면에서 등속도 운동하다가 서로 다른 벽에 충돌하여 정지한 모습을 나타낸 것이고, (나)는 A, B가 각각 벽으로부터 받은 힘의 크기를 시간에 따라 나타낸 것이다. 시간 축과 곡선이 만드는 면적은 A와 B가 같다.

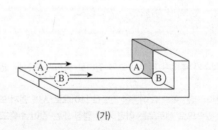

(가)

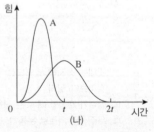

(나)

이에 대한 설명으로 옳은 것만을 〈보기〉에서 있는 대로 고른 것은?(단, A, B의 크기는 무시한다)

> **보기**
>
> 가. A가 벽과 충돌하는 동안, A가 벽으로부터 받은 충격량의 크기는 벽
> 이 A로부터 받은 충격량의 크기보다 크다.
> 나. 벽과 충돌하는 동안 벽으로부터 받은 평균 힘의 크기는 A가 B보다 크다.
> 다. 0부터 t까지 운동량 변화량의 크기는 A가 B보다 작다.

① 가   ② 나

③ 가, 다   ④ 나, 다

해설 **운동량과 충격량 자료 분석 및 해석하기**

나. 벽으로부터 받은 충격량의 크기는 같고 충돌 시간은 A가 B보다 작으므로 벽으로부터
   받은 평균 힘의 크기는 A가 B보다 크다.

가. A와 벽 사이에 서로 작용하는 힘의 크기는 같고 힘이 작용한 시간이 같으므로 충격량의
   크기는 같다.

다. 0부터 t까지 시간 축과 곡선이 만드는 면적은 A가 B보다 크므로 운동량 변화량의 크기
   또한 A가 B보다 크다.

31 정지한 집게에 매달려 있던 인형이 집게와 분리된 후 지면으로 떨어진다.
떨어지는 인형의 운동에 대한 설명으로 옳지 <u>않은</u> 것은?

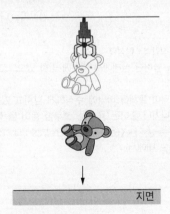

① 인형에는 중력이 작용하고 있다.
② 공기 마찰력을 무시한다면 떨어지는 동안의 역학적 에너지는 일정하다.
③ 이동거리는 증가한다.
④ 속력은 감소한다.

해설

④ 떨어지는 동안 물체에 중력이 작용하여 점점 속력이 증가하는 운동을 한다.
② 공기저항을 무시하면 역학적 에너지는 보존된다.
③ 낙하 운동을 하면서 이동거리는 증가한다.

Tip 역학적 에너지 보존 법칙
• 역학적 에너지 보존 법칙 : 마찰이나
  공기저항이 없을 때 역학적 에너지
  는 일정하게 보존된다.
• 자유 낙하 운동 : 공기의 저항이 없다
  면 물체의 크기, 질량에 상관없이 낙
  하하는 동안의 가속도의 크기는 항상
  같다.

32 용수철 상수가 100N/m인 용수철에 질량이 3kg인 물체를 연결한 후 잡고 있던 손을 가만히 놓았더니 0.1m 늘어난 상태로 지면에 정지하였다. 이에 대한 설명으로 옳은 것을 〈보기〉에서 모두 고른 것은?(단, 중력가속도는 10m/s²이다)

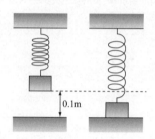

보기

가. 물체가 지면을 누르는 힘은 20N이다.
나. 물체에 작용하는 중력과 수직항력은 평형을 이룬다.
다. 용수철 상수가 3배 커질 경우 질량이 3kg짜리 물체를 매달아도 용수철의 늘어난 길이는 같을 것이다.

① 가, 나　　　　　　　② 나, 다
③ 가, 다　　　　　　　④ 가, 나, 다

해설 **중력=수직항력+탄성력**

지금 현재 0.1m 늘어난 상태에서 지면에 멈춰 있으므로 위로 수직항력과 함께 탄성력이 작용하고 있다.

• 수직항력 : 바닥이 물체를 바닥에 수직하게 받치고 있는 힘
• 탄성력 : 늘어나거나 줄어든 용수철, 고무줄 등이 물체에 가하는 힘
• 훅의 법칙 : $F = -kx$ [k : 용수철 상수(탄성계수), x : 늘어나거나 줄어든 길이](단, 탄성 한도 내에서)

33 그림과 같이 질량이 각각 3kg, 2kg, 1kg인 나무토막을 30N의 힘으로 밀고 있다. 이 물체의 운동에 대한 설명으로 옳은 것만을 〈보기〉에서 고른 것은? (단, 마찰력은 무시한다)

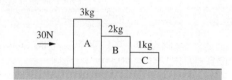

보 기

ㄱ. A가 B에 작용하는 힘은 15N이다.

ㄴ. B가 받은 알짜힘은 10N이다.

ㄷ. 각각의 알짜힘은 A, B, C 모두 같다.

① ㄱ   ② ㄴ

③ ㄱ, ㄴ   ④ ㄴ, ㄷ

해설

ㄱ. 모두 30N의 힘을 받아 함께 운동하므로 세 물체 모두 가속도는 $5m/s^2$이다. A의 알짜힘이 15N이므로, A가 B에 작용하는 힘은 15N이다.

ㄴ. B는 2kg이므로 알짜힘은 10N이다.

ㄷ. A, B, C 각각의 알짜힘은 15N, 10N, 5N이다.

★★★★

34 그림 (가)는 수평면 위에 정지해 있던 물체 A, B를 각각 수평 방향으로 스틱으로 쳤더니 A, B가 각각 수평면을 따라 속력 v로 등속도 운동하는 모습을 나타낸 것이다. 그림 (나)는 (가)에서 A, B가 각각 스틱으로부터 받은 힘의 크기를 시간에 따라 나타낸 것이다. 시간 축과 각 곡선이 만드는 면적은 A가 B의 2배이다.

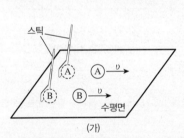
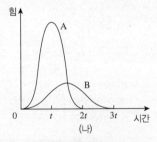

이에 대한 설명으로 옳은 것만을 〈보기〉에서 있는 대로 고른 것은?(단, A, B의 크기는 무시한다)

보 기

가. (가)에서 A, B가 등속도 운동하는 동안, 운동량의 크기는 A가 B의 2배이다.

나. 질량은 B가 A의 2배이다.

다. 스틱으로 치는 동안, 스틱으로부터 받은 평균 힘의 크기는 A가 B의 3배이다.

① 가   ② 다

③ 가, 나   ④ 가, 다

해설 **운동량과 충격량 자료 분석 및 해석하기**

가. 힘-시간 그래프에서 곡선이 만드는 면적은 충격량의 크기이고 충격량의 크기는 운동량의 변화량의 크기와 같다. 따라서 운동량의 크기는 A가 B의 2배이다.

다. 충격량의 크기는 평균 힘의 크기×충돌 시간이다. 충격량의 크기는 A가 B의 2배이고 충돌 시간은 A가 B의 $\frac{2}{3}$ 배이므로 스틱으로부터 받은 평균 힘의 크기는 A가 B의 3배이다.

나. 운동량의 크기는 질량×속력이므로 질량은 A가 B의 2배이다.

35 다음 여러 힘 중 서로 작용 – 반작용 관계에 있는 힘을 바르게 찾은 것을 〈보기〉에서 모두 고르시오.

보기

가. 사과에 작용하는 중력과 사과가 지구를 당기는 힘
나. 로켓이 가스를 밀어내는 힘과 가스가 로켓을 밀어내는 힘
다. 노가 물을 밀어내는 힘과 물이 노를 밀어내는 힘
라. 발이 땅을 밀어내는 힘과 땅이 발을 밀어 올리는 힘
마. 가속 상승하는 승강기 내에서 몸무게가 증가하는 것

① 가, 나, 다
② 가, 나, 라
③ 나, 다, 라, 마
④ 가, 나, 다, 라

해설
마. 가속 상승하는 승강기에서 몸무게가 증가하는 것은 관성의 법칙(운동 제1법칙)에 의한 현상이다.

플러스＋ **뉴턴의 운동 제3법칙(작용 – 반작용 법칙)**

1. 작용과 반작용 : 힘은 항상 쌍으로 작용하고 이때 작용하는 하나의 힘을 작용, 나머지 하나의 힘을 반작용이라 함
2. 작용 – 반작용 법칙 : 한 물체가 다른 물체에 힘을 가하면 힘을 받은 물체도 힘을 가한 물체에 크기가 같고 방향이 반대인 힘을 동시에 가함
3. 작용 – 반작용의 조건
   크기가 같고, 방향이 반대이고, 같은 작용선상에서, 서로 다른 물체에 작용
4. 작용 – 반작용의 예
   • 사람이 걸어가는 것
   • 로켓이 가스를 내뿜으며 올라가는 것
   • 노를 저어 배가 앞으로 나아가는 것

O·X

01. 작용 – 반작용은 항상 쌍으로 작용한다. ( )
02. 작용 – 반작용의 두 힘은 방향이 같아야 한다. ( )
03. 작용 – 반작용의 두 힘은 같은 작용점에 존재해야 한다. ( )

해설
01. 힘은 항상 쌍으로 작용하고 이때 작용하는 하나의 힘을 작용, 나머지 하나의 힘을 반작용이라고 한다.
02. 작용 – 반작용의 두 힘은 방향이 반대여야 한다.
03. 작용 – 반작용의 두 힘은 같은 작용선에 존재해야 한다.

정답 01. O 02. × 03. ×

★★★★★
36 그림은 관측자 A에 대해 관측자 B가 탄 우주선이 일정한 속도 0.9c로 운동하는 모습을 나타낸 것이다. A에 대해 정지해 있는 우주 정거장의 광원에서 빛이 방출된다. A가 측정할 때, 우주선의 길이는 L이다.

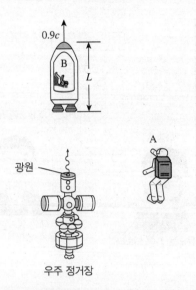

이에 대한 설명으로 옳은 것만을 〈보기〉에서 있는 대로 고른 것은?(단, c는 빛의 속력이다)

> **보기**
>
> 가. 우주선의 고유 길이는 L 보다 작다.
> 나. B가 측정할 때, A의 시간은 B의 시간보다 느리게 간다.
> 다. 광원에서 방출된 빛의 속력은 A가 측정할 때와 B가 측정할 때가 같다.

① 가　　　　　　　② 다
③ 가, 나　　　　　④ 나, 다

〔해설〕 **특수 상대성 이론 적용하기**
나. B가 측정할 때, A는 B에 대해 0.9c의 속도로 운동하고 있으므로 A의 시간은 B의 시간보다 느리게 간다.
다. 빛의 속력은 관측자, 광원의 운동에 상관없이 c로 일정하다.
가. B가 측정할 때의 우주선의 길이가 고유 길이이므로 L보다 크다.

• 시간 지연(시간 팽창) : 정지한 관찰자가 빠르게 운동하는 관찰자를 보면 상대편의 시간이 느리게 가는 것으로 관찰된다(시간의 상대성).
• 광속 불변 원리
－ 모든 관성 좌표계에서 보았을 때, 진공 중에서 진행하는 빛의 속도는 관찰자나 광원의 속도에 관계없이 일정하다.
－ 광속의 99.8%인 속도로 움직이는 파이온에서 나오는 빛의 속도를 측정했더니 정지 상태에서 측정한 광속과 동일하였다.
• 길이 수축(길이의 상대성)
－ 한 관성 좌표계의 관찰자가 상대적으로 운동하는 물체를 보면 그 길이가 수축되는 것으로 관찰된다.
－ 빛의 속도에 가깝게 운동하는 우주선은 원래의 길이보다 짧게 보인다.

Tip 열기관

- 열에너지를 일로 바꾸는 기관
- 열역학적 과정을 거쳐서 원래의 상태로 되돌아오는 과정을 통해 작동하면서 공급한 열에너지의 일부를 일로 전환한다.
- 높은 온도의 열원(고열원)에서 열을 흡수하고 일을 한 후 남은 열을 온도가 낮은 곳(저열원)으로 방출한다. 이때 열기관이 외부에 한 일은 $W = Q_1 - Q_2$이고, 열기관의 효율은
$e = \dfrac{W}{Q_1} = \dfrac{Q_1 - Q_2}{Q_1} = 1 - \dfrac{Q_2}{Q_1}$ 이다.

Tip 열효율과 열역학 제2법칙

- 고온부에서 저온부로 열의 이동이 없이 전부 일로 전환될 수 없다.
- 열기관의 효율 e는 항상 1보다 작다. 즉, 열효율이 100% 열기관은 없다.

37 그림은 온도가 T_1인 열원에서 Q_1의 열을 흡수하여 W의 일을 하고, 온도가 T_2인 열원으로 Q_2의 열을 방출하는 열기관에 대해 학생 A, B, C가 대화하는 모습을 나타낸 것이다.

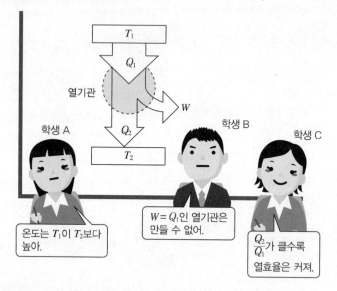

제시한 내용이 옳은 학생만을 있는 대로 고른 것은?

① A
② C
③ A, B
④ B, C

해설 열기관의 원리 이해하기

학생 A : 열기관은 고열원에서 열을 흡수하여 저열원으로 열을 방출하므로 $T_1 > T_2$이다.

학생 B : 열역학 제2법칙에 의하면 열기관에 공급된 열을 모두 일로 바꿀 수 없으므로 $W < Q_1$이다.

학생 C : 열효율 $= 1 - \dfrac{Q_2}{Q_1}$ 이므로 $\dfrac{Q_2}{Q_1}$ 가 클수록 열효율은 작아진다.

★★★★★

38 그림은 빗면의 점 p에 가만히 놓은 물체가 빗면을 따라 운동하여 점 q, r을 지나는 모습을 나타낸 것이다. 물체의 속력은 q, r에서 각각 v, $2v$이고, q의 높이는 h이다. r에서는 물체의 운동에너지가 물체의 중력 퍼텐셜 에너지의 2배이다.

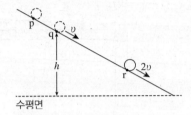

이때 p의 높이는?(단, 수평면에서 중력 퍼텐셜 에너지는 0이고, 물체의 크기, 마찰과 공기저항은 무시한다)

① $\dfrac{7}{6}h$ ② $\dfrac{6}{5}h$

③ $\dfrac{5}{4}h$ ④ $\dfrac{4}{3}h$

해설 **역학적 에너지 보존 법칙 적용하기**

q에서 운동에너지를 E_0이라 할 때, r에서 운동에너지는 $4E_0$이고 중력 퍼텐셜 에너지는 $2E_0$이므로 역학적 에너지는 $6E_0$이다.
물체가 빗면에서 운동하는 동안 역학적 에너지가 보존되므로 높이 h인 q에서 중력 퍼텐셜 에너지는 $5E_0$이고, p에서의 중력 퍼텐셜 에너지는 $6E_0$이다. 따라서 p의 높이는 $\dfrac{6}{5}h$이다.

관련 문제

그림 (가)는 수평면에서 $5\mathrm{m/s}$의 일정한 속도로 운동하는 물체 A를, (나)는 지면으로부터 높이 h인 곳에 가만히 놓은 물체 B를 나타낸 것이다. A가 15m를 운동하는 데 걸린 시간과 B가 지면에 도착하는 데 걸린 시간이 같을 때 h는?(단, 중력가속도 $10\mathrm{m/s^2}$, 모든 마찰과 공기 저항은 무시)

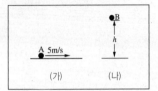

① 30m ② 35m
③ 40m ④ 45m

해설

A가 $5\mathrm{m/s}$의 속력으로 15m 운동하는 데 3초가 걸리므로 3초 동안 B가 g의 등가속도로 운동할 때 이동하는 거리는
$h = \dfrac{1}{2}gt^2 = \dfrac{1}{2} \times 10\mathrm{m/s^2} \times 3^2$
$= 45\mathrm{m}$ 이다.

정답 ④

Tip 역학적 에너지

• 역학적 에너지 : 물체의 운동에너지와 퍼텐셜 에너지의 합이다.
• 역학적 에너지 보존 법칙 : 마찰이나 공기저항이 없을 때 역학적 에너지는 일정하게 보존된다.

★★★★
39 그림과 같이 물체 A와 실로 연결된 물체 B에 수평 방향의 일정한 힘 F 가 작용하여 A, B가 함께 등가속도 운동하다가 실이 끊어진다. 실이 끊어진 후 B에는 F 가 계속 작용하고, A, B는 각각 등가속도 운동한다. A의 가속도 의 크기는 실이 끊어지기 전과 후가 같다. A, B의 질량은 각각 m, $3m$ 이다.

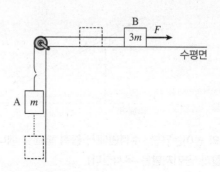

이에 대한 설명으로 옳은 것만을 〈보기〉에서 있는 대로 고른 것은?(단, 중력 가속도는 g 이고, 실의 질량, 모든 마찰과 공기저항은 무시한다)

> **보기**
>
> 가. 실이 끊어지기 전, 실이 A에 작용하는 힘의 크기는 $2mg$ 이다.
> 나. F 는 $5mg$ 이다.
> 다. 실이 끊어진 후, B의 가속도의 크기는 $\dfrac{5}{3}g$ 이다.

① 가, 나　　　　　　　　② 가, 다
③ 나, 다　　　　　　　　④ 가, 나, 다

해설 뉴턴 운동 법칙 결론 도출하기

가·나. 실이 끊어지기 전과 후 A의 가속도의 크기가 같으므로 실이 끊어지기 전 A의 가속 도의 크기는 g 이다. 실이 끊어지기 전 실이 물체에 작용하는 힘의 크기를 T 라 할 때, A : $T-mg=mg$, B : $F-T=3mg$ 이다.
　　따라서 $T=2mg$, $F=5mg$ 이다.

다. 실이 끊어진 후, B에 작용하는 알짜힘의 크기는 F 이고 B의 질량이 $3m$ 이므로 가속도의 크기는 $\dfrac{5}{3}g$ 이다.

★★★★★

40 그림과 같이 우주선 안에 있는 영희가 광원으로부터 같은 거리 L만큼 떨어진 두 지점에 검출기 A, B를 설치하였다. 철수가 관측할 때 영희가 탄 우주선은 $0.9c$의 일정한 속력으로 직선 운동하고 있고, 광원에서 빛이 발생했다.

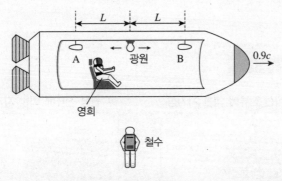

영희와 철수가 측정한 것에 대한 설명으로 옳은 것만을 〈보기〉에서 있는 대로 고른 것은?(단, 빛의 속력은 c이고, 광원, A, B는 우주선의 진행 방향과 나란한 동일 직선상에 있다)

> **보기**
>
> 가. 영희가 측정할 때, 철수의 시간은 영희의 시간보다 느리게 간다.
> 나. 철수가 측정할 때, 광원에서 발생한 빛이 A보다 B에 먼저 도달한다.
> 다. 철수가 측정할 때, A와 B 사이의 거리는 $2L$보다 작다.

① 가   ② 다
③ 가, 나   ④ 가, 다

해설 특수 상대성 이론 이해하기

가. 관측자가 상대적으로 운동하는 물체의 시간을 측정하면 특수 상대성 이론에 따라 운동하는 물체의 시간은 느리게 간다. 그러므로 영희가 측정할 때 상대적으로 운동하는 철수의 시간은 영희의 시간보다 느리게 간다.

다. 특수 상대성 이론에 따라 상대적으로 운동하는 관측자가 측정한 거리는 정지한 관측자가 측정한 거리보다 작아진다. 그러므로 철수가 측정한 거리는 영희가 측정한 거리 $2L$보다 작다.

나. 빛이 진행하는 동안, 우주선이 오른쪽으로 이동하고 빛의 속력은 일정하다. B는 빛의 진행 방향으로 이동하여 멀어지고, A는 빛의 진행 방향과 반대 방향으로 이동하여 가까워지므로 빛이 B보다 A에 먼저 도달한다.

물질과 전자기장

읽어보기 📄

▶ **직선 전류에 의한 자기장**

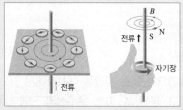

모양	직선 도선을 중심으로 한 동심원 모양
방향	오른손 엄지손가락을 전류의 방향으로 향하게 하고 나머지 네 손가락으로 도선을 감아쥘 때 네 손가락이 가리키는 방향
세기	$B \propto \dfrac{I}{r}$ (I : 전류의 세기, r : 도선으로부터의 거리)

▶ **원형 전류에 의한 자기장**

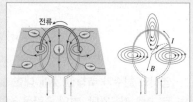

모양	직선 전류에 의한 자기장이 원형으로 휜 모양
방향	오른손의 엄지손가락을 전류의 방향으로 향할 때 네 손가락이 감기는 방향
세기	$B \propto \dfrac{I}{r}$ (I : 전류의 세기, r : 도선의 반지름)

▶ **솔레노이드에 의한 자기장**

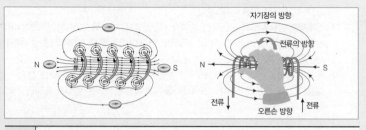

모양	• 중심축에 평행한 방향으로 균일한 자기장 형성(내부) • 막대 자석이 만드는 자기장과 비슷(외부)
방향	오른손의 네 손가락을 전류의 방향을 따라 감아쥘 때 엄지손가락이 가리키는 방향
세기	$B \propto nI$ (n : 단위 길이당 감긴 코일의 수, I : 전류의 세기)

41 정전기 유도에 대한 설명 중 옳지 <u>않은</u> 것은?

① 부도체는 전자가 자유롭게 움직이지 못하므로 정전기 유도가 일어나지 않는다.

② 도체에 대전체를 가까이하면 유전 분극이 나타난다.

③ 피뢰침은 접지를 이용해 번개가 칠 때 건물의 피해를 줄인다.

④ 알루미늄 조각에 대전체를 가까이 가져가면 알루미늄박이 대전체에 붙었다가 바로 떨어진다.

해설

유전 분극은 부도체에 대전체를 가까이할 때 나타나는 현상이다. 도체에 대전체를 가까이하면 정전기 유도 현상이 나타난다.

> 🔍 플러스✦ **정전기 유도**
>
> 도체에 대전체를 가까이하면 대전체와 가까운 쪽에는 대전체와 반대 종류의 전하가 유도되고, 먼 쪽에는 대전체와 같은 종류의 전하가 유도되는 현상
>
> 1. 도체에서의 정전기 유도
>
> | 원인 | 도체 내부의 전자의 이동 |
> |---|---|
> | 특징 | 도체에서 가까운 쪽은 반대 종류의 전하, 먼 쪽은 같은 종류의 전하 유도 |
> | 예 | 마찰시킨 볼펜에 알루미늄 포일이 붙음 |
>
>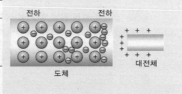
>
> 2. 부도체에서의 정전기 유도
>
> | 원인 | 원자 내의 전자가 전기력에 의해 기존 위치에서 조금씩 벗어남(유전 분극) |
> |---|---|
> | 특징 | 전자가 자유롭게 이동하지 못하므로 정전기 유도가 일어나지 않음 |
> | 예 | 흐르는 물줄기에 대전체를 가까이 가져가면 물줄기가 대전체 쪽으로 끌려옴 |
>
>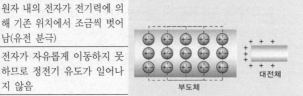

Tip 반도체

도체와 부도체의 중간 정도의 저항을 가진 물질로, 외부 조건에 따라 전기 전도도가 달라진다. 예 규소, 저마늄

○·×

01. 복사기, 정전기 먼지떨이 등은 정전기를 이용한 것이다. ( )

정답 01. ○

★★★★★

42 그림과 같이 점전하 A, B, C가 각각 $x=0$, $x=d$, $x=2d$에 고정되어 있다. 전하량의 크기는 A와 C가 같고, B는 양(+)전하이다. A와 C가 B에 작용하는 전기력은 방향이 $+x$방향이고, 크기가 F이다.

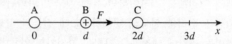

B를 $x=3d$로 옮겨 고정시킬 때, A와 C가 B에 작용하는 전기력의 크기는?

① $\dfrac{1}{3}F$

② $\dfrac{4}{9}F$

③ $\dfrac{5}{9}F$

④ $\dfrac{2}{3}F$

해설 전기력 문제 인식 및 가설 설정하기

전하량의 크기는 A와 C가 같고, A와 C가 B에 작용하는 전기력의 방향이 $+x$방향이므로 A, C는 각각 양(+)전하, 음(−)전하이다. 따라서 A, C는 각각 $+x$방향으로 $\dfrac{F}{2}$의 전기력을 B에 작용한다.

B를 $x=3d$로 옮겨 고정시킬 때 A는 $+x$방향으로 $\dfrac{F}{18}$의 전기력을, C는 $-x$방향으로 $\dfrac{F}{2}$의 전기력을 B에 작용한다. 따라서 A와 C가 B에 작용하는 전기력의 크기는 $\dfrac{4}{9}F$이다.

○·×

01. 전자를 얻은 물체는 (+)전하를 띤다. ( )
02. 전하량의 단위는 V이다. ( )
03. 전기장의 방향은 (−)전하에 작용하는 전기력의 방향이다. ( )

해설
01. 전자를 잃은 물체는 (+), 얻은 물체는 (−)전하를 띤다.
02. 전하량의 단위는 C이다.
03. 전기장의 방향은 (+)전하에 작용하는 전기력의 방향이다.

정답 01. × 02. × 03. ×

★★
43 그림과 같이 전하량이 −Q와 +3Q인 동일한 크기와 재질의 두 금속구 A와 B가 거리 r만큼 떨어져 있을 때, A와 B 사이에 작용하는 전기력의 크기는 F이다. 이에 대한 설명으로 옳은 것만을 〈보기〉에서 있는 대로 고른 것은?

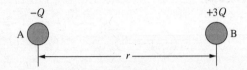

〈보기〉

ㄱ. B에 작용하는 전기력의 크기와 A에 작용하는 전기력의 크기는 같다.
ㄴ. A와 B를 접촉시켰을 때 A와 B의 각각 전하량은 +1Q이다.
ㄷ. 접촉한 A와 B를 분리하여 2r만큼 떨어뜨려 놓았을 때, A와 B 사이에 작용하는 전기력의 크기는 $\frac{3}{4}F$이다.

① ㄱ
② ㄴ
③ ㄱ, ㄴ
④ ㄴ, ㄷ

해설
ㄱ. A와 B 사이의 전기력은 작용−반작용에 의해 같다.
ㄴ. 대전체를 접촉시키면 자유 전자가 이동하여 A와 B의 전하량은 같아진다. 따라서 A와 B의 전하량은 +1Q가 된다.
ㄷ. A와 B의 전기력의 크기는 $F = k\frac{3Q^2}{r^2}$, $F' = k\frac{Q^2}{4r^2} = \frac{1}{12}F$가 된다.

Tip 전기력

1. 의미 : 전하 사이에 작용하는 힘
2. 종류 : 인력(다른 종류의 전하 사이), 척력(같은 종류의 전하 사이)
3. 크기

$$F = k\frac{q_1 q_2}{r^2}$$

F : 전기력
k : 쿨롱상수
　　($= 9.0 \times 10^9 N \cdot m^2/C^2$)
q : 전하량
r : 두 전하 사이의 거리

O·X

01. 전기력은 같은 종류의 전하 사이에서 척력이 작용한다. (　)
02. 전기력의 크기는 전하량의 곱에 반비례한다. (　)
03. 전기력선은 (+)전하에서 나와 (−)전하로 들어간다. (　)
04. 전기력선의 밀도가 클수록 전기장의 세기는 약하다. (　)

해설
01. 같은 종류의 전하 사이에서는 척력, 다른 종류의 전하 사이에서는 인력이 작용한다.
02. 전기력의 크기는 대전체 사이의 거리의 제곱에 반비례하고, 전하량의 곱에 비례한다.
03. 전기력선은 전기장 내의 (+)전하가 받는 힘의 방향을 나타낸 선이다.
04. 전기력선의 밀도가 클수록 전기장의 세기는 크고, 전기력선의 개수는 전하량에 비례한다.

정답 01. ○ 02. × 03. ○ 04. ×

Tip 앙페르의 법칙(오른나사 법칙)
도선에 전류가 흐르면 도선 주위에 자기장이 만들어지는데, 자기장의 방향은 오른손의 엄지손가락을 전류의 방향으로 향할 때 나머지 네 손가락이 향하는 방향이다.

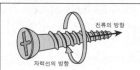

전류의 방향
자력선의 방향

○·×

01. 솔레노이드 내부에 철심을 넣으면 자기장의 세기를 감소시킬 수 있다. ( )
02. 자기부상열차, 도난 경보기 등은 전자석을 이용한 것이다. ( )
03. 앙페르의 오른나사 법칙에서 엄지는 전류의 방향을 나타낸다. ( )

해설

01. 전류의 세기를 증가시키거나 감은 횟수를 늘리거나, 솔레노이드 내부에 철심을 넣으면 솔레노이드에 의한 자기장의 세기가 증가된다.
02. 전자석은 솔레노이드 내부에 철심을 넣은 것으로 전화기, 자기부상열차 등에 이용된다.
03. 오른나사 법칙에 의하면 오른손의 엄지는 전류의 방향, 나머지 네 손가락이 감싸는 방향은 자기장의 방향이다.

정답 01. × 02. ○ 03. ○

★★★

44 (가)는 전하량이 각각 q, $2q$인 두 전하가 거리 r만큼 떨어져 있는 것을 나타낸 것이고, (나)는 전하량이 둘 다 q인 두 전하가 거리 $\frac{r}{2}$만큼 떨어져 있는 것을 나타낸 것이다.

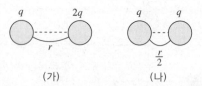

(가)에서 두 입자 사이에 작용하는 전기력은, (나)에서의 전기력의 몇 배인가?

① $\frac{1}{4}$ 배   ② $\frac{1}{2}$ 배

③ 1배   ④ 2배

해설

두 전하 사이에 작용하는 전기력은 $F = k\frac{q_1 q_2}{r^2}$로 나타낼 수 있다(F : 전기력, k : 쿨롱상수, q : 전하량, r : 두 전하 사이의 거리).
(가)는 (나)에 비해서 거리가 2배이고 전하량의 곱이 2배이므로 힘은 $\frac{1}{2}$ 배가 된다.

★★★

45 다음과 같이 코일을 감은 솔레노이드 양쪽 옆에 구리로 된 고리 P와 Q를 걸고 스위치를 닫았다.

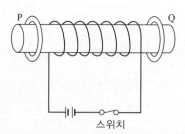

스위치

고리 P와 Q의 이동이 바른 것은?

	P	Q
①	왼쪽으로 이동	오른쪽으로 이동
②	왼쪽으로 이동	왼쪽으로 이동
③	오른쪽으로 이동	왼쪽으로 이동
④	변화 없음	변화 없음

해설

스위치를 닫으면 구리 고리를 통과하는 자기력 선속이 증가한다. 렌츠의 법칙에 의해 구리 고리를 통과하는 자기력 선속의 증가를 방해하는 방향으로 유도 기전력이 생기고 유도 전류가 흐른다. 따라서 각 구리 고리와 코일 사이에는 척력이 작용하여 구리 고리가 코일에서 멀어진다.

플러스 솔레노이드에 의한 자기장

모양	• 중심축에 평행한 방향으로 균일한 자기장 형성(내부) • 막대 자석이 만드는 자기장과 비슷(외부)
방향	오른손의 네 손가락을 전류의 방향을 따라 감아쥘 때 엄지손가락이 가리키는 방향
세기	$B \propto nI$ (n : 단위 길이당 감긴 코일의 수, I : 전류의 세기)

1. 솔레노이드에 의한 자기장의 세기를 증가시키는 방법
   • 흐르는 전류의 세기를 증가시킴
   • 코일의 단위 길이당 감은 횟수를 증가시킴
   • 솔레노이드 내부에 철심을 넣음
2. 전자석 : 솔레노이드 내부에 철심을 넣은 것
   • 이용 : 전화기, 자기 부상 열차, 자기 공명 영상 장치, 도난 경보기, 전자석 기중기

★★
46 그림과 같이 코일 가까이에서 자석을 a 방향으로 움직이는 동안 검류계의 바늘이 오른쪽으로 움직였다.

이에 대한 옳은 설명만을 〈보기〉에서 있는 대로 고른 것은?

보기

가. 자석을 더 빠르게 움직이면 검류계의 바늘이 움직이는 폭이 더 커진다.
나. 자석을 b 방향으로 움직이면 검류계의 바늘은 왼쪽으로 움직인다.
다. 자석을 코일 속에 넣고 가만히 있으면 코일에는 일정한 세기의 전류가 흐른다.

① 가   ② 나
③ 가, 나   ④ 나, 다

Tip 자석의 운동에 따른 유도 전류 방향
• 자석의 N극이 원형 도선에 가까워지면 원형 도선 중심에 아래 방향으로 자기 선속이 증가한다. 따라서 아래 방향으로 증가하는 자기 선속을 방해하려면 유도 전류에 의한 자기장이 위 방향이 되어야 하므로, 원형 도선에는 반시계 방향으로 유도 전류가 흐른다.
• 자석의 N극이 원형 도선에서 멀어지면 원형 도선 중심에 아래 방향으로 자기 선속이 감소한다. 따라서 아래 방향으로 감소하는 자기 선속을 방해하려는 유도 전류에 의한 자기장이 아래 방향이 되어야 하므로, 원형 도선에는 시계 방향으로 유도 전류가 흐른다.

해설 **전자기 유도 현상 이해하기**

가. 자석이 빠르게 움직일수록 유도 전류가 커진다.

나. 자석의 운동 방향이 반대가 되면 유도 전류의 방향도 반대가 된다.

다. 자석이 코일 속에 정지해 있으면 자기장이 변하지 않으므로 유도 전류가 흐르지 않는다.

Tip 원자가띠와 전도띠

• 원자가띠 : 온도가 0K일 때 원자 내부의 전자들은 허용된 띠의 에너지가 낮은 상태에서 시작하여 점점 에너지가 높은 상태로 채워 나간다. 원자의 가장 바깥쪽에 있는 전자가 차지하는 에너지띠를 원자가띠라고 한다.

• 전도띠 : 원자가띠의 전자가 에너지를 흡수하여 이동할 수 있는 허용된 띠로. 원자가띠 위에 위치한다.

★★
47 그림과 같이 띠 간격이 E_0인 고체에서 원자가띠의 전자가 에너지 E_1을 흡수하여 전도띠로 전이한다. ㉠은 전자가 전이한 후 생긴 빈자리이다.

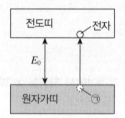

이에 대한 설명으로 옳은 것만을 〈보기〉에서 있는 대로 고른 것은?

보 기

가. 원자가띠에 있는 전자의 에너지는 모두 같다.

나. ㉠은 양공이다.

다. $E_1 < E_0$이다.

① 가

② 나

③ 가, 다

④ 나, 다

해설 **에너지띠 이해하기**

나. ㉠은 전자가 전이한 후 생긴 빈자리이므로 양공이다.

가. 인접한 여러 에너지 준위가 모여 연속적으로 보이는 영역을 에너지띠라고 한다. 따라서 원자가띠에 있는 전자의 에너지는 같지 않다.

다. 원자가띠의 전자가 전도띠로 전이하기 위해서는 띠 간격 E_0 이상의 에너지를 흡수해야 한다.

48 그림은 보어의 수소 원자 모형에서 양자수 n에 따른 에너지 준위의 일부와 전자의 전이 A, B를 나타낸 것이다.

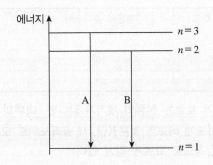

이에 대한 설명으로 옳은 것만을 〈보기〉에서 있는 대로 고른 것은?

> 가. 수소 원자 내의 전자가 갖는 에너지는 불연속적이다.
> 나. 전자는 $n=1$인 상태에 있을 때 가장 낮은 에너지를 갖는다.
> 다. 방출되는 광자 1개의 에너지는 A에서가 B에서보다 크다.

① 가, 나
② 가, 다
③ 나, 다
④ 가, 나, 다

해설 수소 원자 모형 자료 분석 및 해석하기

가. 수소 원자 모형에서 수소 원자 내의 전자가 갖는 에너지는 불연속적이다.

나. 전자는 $n=1$인 상태에 있을 때 가장 낮은 에너지를 갖는 바닥 상태이다.

다. 에너지 준위 차는 A에서가 B에서보다 크므로 방출되는 광자 1개의 에너지는 A에서가 B에서보다 크다.

- 전자는 원자핵 주위의 특정한 궤도를 돌고 있다.
- 전자가 돌 수 있는 특정한 궤도를 양자수(n)이라고 한다.
- 특정 궤도를 도는 전자가 가지고 있는 에너지는 양자수에 따라 결정되며 불연속적인 값이다.
- 전자는 에너지를 흡수하거나 방출할 경우 에너지 준위를 이동한다.
- 에너지 준위의 차이가 클수록 흡수 또는 방출하는 빛의 진동수는 크다.

48 ④   PART 02 물질과 전자기장 **139**

Tip 자속과 자속밀도

• 자속(Φ) : 자기장에 수직인 단면을 통과하는 자기력선의 총 개수로, 단위는 Wb(웨버)를 사용한다.

• 자속밀도

$B = \dfrac{\Phi}{S}$ [B : 자속밀도, $T = Wb/m^2$, Φ : 자속(Wb), S : 단면적]

★★★
49 다음 표는 길이가 다른 세 개의 원통을 사용하여 만든 솔레노이드 A, B, C를 나타낸 것이다.

솔레노이드	원통의 길이(cm)	코일의 감은 수(횟수)
A	5	200
B	10	200
C	20	400

A, B, C에 흐르는 전류의 세기가 같다면, 내부의 자기장 B_A, B_B, B_C의 크기를 바르게 비교한 것은?(단, 세 솔레노이드 모두 같은 종류의 코일이 일정한 간격으로 고르게 감겨 있다)

① $B_A > B_B = B_C$ ② $B_A < B_B < B_C$

③ $B_A = B_B < B_C$ ④ $B_A > B_B > B_C$

해설
솔레노이드 내부의 자기장의 세기는 단위 길이당 감은 수와 전류의 세기에 비례한다.

★★
50 그림은 둥근 철심에 도선을 감은 솔레노이드에 전원장치, 스위치를 연결하고, 왼쪽에 막대 자석을 부착한 수레를 놓은 것을 나타낸 것이다. 솔레노이드에 의해 생기는 자기장에 대한 설명으로 옳은 것을 〈보기〉에서 있는 대로 고른 것은?

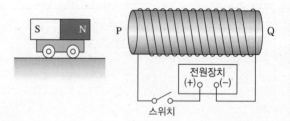

보기

ㄱ. 수레는 왼쪽으로 움직인다.

ㄴ. 철심의 자기장의 세기는 P와 Q에서 같다.

ㄷ. 솔레노이드에 흐르는 전류의 세기를 증가시켜도 내부 자기장의 세기는 일정하다.

① ㄱ   ② ㄴ

③ ㄱ, ㄴ   ④ ㄴ, ㄷ

O·X

01. 자속의 단위는 Wb이다. ( )
02. 자석의 양 끝부분이 자기력선의 밀도가 가장 작다. ( )
03. 자기력선은 자석의 N극에서 나와 S극으로 향한다. ( )

해설
01. 자속은 자기장에 수직인 단면을 통과하는 자기력의 총 개수로 단위는 Wb이다.
02. 자석의 양 끝부분이 자기력선의 밀도가 가장 크기 때문에 자기장의 세기가 가장 세다.
03. 자기력선은 자기장의 모양을 알기 쉽게 나타낸 것으로 N극에서 나와 S극으로 향한다.

정답 01. ○ 02. × 03. ○

ㄴ. 자기장은 N극에서 S극으로 들어오므로 자기장의 세기는 같다.

ㄱ. 솔레노이드에서의 자기장은 오른손 엄지손가락이 자기장(N극) 방향, 나머지 네 손가락 이 전류의 방향이다. 스위치를 닫으면 P는 S극, Q는 N극으로 자화되고, 수레는 인력에 의해 오른쪽으로 움직이게 된다.

ㄷ. 전류의 세기를 증가시키면 내부 자기장 세기도 증가한다.

51 자기력선에 대한 설명으로 옳지 <u>않은</u> 것은?

① 자기력선은 N극에서 나와 S극으로 들어가게 된다.
② 자기력선의 밀도와 자기장의 세기는 비례한다.
③ 자기력선은 도중에 갈라지거나 교차하지 않는다.
④ 자석 내부의 자기력선은 N극에서 S극을 향하게 된다.

해설

자기력선은 자석의 외부와 내부에서 끊어지지 않고 이어져야 한다. 자석 외부에서는 N극에서 S극을 향하므로 자석 내부에서는 S극에서 N극을 향하게 된다.

Tip 자기력선

• 자기장의 모양을 알기 쉽게 나타낸 것
• 자석의 N극에서 나와 S극을 향함
• 도중에 교차하거나 분리되지 않음
• 자기력선의 밀도가 클수록 자기장의 세기가 센 곳
• 한 점에서 그은 접선 방향이 그 점에서의 자기장의 방향

52 자성과 자성체에 대한 설명으로 옳지 <u>않은</u> 것은?

① 자성은 강자성, 상자성, 반자성으로 구분된다.
② 자기장 내에서 자기화하는 물질을 자성체라고 한다.
③ 강자성체에는 알루미늄, 텅스텐, 마그네슘 등이 있다.
④ 반자성체는 외부 자기장이 가해지면 외부 자기장과 반대 방향으로 자기화 되는 물질이다.

해설

강자성체는 자석에 달라붙는 물질로, 철, 코발트, 니켈 등이 있다. 알루미늄, 텅스텐, 마그네슘은 상자성체이다.

O·X

01. 전류가 흐르는 도선 주위에는 자기장이 생긴다. ( )
02. 나침반의 S극이 가리키는 방향이 자기장의 방향이다. ( )
03. 전류에 의한 자기장은 세기와 방향을 바꿀 수 없다. ( )

해설

01. 전류가 흐르는 도선 주위에 나침반을 놓으면 움직인다. 즉, 전류가 흐르는 도선 주위에는 자기장이 형성된다.
02. 나침반의 N극이 가리키는 방향이 자기장의 방향이다.
03. 전류에 의한 자기장은 전류의 방향이 바뀌면 자기장의 방향도 바뀌고, 전류의 세기가 변하면 자기장의 세기도 변화한다.

정답 01. ○ 02. × 03. ×

정답 51 ④ 52 ③

🔍 플러스 자성

물질이 자석에 반응하는 성질
⇨ 물질을 구성하는 원자 내 전자의 운동에 의해 자기장이 발생하기 때문

구분	정의	예
강자성	자석에 잘 달라붙는 물질의 성질	철, 코발트, 니켈
상자성	자석에 어느 정도 붙지만 그 정도가 매우 약한 성질	알루미늄, 백금, 산소
반자성	자석에 의해 밀리는 성질	물, 구리, 유리, 나무

★★★★★

53 다음은 보어의 수소 원자 모형에 대한 내용이다.

- 양자수 n에 따른 전자의 에너지 E_n은 다음과 같다.

$$E_n = -\frac{E_0}{n^2} \text{ (여기서, } -E_0 \text{는 바닥 상태의 에너지이다)}$$

- 라이먼 계열의 선 스펙트럼은 전자가 궤도에서 $n=1$인 궤도로 전이할 때 생긴다.

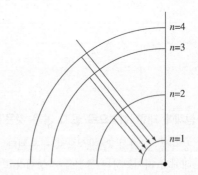

라이먼 계열의 선 스펙트럼 중에서 파장이 가장 긴 빛의 파장은?(단, h, c는 각각 플랑크 상수, 빛의 속력이다)

① $\dfrac{3hc}{2E_0}$ ② $\dfrac{4hc}{3E_0}$

③ $\dfrac{36hc}{5E_0}$ ④ $\dfrac{9hc}{4E_0}$

O·X

01. 직선 도선을 중심으로 동심원 모양의 자기장이 형성된다. ( )
02. 원형 도선에 흐르는 전류에 의한 자기장은 원형 도선의 중심에서 가장 약하다. ( )
03. 강자성체는 외부 자기장이 사라지면 바로 원래 상태로 되돌아간다. ( )
04. 반자성체로는 물, 유리, 나무 등이 있다. ( )

해설
02. 원형 도선의 중심에서 자기장의 세기는 가장 세다.
03. 강자성체는 외부 자기장이 사라져도 자성을 유지하는 철, 코발트 등의 물질이다.
04. 물, 유리, 나무 등은 반자성체이다. 반자성체는 외부 자기장이 가해지면 외부 자기장도 반대 방향으로 자기화된다.

정답 01. ○ 02. × 03. × 04. ○

해설

라이먼 계열은 전자가 $n = 1$로 전이할 때 발생하는 빛의 스펙트럼이다.

따라서 $hf = \dfrac{hc}{\lambda} = E_i - E_1 = -\dfrac{E_0}{n^2} - \left(-\dfrac{E_0}{1^1}\right)$ 이다. $n = 2$인 궤도에서 $n = 1$로 전이한 빛의

에너지가 가장 적으므로 파장이 가장 길다. 이때 빛에너지는 $\dfrac{hc}{\lambda} = -\dfrac{E_0}{2^2} + \dfrac{E_0}{1} = \dfrac{3E_0}{4}$ 이므

로 파장은 $\lambda = \dfrac{4hc}{3E_0}$ 이다.

> 🔍 **플러스** 보어의 원자 모형
>
> 원자핵을 중심으로 전자가 돌고 있으며, 특정 궤도에서 원운동
> 1. 궤도와 양자수 : 전자가 돌 수 있는 특정한 궤도를 양자수 $n(n = 1, 2, 3, \ldots)$ 이라 함
> 2. 에너지 양자화 : 전자가 양자수와 관련된 특정한 에너지 값만 갖게 되는 것
> 3. 에너지 준위 : 원자 내 전자가 가지는 에너지 값, 양자수 n의 값에 따라 불연속적인 값

★★★★★

54 그림 (가)와 (나)는 전자가 양자수 $n = 4$에서 각각 $n = 1$ 상태와 $n = 2$인 상태로 각각 전이하면서 전자기파를 방출하는 것을 나타낸 것이다. 이에 대한 설명으로 옳은 것을 〈보기〉에서 모두 고른 것은?

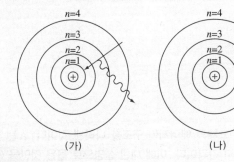

(가)   (나)

> **보기**
>
> 가. (가)보다 (나)에서 방출하는 전자기파의 파장이 더 길다.
> 나. (가)에서는 적외선의 형태로 에너지를 방출한다.
> 다. (나)에서 방출하는 전자기파는 가시광선 영역이다.

① 가　　　　　　　　　② 가, 나

③ 가, 다　　　　　　　④ 나, 다

관련 문제 ✎

보어가 제안한 수소의 원자 모형에 대한 설명으로 옳은 것은?(단, n은 양자수이다)

① 전자가 원운동하는 궤도의 반지름은 연속적인 값을 가진다.

② 전자의 에너지 준위는 연속적이다.

③ $n = 1$인 궤도에 있는 전자가 $n = 2$인 궤도로 전이할 때 전자기파를 방출한다.

④ $n = 3$인 궤도의 에너지 준위는 $n = 1$인 궤도의 에너지 준위보다 높다.

해설

④ 양자수가 높을수록 에너지 준위가 높다.

① 전자의 궤도는 불연속적인 값을 가진다.

② 전자의 에너지 준위는 불연속적이다.

③ 양자수가 높은 궤도로 전이할 때는 전자기파를 흡수하고, 양자수가 낮은 궤도로 전자가 전이할 때에는 전자기파를 방출한다.

정답 ④

O·X

> 01. 전자는 원자핵 주위의 특정한 궤도를 돌고 있다. (　)
> 02. 원자 내 전자가 가지는 에너지 값은 연속적인 값이다. (　)

해설

01. 전자가 돌 수 있는 특정한 궤도를 양자수(n)라고 한다.

02. 원자 내 전자가 가지는 에너지 값은 양자수 값에 따라 불연속적인 값이다.

정답 01. ○ 02. ×

해설

가. 방출하는 에너지가 작을수록 전자기파의 파장이 길어지므로 (가)보다 (나)에서 방출되는
　전자기파의 파장이 더 길다.

다. (나)는 가시광선 영역의 파장의 전자기파를 방출한다.

나. (가)는 자외선의 형태로 에너지를 방출한다.

Tip 전이

- 전자가 에너지 준위 사이를 이동하는 것
- 전자는 에너지를 흡수하거나 방출함
  으로써 양자화된 에너지 준위를 이동

★★★
55 원자에서 방출되는 선 스펙트럼의 한 예이다. 이 사실로 알 수 있는 원자의
구조에 관해 옳은 것을 〈보기〉에서 모두 고른 것은?

선 스펙트럼

> 보 기
>
> 가. 전자의 궤도는 불연속적이다.
> 나. 전자는 각 양자수와 관련된 특정 궤도에만 있을 수 있다.
> 다. 에너지 준위가 낮은 궤도에서 높은 궤도로 전이할 때 빛에너지를 방출
> 　한다.

① 가　　　　　　　　　　　② 가, 나
③ 가, 다　　　　　　　　　　④ 나, 다

해설

다. 전자는 에너지 준위가 높은 궤도에서 낮은 궤도로 전이할 때 빛에너지를 방출하게 된다.

Tip 고체 원자의 에너지 준위

원자들 사이의 간격이 가까워 인접한
원자들의 전자 궤도들이 겹쳐 에너지
준위도 겹치게 됨

1. 에너지 준위의 변화 : 파울리의 배타
   원리에 의해 2개의 원자가 같은 양자
   수를 갖지 않음
2. 에너지띠 : 전자의 에너지 준위가 매
   우 가깝게 존재해 연속적인 것으로
   취급할 수 있는 에너지 준위 영역

허용된 띠	원자가띠	원자의 가장 바깥쪽에 원자가 전자가 차지하는 에너지띠
	전도띠	원자가띠 위에 있는 전자가 비어 있는 에너지띠
금지된 띠	띠틈	• 어떤 전자도 존재할 수 없는 영역 • 고체의 전기 전도성을 구별하는 중요한 기준

★
56 그림은 어떤 고체의 에너지띠 구조를 나타낸 것이다. A는 원자가띠와 (가)
사이의 에너지 간격이다. 이에 대한 설명으로 옳은 것만을 〈보기〉에서 있는
대로 고른 것은?

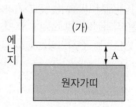

보기

ㄱ. (가)는 전도띠이다.

ㄴ. A가 넓을수록 전기 전도성이 좋다.

ㄷ. 원자가띠에 있는 전자의 에너지 준위는 모두 같다.

① ㄱ   ② ㄴ

③ ㄱ, ㄷ   ④ ㄱ, ㄴ, ㄷ

해설

ㄱ. (가)는 전도띠이며, A는 띠틈이다.

ㄴ. 띠틈이 좁을수록 전기 전도성이 좋다.

ㄷ. 고체를 구성하는 원자의 에너지 준위가 원자의 수만큼 미세하게 변해 띠를 형성하는데, 이를 에너지띠라 한다. 따라서 에너지띠를 이루는 전자의 에너지 준위는 모두 다르다.

Tip 도체, 부도체, 반도체

• 도체

• 부도체

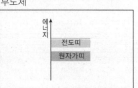

• 반도체

57 그림 (가)는 물체의 저항을 온도에 따라 나타낸 것이고, 그림 (나)는 물체가 자석 위에 떠 있는 모습을 나타낸 것이다. 이에 대한 설명으로 옳은 것만을 〈보기〉에서 있는 대로 고른 것은?

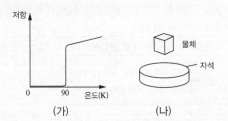

(가)   (나)

보기

ㄱ. (나)에서 물체에는 마이스너 효과가 나타난다.

ㄴ. 온도가 90K보다 높으면 물체에 전류가 흘러도 열이 발생하지 않는다.

ㄷ. (나)에서 자석의 극을 바꾸면 물체는 자석에 붙는다.

① ㄱ   ② ㄴ

③ ㄱ, ㄴ   ④ ㄱ, ㄷ

해설

ㄱ. 초전도체 속에 자기력선이 들어가지 못하는 현상인 마이스너 효과가 발생한다.

ㄴ. 온도가 90K(임계온도)보다 낮으면 물체에 전류가 흘러도 열이 발생하지 않는다.

ㄷ. 마이스너 효과는 자석의 극과는 상관없다.

O·X

01. 실리콘, 저마늄 등은 반도체이다. ( )

02. 온도가 올라가면 도체의 전기 저항이 증가한다. ( )

03. 자유 전자가 많아 전기가 잘 흐르는 물질을 도체라고 한다. ( )

해설

01. 반도체는 띠틈이 도체와 부도체 중간 정도이며, 에너지를 흡수하면 전자가 전도띠로 이동 가능한 물질로, 실리콘과 저마늄 등이 있다.

02. 도체는 온도가 올라가면 원자와 자유 전자의 충돌 횟수가 증가하여 전기 저항이 증가한다.

정답 01. ○ 02. ○ 03. ○

58 순수 반도체의 성질에 대한 설명이다. 이에 대한 설명으로 옳은 것을 〈보기〉에서 모두 고른 것은?

> **보기**
>
> 가. 원자가 전자는 4개이다.
> 나. 절연체에 비해 띠틈이 넓어 일정량의 에너지를 흡수하면 전류가 흐른다.
> 다. 이웃한 원자 사이에 공유결합을 하여 최외각 전자껍질에 8개의 전자가 배치된다.

① 가
② 가, 나
③ 가, 다
④ 나, 다

해설

순수 반도체는 어떤 불순물도 섞이지 않은 순수한 반도체로 원자가 전자가 4개인 Si와 Ge 등이 있다. 순수한 반도체는 띠틈이 좁아 전자가 일정량의 에너지를 흡수하면 전도띠로 이동하여 전류가 흐를 수 있다.

플러스 반도체

1. 순수 반도체 : 원자가 전자가 4개인 원소로 구성된 반도체
   [예] 실리콘(Si), 저마늄(Ge)
2. 불순물 반도체 : 순수 반도체에 특정한 불순물을 섞어 전류를 흐르게 하는 입자의 수를 증가시켜 전기 전도도를 증가시킨 반도체
   • 도핑 : 순수한 반도체에 불순물을 첨가하여 반도체의 성질을 바꾸는 기술
   • 불순물 반도체의 종류

종류	n형 반도체	p형 반도체
불순물	원자가 전자가 5개인 Ⅴ족 원소 [예] 인(P), 비소(As), 안티모니(Sb)	원자가 전자가 3개인 Ⅲ족 원소 [예] 알루미늄(Al), 붕소(B), 인듐(In), 갈륨(Ga)
원리	원자가 전자가 4개인 실리콘(Si)에 원자가 전자가 5개인 인(P)을 도핑하면 전자 1개가 남음 ⇨ 주요 전하 나르개 : 전자	원자가 전자가 4개인 실리콘(Si)에 원자가 전자가 3개인 붕소(B)를 도핑하면 전자 1개가 부족하여 양공이 생김 ⇨ 주요 전하 나르개 : 양공
모식도		

O·X

01. p형 반도체는 원자가 전자가 5개인 원소를 불순물로 이용한다.
( )
02. p형 반도체와 n형 반도체를 결합하여 다이오드를 만든다.
( )

해설

01. p형 반도체는 원자가 전자가 3개인 붕소 등을 불순물로 이용한다.
02. 다이오드는 p형 반도체와 n형 반도체를 결합하여 만든 것으로 전류가 한쪽 방향으로 흐르도록 한다.

정답 01. × 02. ○

★★★★
59 그림과 같이 일정한 세기의 전류가 흐르는 무한히 긴 직선 도선이 xy평면에
수직으로 고정되어 있다. 점 p, q는 각각 x축, y축상에 있고, 도선으로부터
의 거리는 p가 q보다 작다. 표는 p, q에서 직선 도선에 흐르는 전류에 의한
자기장의 방향을 나타낸 것이다.

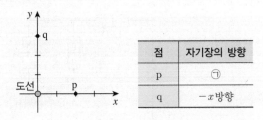

점	자기장의 방향
p	㉠
q	$-x$방향

이에 대한 설명으로 옳은 것만을 〈보기〉에서 있는 대로 고른 것은?

보기

가. 도선에 흐르는 전류의 방향은 xy평면에 수직으로 들어가는 방향이다.
나. ㉠은 $+y$방향이다.
다. 도선에 흐르는 전류에 의한 자기장의 세기는 p에서가 q에서보다 크다.

① 가   ② 다
③ 가, 나   ④ 나, 다

해설 직선 도선에 흐르는 전류에 의한 자기장 자료 분석 및 해석하기
나. 자기장의 방향은 도선을 중심으로 반시계 방향이므로 ㉠은 $+y$방향이다.
다. 도선에 흐르는 전류에 의한 자기장의 세기는 도선으로부터의 거리가 클수록 작다. 따라
서 자기장의 세기는 p에서가 q에서보다 크다.
가. q에서 도선에 흐르는 전류에 의한 자기장의 방향이 $-x$방향이므로 앙페르의 법칙을 적
용하면 도선에 흐르는 전류의 방향은 xy평면에서 수직으로 나오는 방향이다.

★★★
60 그림과 같이 발광 다이오드(LED), p-n 접합 다이오드 A와 B를 전원 장치에 연결하여 회로를 구성하였다. 스위치를 a에 연결할 때 LED에서 빛이 방출되고, 스위치를 b에 연결할 때 LED에서 빛이 방출되지 않는다. B의 X는 p형 반도체와 n형 반도체 중 하나이다.

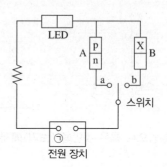

이에 대한 설명으로 옳은 것만을 〈보기〉에서 있는 대로 고른 것은?

> **보기**
>
> 가. 스위치를 a에 연결할 때, A의 n형 반도체에 있는 전자는 p−n 접합면 쪽으로 이동한다.
> 나. 전원 장치의 단자 ㉠은 (+)극이다.
> 다. X는 p형 반도체이다.

① 가   ② 다
③ 가, 나   ④ 나, 다

해설 p−n 접합 다이오드 탐구 수행하기

가 · 나. 스위치를 a에 연결할 때 LED에서 빛이 방출되므로 A에는 순방향 전압이 걸린다. 따라서 ㉠은 (+)극이고, A의 n형 반도체에 있는 전자는 p−n 접합면 쪽으로 이동한다.
다. 스위치를 b에 연결할 때 LED에서 빛이 방출되지 않으므로 B에는 역방향 전압이 걸린다. 따라서 X는 n형 반도체이다.

> **플러스 바이어스**
>
> 1. 순방향 바이어스(순방향 전압)
>   • p형 반도체에 전원의 (+)극 연결, n형 반도체에 전원의 (−)극 연결한다.
>   • 양공이 n형 반도체 쪽으로 이동하고, 전자는 p형 반도체 쪽으로 이동하여 접합면에서 결합한다.
>   • 양공과 전자가 접합면을 쉽게 통과하므로 전류가 흐른다.
> 2. 역방향 바이어스(역방향 전압)
>   • p형 반도체에 전원의 (−)극 연결, n형 반도체에 전원의 (+)극 연결한다.
>   • 양공이 (−)극 쪽으로 이동하고, 전자는 (+)극 쪽으로 이동한다.
>   • 양공과 전자가 접합면을 통해 이동할 수 없어 전류가 흐르지 않는다.

60 ③ 정답

★★★★★
61 다음은 물체의 자성에 대한 실험이다.

[실험 과정]
(가) 자기화되어 있지 않은 강자성체 A를 수평면에 고정시킨 후 A의 P쪽 가까이에 막대 자석을 고정시킨다.
(나) 막대 자석을 제거하고 A의 P쪽 가까이에 자기화되어 있지 않은 물체 B를 가만히 놓은 후 B의 움직임을 관찰한다. B는 강자성체, 상자성체, 반자성체 중 하나이다.

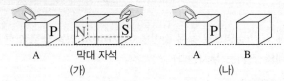

[실험 결과]
• (나)의 결과 : B는 A로부터 멀어진다.

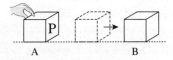

이에 대한 설명으로 옳은 것만을 〈보기〉에서 있는 대로 고른 것은?

보기

가. (가)에서 A와 막대 자석 사이에는 서로 당기는 자기력이 작용한다.
나. 자기화된 A의 P쪽은 S극이다.
다. B는 반자성체이다.

① 가, 나 　　　　　② 가, 다
③ 나, 다 　　　　　④ 가, 나, 다

해설 물체의 자성 탐구 설계 및 수행하기
가·나·다 A는 강자성체이므로 (가)에서 A와 막대 자석 사이에는 서로 당기는 자기력이 작용하고, 자기화된 A의 P쪽은 S극이다. 자기화되지 않은 B가 A로부터 멀어졌으므로 B는 반자성체이다.

★★★★

62 그림은 고정된 솔레노이드의 중심축을 따라 막대 자석이 일정한 속력으로 운동하여 솔레노이드에 가까워지는 모습을 나타낸 것이다. 점 p는 중심축상에 있다.

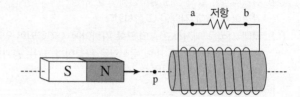

이에 대한 설명으로 옳은 것만을 〈보기〉에서 있는 대로 고른 것은?(단, 막대 자석의 크기는 무시한다)

> **보기**
>
> 가. 막대 자석에 의해 솔레노이드를 통과하는 자기 선속은 증가한다.
> 나. 유도 전류의 방향은 a → 저항 → b이다.
> 다. 막대 자석이 p를 통과하는 순간, 막대 자석의 속력이 클수록 저항에 흐르는 유도 전류의 세기는 크다.

① 가, 나　　　　　　　　② 가, 다
③ 나, 다　　　　　　　　④ 가, 나, 다

해설 전자기 유도 법칙 적용하기

가. 막대 자석에 가까울수록 자기장의 세기가 커지므로 막대 자석이 솔레노이드에 가까워지면 막대 자석에 의해 솔레노이드를 통과하는 자기 선속은 증가한다.

나. 유도 전류는 자기 선속의 변화를 방해하는 방향으로 흐르므로 솔레노이드에 흐르는 유도 전류의 방향은 a → 저항 → b이다.

다. 단위시간 동안 솔레노이드를 통과하는 자기 선속의 변화량이 클수록 유도 전류의 세기는 크다. 따라서 막대 자석의 속력이 클수록 저항에 흐르는 유도 전류의 세기는 크다.

★★★★

63 그림 (가)는 저마늄(Ge) 결정의 에너지띠 구조를, (나)는 저마늄(Ge)에 인듐(In)을 첨가한 반도체 X의 원자가 전자의 배열을 나타낸 것이다.

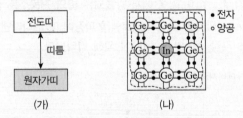

(가)   (나)

이에 대한 설명으로 옳은 것만을 〈보기〉에서 있는 대로 고른 것은?

| 보 기 |

> 가. (가)에서 원자가띠의 전자가 전도띠로 전이하려면 띠틈 이상의 에너지를 얻어야 한다.
> 나. X는 p형 반도체이다.
> 다. 상온에서 전기 전도성은 저마늄 결정이 X보다 좋다.

① 가
② 다
③ 가, 나
④ 나, 다

해설 고체의 에너지띠와 반도체의 성질 이해하기
가. 원자가띠의 전자가 전도띠로 전이하려면 띠틈 이상의 에너지를 얻어야 한다.
나. X는 저마늄에 원자가 전자가 3개인 인듐을 첨가한 p형 반도체이다.
다. 상온에서 전기 전도성은 불순물이 첨가된 반도체 X가 순수한 반도체인 저마늄 결정보다 좋다.

Tip 띠틈과 p형 반도체
• 띠틈 : 허용된 띠 사이에 전자가 존재할 수 없는 에너지 간격을 띠틈이라고 하며, 고체의 전기 전도성은 띠틈에 의하여 결정된다.
• p형 반도체 : 원자가 전자가 4개인 저마늄(Ge), 실리콘(Si)과 같은 반도체에 원자가 전자가 3개인 알루미늄(Al), 붕소(B), 인듐(In) 등을 첨가한 반도체이다.

★★★
64 그림 (가)는 보어의 수소 원자 모형에서 양자수 n에 따른 에너지 준위의 일부와 전자의 전이 A, B, C를 나타낸 것이다. A, B에서 흡수되는 빛의 진동수는 각각 f_A, f_B이고, C에서 방출되는 빛의 진동수는 f_C이다. 그림 (나)는 (가)에서 나타나는 흡수 스펙트럼을 파장에 따라 나타낸 것이다. 스펙트럼선 p, q는 각각 A, B 중 하나에 의해 나타난다.

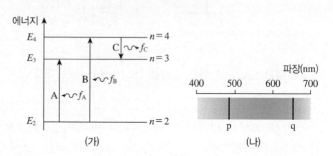

(가)   (나)

이에 대한 설명으로 옳은 것만을 〈보기〉에서 있는 대로 고른 것은?

> **보 기**
>
> 가. A에서 흡수되는 광자 1개의 에너지는 C에서 방출되는 광자 1개의 에너지보다 크다.
> 나. p는 A에 의해 나타난 스펙트럼선이다.
> 다. $|f_C| = |f_B - f_A|$이다.

① 가
② 나
③ 가, 다
④ 나, 다

해설 보어의 수소 원자 모형 이해하기

가. A에서 흡수되는 광자 1개의 에너지와 C에서 방출되는 광자 1개의 에너지는 각각 $E_3 - E_2$, $E_4 - E_3$이고 그 크기는 $E_3 - E_2 > E_4 - E_3$이다.

다. A, B에서 흡수되는 광자 1개의 에너지 차는 C에서 방출되는 광자 1개의 에너지와 같고, 전자가 전이할 때 방출되거나 흡수되는 광자의 진동수는 에너지에 비례하므로 $|f_C| = |f_B - f_A|$이다.

나. 광자의 에너지가 클수록 빛의 파장이 짧으므로 p는 B에 의해 나타난 스펙트럼선이다.

★★★★★

65 그림과 같이 xy평면에서 무한히 긴 직선 도선 A, B가 y축과 나란하게 각각 $x = -d$, $x = 2d$인 지점에 고정되어 있다. A에는 일정한 세기의 전류가 $+y$ 방향으로 흐르고, $x = 0$인 지점에서 A, B에 흐르는 전류에 의한 자기장은 0이다. 표는 B의 위치만을 각각 $x = d$, $x = 3d$인 지점으로 변화시킬 때, $x = 0$인 지점에서 A, B에 흐르는 전류에 의한 자기장의 세기를 나타낸 것이다.

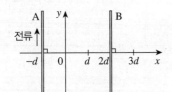

B의 위치	$x = 0$인 지점에서 전류에 의한 자기장 세기
$x = d$	B_0
$x = 3d$	㉠

이에 대한 설명으로 옳은 것만을 〈보기〉에서 있는 대로 고른 것은?

> **보기**
>
> 가. B에 흐르는 전류의 방향은 $+y$방향이다.
> 나. 도선에 흐르는 전류의 세기는 A에서가 B에서보다 크다.
> 다. ㉠은 B_0이다.

① 가
② 나
③ 가, 다
④ 나, 다

[해설] **전류에 의한 자기장에 대한 자료 분석하기**

가·나. $x = 0$인 지점에서 A, B에 흐르는 전류에 의한 자기장의 세기가 0이므로 B에 흐르는 전류의 방향은 $+y$방향이고, $x = 0$인 지점으로부터 A가 B보다 가까이 있으므로 전류의 세기는 A에서가 B에서보다 작다.

다. 전류에 의한 자기장의 세기는 도선으로부터의 거리에 반비례한다. B가 $x = d$인 지점에 있을 때와 $x = 2d$인 지점에 있을 때 $x = 0$인 지점에서 B에 흐르는 전류에 의한 자기장의 세기의 차는 B_0이다. B가 $x = 2d$인 지점에 있을 때와 $x = 3d$인 지점에 있을 때 $x = 0$인 지점에서 B에 흐르는 전류에 의한 자기장의 세기의 차는 B_0보다 작다. 따라서 ㉠은 B_0보다 작다.

★★★

66 그림 (가)는 막대 자석에 접촉되어 있는 물체 A를 수평면에 놓인 자기화되지 않은 물체 B에 가까이하였더니 B가 A를 향해 끌려오는 모습을, (나)는 (가)에서 막대 자석으로부터 떼어낸 A를 수평면에 놓인 자기화되지 않은 물체 C에 가까이하였더니 C가 A로부터 밀려나는 모습을 나타낸 것이다. A, B, C는 강자성체, 반자성체, 상자성체를 순서 없이 나타낸 것이다.

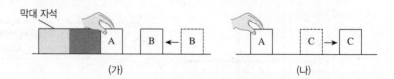

(가)   (나)

A, B, C로 옳은 것은?

	A	B	C
①	강자성체	반자성체	상자성체
②	강자성체	상자성체	반자성체
③	반자성체	상자성체	강자성체
④	상자성체	강자성체	반자성체

해설 **자성체에 대한 가설 설정하기**
(나)에서 자기화되지 않은 C가 A로부터 밀려나므로 C는 반자성체이고, 막대 자석으로부터 떼어낸 A는 자기화되어 있으므로 강자성체이다. (가)에서 B가 막대 자석에 접촉된 A를 향해 끌려오므로 B는 상자성체이다.

Tip 자성체

1. 강자성체 : 외부 자기장이 가해지면 강하게 자기화된 후 외부 자기장이 사라져도 자성을 유지하는 물질이다. 자석에 달라붙는다.

2. 상자성체 : 외부 자기장이 가해지면 약하게 자기화된 후 외부 자기장이 사라지면 원래 상태로 되돌아가는 물질이다. 자석에 붙는 정도가 약하다.

3. 반자성체 : 외부 자기장이 가해지면 반대 방향으로 자기화된 후 외부 자기장이 사라지면 원래 상태로 되돌아가는 물질이다. 자석에 의해 밀린다.

★★★★
67 다음은 솔레노이드에 흐르는 전류에 의한 자기장의 세기와 방향을 알아보기 위한 실험이다.

Tip 솔레노이드 내부에서 자기장의 방향
• 오른손의 네 손가락을 감아쥔 방향이 전류의 방향이다.
• 엄지손가락이 가리키는 방향이 자기장 N극이다.

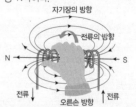

[실험 과정]
(가) 그림과 같이 실험 장치를 구성한다.
(나) 솔레노이드 내부 중심축인 x축상에 있는 p점에 나침반을 놓고 스위치를 닫은 후 나침반 자침의 방향을 관찰한다.
(다) 전원 장치의 극을 바꾸고 스위치를 닫은 후, 가변 저항기의 저항값을 변화시켜 나침반 자침의 방향을 관찰한다.

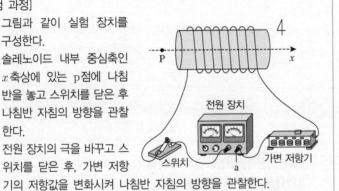

[실험 결과]

과정	(나)	(다)
p에서 나침반 자침의 방향		

이에 대한 설명으로 옳은 것만을 〈보기〉에서 있는 대로 고른 것은?

보 기

가. (나)에서 전원 장치의 a는 (+)극이다.
나. 전류의 세기는 (다)에서가 (나)에서보다 크다.
다. (다)에서 솔레노이드에 흐르는 전류에 의한 자기장의 방향은 p에서 $+x$방향이다.

① 가, 나 ② 가, 다
③ 나, 다 ④ 가, 나, 다

해설 솔레노이드 전류에 의한 자기장 이해하기
가. (나)에서 솔레노이드에 흐르는 전류가 만드는 자기장의 방향이 왼쪽이므로 전원 장치의 a는 (+)극이다.
나. (다)에서 나침반 자침의 회전각이 (나)에서보다 크므로 전류의 세기가 더 크다.
다. (다)에서 솔레노이드에 흐르는 전류의 방향이 (나)와 반대이므로 p점에서 솔레노이드에 의한 자기장의 방향은 $+x$방향이다.

★★★★★

68 그림은 반지름이 d인 원형 도선 A에 시계 반대 방향으로 전류 I_0가 흐르고, 반지름이 $2d$인 원형 도선 B에 전류 I가 흐르는 것을 나타낸 것이다. 종이 면에 고정되어 있는 A, B의 중심 P점에서 자기장의 세기는 0이다.

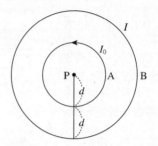

이에 대한 설명으로 옳은 것만을 〈보기〉에서 있는 대로 고른 것은?(단, 지구 자기장의 효과는 무시한다)

보 기

가. P에서 A에 흐르는 전류에 의한 자기장의 방향은 종이 면에 수직으로 들어가는 방향이다.
나. A와 B에 흐르는 전류의 방향은 서로 반대이다.
다. I는 I_0보다 크다.

① 가
② 나
③ 가, 다
④ 나, 다

해설 원형 전류에 의한 자기장 이해하기

나. P점에서 자기장의 세기가 0이므로 A, B에 흐르는 전류의 방향은 반대이다.
다. 자기장의 세기는 반지름에 반비례하고 전류의 세기에 비례한다. A, B가 만드는 자기장의 세기는 같고, B의 반지름이 A의 두 배이므로 I는 I_0보다 크다.
가. 앙페르 법칙에 의해 A의 전류 방향이 시계 반대 방향이므로 P에서 자기장의 방향은 종이 면에 수직으로 나오는 방향이다.

★★★
69 그림은 불순물을 첨가한 반도체 X, Y를 접합하여 만든 p−n 접합 다이오드 A가 전지에 연결된 회로를 나타낸 것이다. 표는 X, Y에 첨가한 불순물의 원자가 전자 수를 나타낸 것이다.

다이오드 A

반도체	첨가한 불순물의 원자가 전자 수
X	3
Y	5

이에 대한 설명으로 옳은 것만을 〈보기〉에서 있는 대로 고른 것은?

보기

가. X는 n형 반도체이다.
나. Y에서는 주로 양공이 전류를 흐르게 한다.
다. A에는 순방향 전압이 걸린다.

① 가
② 나
③ 다
④ 가, 나

Tip p형 반도체와 n형 반도체
• p형 반도체 : 원자가 전자 4개인 반도체 + 원자가 전자 3개인 불순물 첨가
• n형 반도체 : 원자가 전자 4개인 반도체 + 원자가 전자 5개인 불순물 첨가

해설 반도체와 p−n 접합 다이오드 성질 적용하기
다. 전지의 양(+)극, 음(−)극에는 각각 p형 반도체, n형 반도체가 연결되었으므로 A에는 순방향 전압이 걸린다.
가·나. X, Y는 첨가한 불순물의 원자가 전자 수가 각각 3, 5이므로 X는 주로 양공이 전류를 흐르게 하는 p형 반도체이고, Y는 주로 전자가 전류를 흐르게 하는 n형 반도체이다.

✦✦✦✦

70 그림은 보어의 수소 원자 모형에서 양자수 n에 따른 에너지 준위와 전자의 전이 A, B를 나타낸 것이다. A, B에서 방출되는 빛의 진동수는 각각 f_A, f_B이다. 표는 A, B에서 방출되는 광자 1개의 에너지를 나타낸 것이다.

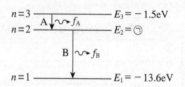

구분	광자 1개의 에너지
A	1.9eV
B	10.2eV

이에 대한 설명으로 옳은 것만을 〈보기〉에서 있는 대로 고른 것은?

보기

가. ㉠은 -3.4eV이다.
나. $f_A < f_B$이다.
다. $n=3$인 상태에 있는 전자가 $n=1$인 상태로 전이할 때 방출되는 빛의 진동수는 $f_A + f_B$이다.

① 가, 나
② 가, 다
③ 나, 다
④ 가, 나, 다

해설 보어의 수소 원자 모형 적용하기

가. A에서 방출되는 광자 1개의 에너지가 1.9 eV이므로 $-1.5\text{eV} - ㉠ = 1.9\text{eV}$이다. 따라서 ㉠$= -3.4\text{eV}$이다.

나. A, B에서 방출되는 광자 1개의 에너지는 빛의 진동수에 비례한다. 따라서 광자 1개의 에너지가 B가 더 크므로 $f_A < f_B$이다.

다. $n=3$인 상태에 있는 전자가 $n=1$인 상태로 전이할 때 방출되는 광자 1개의 에너지는 A, B에서 각각 방출되는 광자 1개의 에너지의 합과 같으므로 방출되는 빛의 진동수는 $f_A + f_B$이다.

PART 03

파동과 정보통신

 읽어보기 📄

▶ **파동의 종류**

구분	횡파	종파
정의	파동의 진행 방향과 매질의 진동 방향이 (㉠)	파동의 진행 방향과 매질의 진동 방향이 나란함
예	빛, 전파, X선, 지진파의 S파	음파, 초음파, 지진파의 P파
모식도	횡파 매질의 진동 방향 / 파동의 진행 방향	종파 / 파동의 진행 방향 / 매질의 진동 방향

1. (㉡)(λ) : 인접한 마루와 마루, 골과 골 사이의 거리
2. 진폭(A) : 진동의 중심점으로부터 마루나 골까지의 높이
3. 주기(T) : 매질의 각 점이 한 번 진동하여 원래의 상태로 되돌아오는 데 걸리는 시간(s)
4. 진동수(f) : 1초 동안에 매질의 한 점이 지나가는 골 또는 마루의 수(Hz)

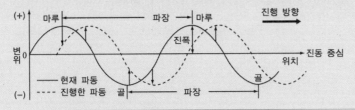

$$파동의 속력 = \frac{파장}{(㉢)} = (㉣) \times 파장 \Rightarrow v = \frac{\lambda}{T} = f\lambda$$

▶ **소리의 발생과 전달**

소리는 물체의 진동에 의해 발생하고, 이 진동이 공기 분자들을 진동시키면서 전달

매질에 따른 속력	고체 > 액체 > 기체
온도에 따른 속력	온도가 높을수록 빠름($v = 331.5 + 0.6t$)
기체의 분자량에 따른 속력	큰 분자량 < 작은 분자량

정답 ㉠ 수직 ㉡ 파장 ㉢ 주기 ㉣ 진동수

71 그림 (가)는 단색광 P가 물질 A, B, C에서 진행하는 모습을 나타낸 것이다. 그림 (나)는 (가)의 A, B, C 중 2가지로 코어와 클래딩을 만든 광섬유에서 P가 전반사하며 진행할 때, 코어와 클래딩 사이의 임계각이 가장 작은 광섬유를 나타낸 것이다.

Tip 입사각과 굴절각

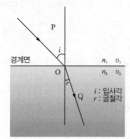

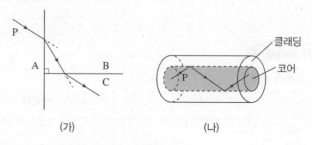

(가)   (나)

(나)에서 코어와 클래딩의 구성 물질로 옳은 것은?

	코어	클래딩			코어	클래딩
①	A	B		②	A	C
③	B	C		④	C	A

해설 광섬유 자료 분석 및 해석하기

P가 A에서 B로, B에서 C로 진행할 때 각각 굴절각이 입사각보다 크므로 굴절률은 A > B > C이다. 광섬유에서 코어의 굴절률은 클래딩의 굴절률보다 크고, 코어와 클래딩의 굴절률 차이가 클수록 임계각이 작으므로 코어는 A, 클래딩은 C이다.

★★★★★

72 그림 (가), (나)와 같이 동일한 광전관의 금속판에 각각 빛 a, b를 비췄더니, (가)에서는 광전자가 방출되었고 (나)에서는 광전자가 방출되지 않았다. a, b는 빛의 3원색 중 하나이다. 그림 (다)는 원뿔 세포 S_1, S_2, S_3가 각각 빛에 반응하는 정도를 파장에 따라 나타낸 것이다. a에 반응하는 정도가 가장 큰 세포는 S_2이다.

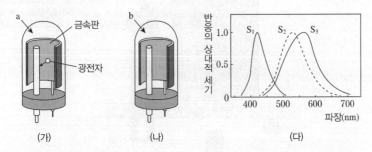

(가)   (나)   (다)

이에 대한 설명으로 옳은 것만을 〈보기〉에서 있는 대로 고른 것은?

> **보 기**
>
> 가. (가)에서 금속판의 문턱 진동수는 a의 진동수보다 작다.
> 나. b에 반응하는 정도가 가장 큰 세포는 S_1이다.
> 다. a와 b의 세기를 조절하여 합성하면 노란색으로 보이는 빛을 만들 수 있다.

① 가
② 나
③ 가, 나
④ 가, 다

해설 광전 효과에 대한 탐구 설계 및 수행하기

가. a를 비추었을 때 광전자가 방출되었으므로 금속판의 문턱 진동수는 a의 진동수보다 작다.

나 · 다. b를 비추었을 때 광전자가 방출되지 않았으므로 b의 진동수는 a의 진동수보다 작다. S_1, S_2, S_3는 각각 청원뿔 세포, 녹원뿔 세포, 적원뿔 세포이고 a에 반응하는 정도가 가장 큰 세포는 S_2이므로 a, b의 색은 각각 초록색, 빨간색이다. 따라서 b에 반응하는 정도가 가장 큰 세포는 S_3이고, a, b의 세기를 조절하여 합성하면 노란색으로 보이는 빛을 만들 수 있다.

Tip 한계 진동수(문턱 진동수)

• 한계 진동수(=문턱 진동수, f_0) : 금속에서 전자를 떼어 내기 위한 최소한의 빛의 진동수로, 금속의 종류에 따라 다르다.
• 문턱 진동수(f_0)보다 작은 진동수의 빛으로는 광전자를 방출시키지 못한다.

★★
73 그림은 화재 발생 시 행동 요령에 대해 설명하는 모습을 나타낸 것이다.

화재 발생 시, 사람들이 ⓐ 사이렌 소리를 듣거나 경고등의 ⓑ 빨간색 빛을 보고 대피할 수 있도록 화재 경보 비상벨을 눌러야 합니다.

이에 대한 설명으로 옳은 것만을 〈보기〉에서 있는 대로 고른 것은?

> **보 기**
>
> 가. ⓐ의 진동수는 초음파의 진동수보다 작다.
> 나. ⓑ는 매질이 없어도 진행할 수 있다.
> 다. 공기 중에서 속력은 ⓐ가 ⓑ보다 크다.

① 가
② 다
③ 가, 나
④ 나, 다

해설 빛과 소리의 특징 이해하기
가. 사이렌 소리는 가청 주파수에 해당하므로 초음파의 진동수보다 작다.
나. 빨간색 빛은 전자기파의 한 종류로 매질이 없어도 진행할 수 있다.
다. 공기 중에서 속력은 사이렌 소리가 전자기파인 빨간색 빛보다 작다.

★★★★
74 그림과 같이 입사각 θ로 물질 B에서 물질 A로 입사한 단색광 P가 A와 B의 경계면에서 전반사하여 B와 물질 C의 경계면에 입사각 θ로 입사한다. 굴절률은 A가 C보다 크다.

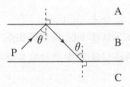

이에 대한 설명으로 옳은 것만을 〈보기〉에서 있는 대로 고른 것은?

> 보 기
>
> 가. θ는 A와 B 사이의 임계각보다 작다.
> 나. 굴절률은 A가 B보다 작다.
> 다. P는 B와 C의 경계면에서 전반사한다.

① 가
② 나
③ 가, 다
④ 나, 다

해설 전반사 이해하기

나. P가 A와 B의 경계면에서 전반사하므로 굴절률은 A가 B보다 작다.
다. 굴절률은 A가 C보다 크므로 A와 B 사이의 임계각은 B와 C 사이의 임계각보다 크다. 따라서 입사각 θ로 B에서 C로 입사한 P는 B와 C의 경계면에서 전반사한다.
가. 입사각 θ가 A와 B 사이의 임계각보다 작으면 B에서 A로 입사한 P는 A와 B의 경계면에서 전반사하지 않는다.

Tip 굴절률과 임계각

• 굴절률이 큰 물질일수록 임계각이 작다. ⇨ 전반사가 잘 일어난다.
 – 임계각 : 굴절각이 90°가 될 때의 입사각
 – 입사각<임계각 : 매질의 경계면에서 빛의 일부는 반사하고 일부는 굴절하여 진행한다.
 – 입사각=임계각 : 굴절각이 90°에 근접한다.
 – 입사각>임계각 : 매질의 경계면에서 빛이 모두 반사하는 전반사가 일어난다.

★★★★
75 다음은 광전관의 금속판 P에 단색광을 비추었을 때 광전자의 방출 여부와 광전자의 최대 운동에너지를 측정하는 실험이다.

[실험 과정]
(가) 단색광 A를 P에 비춘다.
(나) A와 단색광 B를 P에 동시에 비춘다.
(다) B와 단색광 C를 P에 동시에 비춘다.

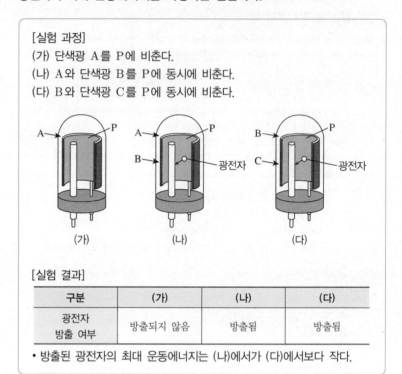

(가) (나) (다)

[실험 결과]

구분	(가)	(나)	(다)
광전자 방출 여부	방출되지 않음	방출됨	방출됨

• 방출된 광전자의 최대 운동에너지는 (나)에서가 (다)에서보다 작다.

이에 대한 설명으로 옳은 것만을 〈보기〉에서 있는 대로 고른 것은?

보 기

가. (가)에서 A의 세기를 증가시키면 광전자가 방출된다.
나. B의 진동수는 P의 문턱 진동수보다 크다.
다. 진동수는 B가 C보다 크다.

① 가 ② 나
③ 가, 다 ④ 나, 다

해설 광전 효과 탐구 수행하기
나. A, B를 P에 동시에 비추었을 때 광전자가 방출되었으므로 B의 진동수는 P의 문턱 진동수보다 크다.
가. A를 P에 비추었을 때 광전자가 방출되지 않았으므로 A의 진동수는 P의 문턱 진동수보다 작고, A의 세기를 증가시켜도 광전자는 방출되지 않는다.
다. A, B를 P에 동시에 비추었을 때 방출된 광전자의 최대 운동에너지가 B, C를 P에 동시에 비추었을 때 방출된 광전자의 최대 운동에너지보다 작으므로, 진동수는 B가 C보다 작다.

75 ② **정답**

76 다음 중 전반사에 대한 설명으로 옳은 것은?

① 물에서 공기로 진행할 때 발생할 수 있다.
② 입사각이 90°일 때의 굴절각을 임계각이라고 한다.
③ 전반사 현상은 무선 통신에서 주로 이용된다.
④ 두 매질의 굴절률의 차이가 클수록 임계각도 크다.

해설

전반사는 굴절률이 큰 매질에서 굴절률이 작은 매질로 입사각이 임계각보다 크게 진행할 때 발생한다. 전반사 현상은 광통신에 주로 이용된다. 굴절각이 90°가 될 때의 입사각을 임계각이라 한다. 두 매질의 굴절률의 차이가 클수록 임계각은 작아진다.

🔍 **플러스 전반사**

빛이 경계면에서 다른 매질로 진행하지 않고 모두 반사하는 현상

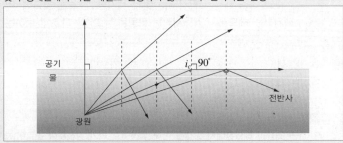

임계각(i_c)	굴절각이 90°일 때의 입사각
굴절률과 임계각	$n = \dfrac{1}{\sin i_c}$ (n : 매질의 굴절률)
조건	• 빛이 굴절률이 큰 매질에서 굴절률이 작은 매질로 진행해야 함 • 입사각 > 임계각(i_c)

O·X

01. 전반사는 빛이 소한 매질에서 밀한 매질로 입사해야 한다. ( )

해설
01. 전반사는 입사각이 임계각보다 커야 하며, 빛이 밀한 매질에서 소한 매질로 입사해야 한다.

정답 01. ×

Tip 소리의 간섭

보강 간섭	상쇄 간섭
두 소리가 같은 위상으로 만난다.	두 소리가 반대 위상으로 만난다.
소리가 크게 들린다.	소리가 작게 들린다.

★★
77 다음은 파동의 간섭에 대한 설명이다.

> 둘 이상의 파동이 중첩되어 진폭이 변하는 현상을 파동의 간섭이라고 한다.

간섭 현상을 이용한 것으로 옳은 것만을 〈보기〉에서 있는 대로 고른 것은?

보기

가.	나.	다.
주변 소음을 제거하는 헤드폰	반사되는 빛의 세기를 감소시키는 코팅된 렌즈	보는 각도에 따라 색이 다르게 보이는 지폐

① 가, 나   ② 가, 다
③ 나, 다   ④ 가, 나, 다

해설 **파동의 간섭 이해하기**
가. 주변 소음과 헤드폰에서 발생한 반대 위상의 소리가 간섭하여 소음이 제거된다.
나. 렌즈에 코팅된 얇은 막의 윗면과 아랫면에서 반사되는 빛이 간섭하여 빛의 세기가 감소된다.
다. 지폐는 보는 각도에 따라 특정한 파장의 빛이 간섭하여 색이 다르게 보인다.

🔍 플러스 ✦ **얇은 막에 의한 빛의 간섭**

얇은 막(비누 막이나 기름 막)의 윗면에서 반사한 빛과 아랫면에서 반사한 빛이 간섭을 일으킬 때, 얇은 막의 두께와 보는 각도에 따라 경로차가 달라지므로 보강 간섭하는 빛의 색깔도 달라진다.

① 보강 간섭	② 상쇄 간섭
비누막의 윗면에서 반사한 빛과 아랫면에서 반사한 빛의 위상이 같다.	비누막의 윗면에서 반사한 빛과 아랫면에서 반사한 빛의 위상이 반대이다.
빛을 볼 수 있다.	빛을 볼 수 없다.

O·X

01. 파동이 중첩되고 각각 진행할 때 파형의 변화가 나타난다. (　)

해설
01. 파동이 중첩된 후 각각의 파동은 원래의 파형을 그대로 유지하면서 독립적으로 진행한다.

정답 01. ×

★★★★

78 빛이 어떤 매질에서 공기 중으로 진행할 때, 여러 입사각에 따른 빛의 경로가 다음과 같았다. 공기의 굴절률이 1일 때, 매질의 굴절률은?

(단, $\sin 60° = \dfrac{\sqrt{3}}{2}$ 이다)

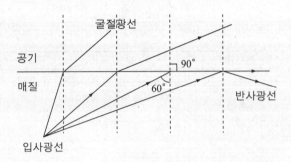

① $\sqrt{2}$ ② $\dfrac{1}{\sqrt{2}}$

③ $\dfrac{1}{\sqrt{3}}$ ④ $\dfrac{2}{\sqrt{3}}$

해설

그림에서 임계각이 $60°$ 이므로 $n = \dfrac{1}{\sin i_c} = \dfrac{1}{\sin 60°}$ 이다.

★

79 전자기파를 파장이 짧은 영역부터 나열한 것은?

① 적외선 – 가시광선 – 자외선 – X선
② 가시광선 – 적외선 – 자외선 – X선
③ 자외선 – X선 – 가시광선 – 적외선
④ X선 – 자외선 – 가시광선 – 적외선

○·×

01. 전자기파는 매질이 있어야 에너지가 전달된다.   (   )

해설
01. 전자기파는 매질이 없어도 에너지가 전달되며, 가시광선, 적외선, 전파 등이 있다.

정답 01. ×

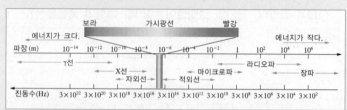

플러스 ✛ 전자기파의 구분

전자기파		특징	이용
γ선		투과력이 매우 강함, 인체에 위험	암 치료, γ선 망원경
X선		투과력이 강해 인체나 물질 내부 관찰	X선 사진, 구조물의 내부 검사
자외선		살균 작용	식기 및 의료 기구 소독
가시광선		눈으로 감지 가능	신호등, 영상 표현 장치, 광통신
적외선		열을 가진 물체에서 방출	리모컨, 열감지 카메라
전파	마이크로파	직진성이 강함, 물에 흡수되어 열 발생	위성 통신, 전자레인지
	라디오파	회절이 잘 일어남	무선 통신

Tip 광전 효과의 조건

- 금속에 빛을 비추면 금속에서 전자가 곧바로 튀어나올 수 있음
- 일정한 진동수 이상의 빛을 비추어야 전자가 튀어나올 수 있음
- 진동수가 큰 빛을 비출수록 튀어나온 전자의 운동에너지가 큼
- 빛을 비추어 전자가 튀어나올 때 진동수는 일정하게 하고, 빛의 세기를 증가시키면 광전자의 개수 증가

○·×

01. 금속판에 빛을 쪼이면 전자가 방출된다. ( )
02. 광섬유에서 굴절률이 큰 부분을 코어라고 한다. ( )

해설
01. 금속에 빛을 비추면 전자가 튀어나오는 것을 광전 효과라고 한다.
02. 굴절률이 큰 부분을 코어, 작은 부분을 클래딩이라고 한다.

정답 01. ○ 02. ○

★★
80 다음은 광전 효과에 관한 설명이다. 이에 대한 설명으로 옳은 것만을 고른 것은?

광전 효과는 금속에 비추는 빛의 (가)이/가 특정한 값 이상일 때 금속에서 (나)이/가 방출되는 현상이다. (가)이/가 큰 빛을 비추면 금속에서 방출되는 (나)의 운동에너지가 증가하고, 세기가 큰 빛을 비추면 금속에서 방출되는 (나)의 개수가 증가한다. 광전 효과는 빛의 (다)을/를 증명하는 중요한 현상이다. 태양 전지, 광다이오드 등은 광전 효과를 이용한 예이다.

보기

ㄱ. (가)에 들어갈 말은 '파장'이다.
ㄴ. (나)는 전기장 안에서 힘을 받는다.
ㄷ. (다)에 들어갈 말은 '파동성'이다.

① ㄱ
② ㄴ
③ ㄷ
④ ㄱ, ㄴ, ㄷ

80 ② 정답

광전 효과는 금속 표면에서 특정 진동수보다 큰 진동수의 빛을 비출 때 금속에서 전자가 튀어나오는 현상으로 빛의 입자성을 증명하는 현상이다. 따라서 (가)는 진동수, (나)는 전자, (다) 입자성이다.

Tip 변위-시간 그래프

****

81 그림은 파장이 같은 파동 P, Q의 어느 한 점의 변위를 시간에 따라 각각 나타낸 것이다.

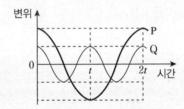

이에 대한 설명으로 옳은 것만을 〈보기〉에서 있는 대로 고른 것은?

보 기

가. Q의 진동수는 $\dfrac{1}{2t}$ 이다.

나. 진폭은 P가 Q보다 크다.

다. 진행 속력은 P가 Q의 $\dfrac{1}{2}$ 배이다.

① 가   ② 나

③ 가, 다   ④ 나, 다

파동의 성질 자료 분석 및 해석하기

나. 진폭은 변위의 최댓값이므로 P가 Q보다 크다.

다. 파동의 진행 속력은 $\dfrac{파장}{주기}$ 이다. P, Q의 파장은 같고 주기는 P가 Q의 2배이므로 파동의 진행 속력은 P가 Q의 $\dfrac{1}{2}$ 배이다.

가. Q의 주기는 t 이다. 진동수는 $\dfrac{1}{주기}$ 이므로 Q의 진동수는 $\dfrac{1}{t}$ 이다.

★★★★★

82 그림 (가)는 단색광 P를 입사각 θ로 물질 A, B의 경계면에 입사시켰더니 굴절각 θ_1으로 굴절하는 것을, (나)는 P를 입사각 θ로 물질 A, C의 경계면에 입사시켰더니 굴절각 θ_2로 굴절하는 것을 나타낸 것이다. $\theta_1 > \theta_2$이다.

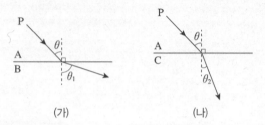

(가)   (나)

이에 대한 설명으로 옳은 것만을 〈보기〉에서 있는 대로 고른 것은?

> **보기**
>
> 가. (가)에서 P의 파장은 A에서가 B에서보다 작다.
> 나. (나)에서 P의 진동수는 A에서가 C에서보다 크다.
> 다. P의 속력은 B에서가 C에서보다 크다.

① 가
② 나
③ 가, 다
④ 나, 다

해설 파동의 성질 자료 해석하기

가. (가)에서 θ_1이 θ보다 크므로 P의 파장은 A에서가 B에서보다 작다.

다. (가)에서 θ_1이 θ보다 크고, (나)에서 θ_2가 θ보다 작으므로 P의 속력은 B에서가 C에서보다 크다.

나. 단색광의 진동수는 매질에 상관없이 일정하다.

★★

83 그림은 사람이 대화하는 소리 A와 돌고래가 발생시키는 초음파 B를 나타낸 것이다.

소리 A

초음파 B

이에 대한 설명으로 옳은 것만을 〈보기〉에서 있는 대로 고른 것은?

> **보기**
>
> 가. A의 진행 속력은 물속에서가 공기 중에서보다 크다.
> 나. B는 매질이 없어도 진행한다.
> 다. 진동수는 A가 B보다 작다.

① 가
② 나
③ 가, 나
④ 가, 다

[해설] 음파와 초음파 적용하기
가. 소리의 진행 속력은 액체인 물속에서가 기체인 공기 중에서보다 크다.
다. 진동수는 초음파가 소리보다 크다.
나. 초음파는 매질이 있어야 진행이 가능하다.

Tip 소리의 속력

• 매질에 따른 소리의 속력 : 고체>액체>기체, 공기의 온도가 높을수록 빠르다.
• 초음파는 진동수가 20,000Hz 이상인 음파로 사람이 들을 수 없는 소리이다.
 – 사람이 들을 수 있는 진동수의 범위 dB ⇨ 20~20,000Hz

★★★★★

84 그림 (가)와 같이 입사각 θ_1으로 물질 B에서 물질 A로 입사한 단색광이 A와 B의 경계면에서 전반사한 뒤, B와 물질 C의 경계면에서 굴절각 θ_2로 굴절하여 진행한다. $\theta_1 < \theta_2$이다. 그림 (나)는 A, C로 만든 광섬유에서 (가)의 단색광이 전반사하며 진행하는 모습을 나타낸 것이다.

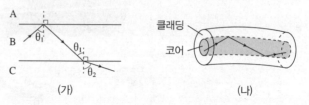

(가)   (나)

이에 대한 설명으로 옳은 것만을 〈보기〉에서 있는 대로 고른 것은?

> **보기**
>
> 가. A와 B 사이의 임계각은 θ_1보다 크다.
> 나. 단색광의 속력은 B에서가 C에서보다 작다.
> 다. (나)에서 클래딩은 C로 만들어졌다.

① 가
② 나
③ 다
④ 가, 나

해설 광통신 자료 분석하기

나. 굴절률은 B가 C보다 크다. 굴절률이 클수록 단색광의 속력이 작아지므로 단색광의 속력은 B에서가 C에서보다 작다.

가. 전반사는 입사각이 임계각보다 클 때 일어나므로 임계각은 θ_1보다 작다.

다. B에서 진행한 단색광이 같은 입사각으로 입사하였을 때 A와 B의 경계면에서는 전반사하고, B와 C의 경계면에서는 전반사하지 못하므로 굴절률은 A가 C보다 작다. 광섬유에서 굴절률은 클래딩이 코어보다 작으므로 클래딩은 A, 코어는 C이다.

★★★★

85 그림 (가), (나), (다)는 검전기 위에 놓인 금속판 A에 각각 빛의 3원색에 해당하는 빛 a, b, c를 비추었을 때 광전 효과에 의한 금속박의 변화를 나타 낸 것이다. (가), (나), (다)에서 빛을 비추기 전, 검전기와 A는 대전되지 않았 다. 빛을 비추었을 때 (가)의 금속박은 변화가 없었고, (나), (다)의 금속박은 벌어졌다.

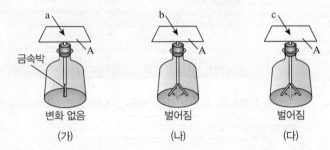

이에 대한 설명으로 옳은 것만을 〈보기〉에서 있는 대로 고른 것은?

> **보기**
>
> 가. 빛의 진동수는 a가 b보다 작다.
> 나. (나)에서 금속박은 양(+)전하로 대전되어 있다.
> 다. b와 c의 세기를 조절하여 합성하면 청록색으로 보이는 빛을 만들 수 있다.

① 가, 나
② 가, 다
③ 나, 다
④ 가, 나, 다

해설 검전기를 이용한 광전 효과 탐구 수행하기

a를 비추었을 때는 금속박의 변화가 없었으므로 A에서 광전자가 방출되지 않았고, b, c를 비추었을 때는 금속박이 벌어졌으므로 A에서 광전자가 각각 방출되어 검전기는 양(+)전하 로 대전된다. 따라서 빛의 진동수는 b, c가 a보다 크다. 진동수가 가장 작은 a는 빨강이고, b와 c는 각각 초록과 파랑 중 하나이므로 b, c의 세기를 조절하여 합성하면 청록색으로 보이 는 빛을 만들 수 있다.

86 그림은 전파 A를 이용하여 무선 통신을 하고, 초음파 B를 이용하여 해저 지형을 탐사하는 선박을 나타낸 것이다.

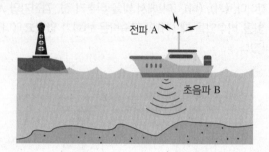

이에 대한 설명으로 옳은 것만을 〈보기〉에서 있는 대로 고른 것은?

보기

가. A는 가시광선보다 파장이 짧다.
나. B는 물속에서 진행할 때 물의 진동에 의해 전달된다.
다. 공기 중에서 파동의 진행 속력은 A가 B보다 작다.

① 나
② 다
③ 가, 나
④ 가, 다

해설 전자기파와 초음파 적용하기

나. B는 탄성파이므로 매질을 진동시키며 진행한다.
가. 무선 통신에 이용되는 A는 가시광선보다 파장이 길다.
다. A는 전자기파의 한 종류이므로 공기 중에서 B보다 속력이 크다.

★★★★★
87 그림과 같이 공기와 코어의 경계면의 점 p에 입사각 i로 입사시킨 단색광 A가 코어와 클래딩의 경계면에서 전반사한다. 코어와 클래딩의 굴절률은 각각 n_1, n_2이다.

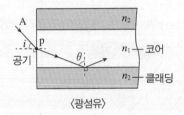

〈광섬유〉

이에 대한 설명으로 옳은 것만을 〈보기〉에서 있는 대로 고른 것은?

> **보기**
>
> 가. $n_1 > n_2$이다.
> 나. 코어와 클래딩 사이의 임계각은 θ보다 크다.
> 다. A를 i보다 작은 입사각으로 p에 입사시킬 때, 코어와 클래딩의 경계면에 도달한 A는 전반사한다.

① 가
② 나
③ 가, 나
④ 가, 다

해설 광섬유에서 전반사 이해하기

가. 빛이 임계각보다 큰 각으로 굴절률이 큰 매질에서 작은 매질로 입사할 때 전반사한다. 따라서 $n_1 > n_2$이다.

다. A가 i보다 작은 각으로 입사하면 코어와 클래딩의 경계면에서 입사각의 크기는 증가하므로 A는 전반사한다.

나. A가 코어와 클래딩의 경계면에서 전반사하였으므로 θ는 코어와 클래딩 사이의 임계각보다 크다.

Tip 빛의 3원색 빨강, 초록, 파랑
• 빨강+초록=노랑
• 빨강+파랑=자홍
• 초록+파랑=청록
• 빨강+초록+파랑=흰색

★★★★
88 그림 (가)는 빛의 3원색에 해당하는 빛 a, b, c를 비추었을 때 겹쳐진 영역의 색을, (나)는 광전관의 금속판에 b를 비추었더니 광전 효과에 의해 광전자가 방출되는 것을 나타낸 것이다.

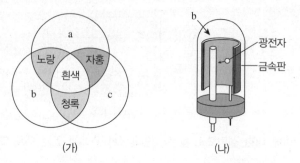

(가)　　　　　　　　　　　(나)

이에 대한 설명으로 옳은 것만을 〈보기〉에서 있는 대로 고른 것은?

> **보기**
>
> 가. a는 빨강이다.
> 나. (나)에서 b의 세기가 클수록 방출되는 광전자의 수가 많다.
> 다. (나)에서 b 대신 c를 비추면 광전자가 방출되지 않는다.

① 가
② 다
③ 가, 나
④ 나, 다

해설 광전 효과와 빛의 합성 이해하기
가. a와 b의 합성이 노랑이고 a와 c의 합성이 자홍이므로 a는 빨강이다.
나. 광전 효과가 일어났을 때 빛의 세기가 클수록 광전자는 더 많이 방출된다.
다. b는 초록이고 c는 파랑이므로 진동수는 c가 b보다 크다. 따라서 b 대신 c를 비추어도 광전자는 방출된다.

89 다음은 어떤 파동에 대한 설명이다.

- 그림은 태아에서 반사된 (가) 을/를 이용하여 얻은 영상이다.
- (가) 은/는 사람이 들을 수 있는 소리의 진동수보다 크고, 매질의 압력 변화로 전달된다.

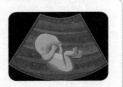

(가)로 옳은 것은?

① X선　　　　② 자외선
③ 초음파　　　④ 적외선

해설 초음파의 특성 이해하기
매질의 압력 변화로 전달되는 초음파는 사람이 들을 수 있는 소리의 진동수보다 크다. 태아의 초음파 영상, 어군 탐지기 등에 이용된다.

Tip 우리 몸의 진단 및 치료에 이용되는 초음파

- 반사된 초음파를 검출하여 영상으로 재구성하여 태아를 살펴보거나 몸속의 질병을 검사할 수 있다.
- 신장이나 요로 결석을 깨뜨릴 수 있다.
- 장기에 흡수되면서 세기가 약해지는 정도를 측정하여 장기의 두께를 알 수 있다.

90 그림은 레이저 빛을 매질 A와 B의 경계면에 임계각 θ로 입사시키는 모습을 나타낸 것이다. 굴절률은 A가 B보다 크다.

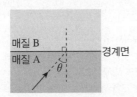

레이저 빛의 입사 방향을 〈보기〉와 같이 변화시킬 때, 레이저 빛이 전반사하는 경우만을 있는 대로 고른 것은?

보기

가. A에서 B로, 입사각이 θ보다 큰 경우
나. A에서 B로, 입사각이 θ보다 작은 경우
다. B에서 A로, 입사각이 θ보다 큰 경우

① 가　　　　② 다
③ 가, 나　　④ 가, 다

해설 전반사의 원리 이해하기
굴절률이 큰 매질에서 작은 매질로 진행하는 빛의 입사각이 임계각보다 큰 경우에만 빛이 경계면에서 전반사한다.

★★★★★

91 그림은 광전 효과를 알아보기 위해 각각 빨강, 파랑 빛을 내는 LED(발광 다이오드)를 금속판 A에 비추는 모습이고, 표는 이때 전자의 방출 여부를 나타낸 것이다.

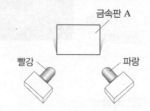

≤ D	전자의 방출 여부
빨강	방출되지 않음
파랑	방출됨

Tip 방출되는 광전자의 수

• 세기는 광자의 수에 비례한다.
• 광자 1개가 충돌할 때 전자 1개가 방출되므로, 빛의 세기가 셀수록 방출되는 광전자 수도 증가한다.

이에 대한 설명으로 옳은 것만을 〈보기〉에서 있는 대로 고른 것은?

보 기

가. 광자 한 개의 에너지는 빨강 빛이 파랑 빛보다 크다.
나. 빨강 빛과 파랑 빛을 동시에 A에 비추면 전자가 방출된다.
다. 광전 효과는 빛의 입자성의 증거이다.

① 가
② 나
③ 가, 다
④ 나, 다

해설 **광전 효과 해석하기**

나. 빨강 빛과 파랑 빛을 동시에 비추면 파랑 빛에 의해 금속판에서 전자가 방출된다.
다. 광전 효과는 빛의 입자성으로 설명된다.
가. 전자는 광자 한 개의 에너지에 의해 방출되므로, 금속판에서 전자를 방출시키는 파랑 빛이 전자를 방출시키지 못하는 빨강 빛보다 광자 한 개의 에너지가 더 크다.

🔍 플러스 **빛의 파동성과 입자성**

1. 빛의 파동성의 증거
   • 빛의 회절
   • 간섭 현상
2. 빛의 입자성의 증거
   • 광전 효과
3. 빛의 파동성과 입자성으로 모두 설명 가능한 현상
   • 빛의 굴절
   • 빛의 반사

★★★★★

92 그림은 진동수가 *f*인 빛을 금속판 A, B에 비추고 있는 모습을 나타낸 것이다. 이때 광전자는 A에서만 방출되고, B에서는 방출되지 않았다.

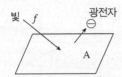 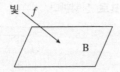

이에 대한 옳은 설명만을 〈보기〉에서 있는 대로 고른 것은?

> **보기**
>
> 가. 진동수가 2*f*인 빛을 비추면 A에서 방출되는 광전자의 운동에너지 (최대 운동에너지)가 커진다.
> 나. 진동수가 *f*인 빛의 세기를 증가시켜도 B에서는 광전자가 방출되지 않는다.
> 다. 광전자가 방출되는 현상은 태양열 발전에 이용된다.

① 나

② 다

③ 가, 나

④ 가, 다

해설 광전 효과와 그 이용 이해하기

가. 빛의 진동수가 클수록 광전자의 운동에너지도 크다.

나. 빛의 진동수가 문턱 진동수보다 낮으면 빛의 세기가 아무리 강해도 광전자가 방출되지 않는다.

다. 광전 효과는 태양광 발전에 이용된다.

Tip 광전 효과 실험 결과

• 금속 표면에 쪼이는 빛의 진동수가 한계 진동수보다 작으면 아무리 센 빛을 쪼여도 광전자가 방출되지 않는다.

• 광전자의 운동에너지는 빛의 세기와는 관계가 없고 빛의 진동수에 비례한다.

• 쪼이는 빛의 진동수가 한계 진동수보다 크면 아무리 약한 빛을 쪼여도 시간 지연 없이 즉시 광전자가 방출된다.

93 그림은 유리 A, B로 만든 광섬유를 따라 단색광이 진행하는 모습을 나타낸 것이다. 단색광은 A와 B의 경계면에서 전반사하며 A속을 진행하다가 급격히 휘어진 부분의 점 P에서 일부는 반사하여 A로 진행하고, 일부는 굴절하여 B로 진행한다.

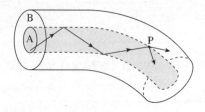

이에 대한 옳은 설명만을 〈보기〉에서 있는 대로 고른 것은?

> **보기**
>
> 가. 굴절률은 A가 B보다 크다.
> 나. P에서 단색광의 입사각은 임계각보다 크다.
> 다. P에 입사한 빛과 P에서 반사된 빛의 세기는 같다.

① 가 　　　　　　　　　　② 다
③ 가, 나 　　　　　　　　④ 나, 다

해설 광섬유에서의 전반사 현상 이해하기
가. 전반사는 굴절률이 큰 매질에서 작은 매질로 진행할 때 일어난다.
나. 입사각이 임계각보다 크면 전반사가 일어난다.
다. P에 입사한 빛 중 일부가 굴절되어 B로 진행하였으므로 반사된 빛의 세기는 줄어든다.

94 그림은 세 종류의 투명한 물질 A, B, C로 만든 광섬유 P, Q를 나타낸 것이다. 코어와 클래딩 사이의 임계각은 P에서가 Q에서보다 크다.

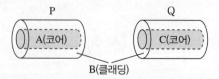

A, B, C의 굴절률 n_A, n_B, n_C를 옳게 비교한 것은?

① $n_A < n_B < n_C$ 　　　　　② $n_A < n_C < n_B$
③ $n_B < n_A < n_C$ 　　　　　④ $n_B < n_C < n_A$

해설 광섬유와 전반사 현상 이해하기

코어는 클래딩보다 굴절률이 크고, 코어와 클래딩 사이의 임계각이 클수록 굴절률의 차이가 작다. 따라서 굴절률은 C가 A보다 크다.

★★★★

95 그래프는 단색광 A, B, C의 세기와 파장을, 그림은 A, B, C를 광전관의 금속판에 비추는 모습을 나타낸 것이다. B를 비추었을 때는 금속판에서 광전자가 방출되었으나 C를 비추었을 때는 광전자가 방출되지 않았다.

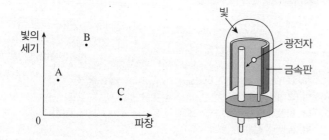

이에 대한 옳은 설명만을 〈보기〉에서 있는 대로 고른 것은?

> **보기**
>
> 가. 빛의 진동수는 A가 B보다 크다.
> 나. A를 비추면 금속판에서 광전자가 방출된다.
> 다. B와 C를 동시에 비추면 B만 비추었을 때보다 광전자의 최대 운동에너지가 커진다.

① 가
② 다
③ 가, 나
④ 나, 다

해설 광전 효과 이해하기

가. 빛의 진동수는 파장에 반비례한다.

나. 진동수가 B보다 큰 A를 비추면 광전자가 방출된다.

다. C를 비추면 광전자가 방출되지 않으며, 광전자의 운동에너지는 빛의 세기와 관계없다.

정답 95 ③

★★★
96 그림 (가)는 전자기파를 파장에 따라 분류한 것을, (나)는 (가)의 전자기파 A, B, C 중 하나를 이용한 휴대용 칫솔 살균기를 나타낸 것이다.

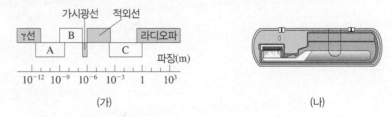

(가)   (나)

이에 대한 옳은 설명만을 〈보기〉에서 있는 대로 고른 것은?

보 기

가. A는 마이크로파이다.
나. (나)는 B를 이용한다.
다. 진동수는 A가 C보다 크다.

① 가   ② 다
③ 가, 나   ④ 나, 다

해설 **다양한 전자기파 이해하기**
나. 휴대용 칫솔 살균기는 자외선을 이용한다.
다. 파장이 A가 C보다 짧으므로 진동수는 A가 C보다 크다.
가. A는 X선이다.

🔍 플러스 **전자기파의 종류와 이용**

파장에 따라 구분

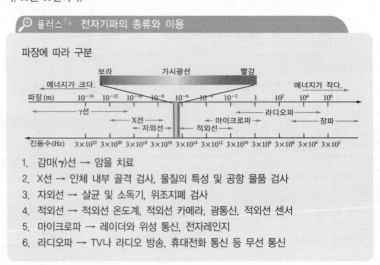

1. 감마(γ)선 → 암을 치료
2. X선 → 인체 내부 골격 검사, 물질의 특성 및 공항 물품 검사
3. 자외선 → 살균 및 소독기, 위조지폐 검사
4. 적외선 → 적외선 온도계, 적외선 카메라, 광통신, 적외선 센서
5. 마이크로파 → 레이더와 위성 통신, 전자레인지
6. 라디오파 → TV나 라디오 방송, 휴대전화 통신 등 무선 통신

Tip 진동수가 f인 광자의 에너지

$E = hf = \dfrac{hc}{\lambda}$

(h : 플랑크 상수, f : 진동수)
⇨ 진동수와 파장은 반비례 관계

★★

97 파동에 대한 설명 중 옳지 <u>않은</u> 것은?

① 소리는 진공에서는 전파되지 않는다.

② 전자기파는 매질이 없어도 전파된다.

③ 파동이 처음 발생한 곳을 파원이라 한다.

④ 지진파의 P파가 진행할 때 땅은 진행 방향과 수직인 방향으로 진동한다.

해설

지진파의 P파는 종파이므로 P파의 진행 방향과 땅의 진동 방향은 나란하다. 파동의 진행 방향과 땅의 진동 방향이 수직인 지진파는 횡파인 S파이다.

> **🔍 플러스⁺ 파동**
>
> 매질의 한 점에서 생긴 진동이 매질을 따라 규칙적으로 퍼져 나가는 현상
> 1. 파원 : 파동이 처음 발생한 지점
> 2. 매질 : 파동을 전달시켜 주는 물질
>   ① 파동의 진행 : 에너지가 이동하는 현상, 매질은 진동만 하고 이동하지 않음
>   ② 파동의 종류
>
> | 구분 | 횡파 | 종파 |
> | --- | --- | --- |
> | 정의 | 파동의 진행 방향과 매질의 진동 방향이 수직 | 파동의 진행 방향과 매질의 진동 방향이 평행 |
> | 예 | 빛, 전파, X선, 지진파의 S파 | 음파, 초음파, 지진파의 P파 |

★★★

98 해안에서 밀려오는 파도가 부서지는 주기가 평균 2초일 때 인접한 마루와 마루 사이의 거리가 10m였다. 같은 해안에서 마루와 마루 사이의 거리가 5m인 파도가 밀려든다면 파도가 부서지는 주기는 얼마인가?(단, 매질이 같으면 파동의 전파 속력은 같다)

① 0.5초　　　　　　　② 1초

③ 2초　　　　　　　　④ 4초

해설

파도가 부서지는 주기는 물결파의 주기와 같고 인접한 마루 사이의 거리는 파장과 같다. 파도의 전파 속도 $v = \dfrac{\lambda}{T}$ 이고, 매질이 같으면 파동의 속도는 변하지 않으므로, $\dfrac{10}{2} = \dfrac{5}{T}$ 에서 $T = 1$초이다.

┃확인문제

01. 주기가 2초일 때 진동수는?
02. 진동수가 2Hz일 때 주기는?

정답 01. 0.5Hz　　02. 0.5초

┃확인문제

01. 파장이 10cm이고 주기가 2초일 때 파동의 속력은?
02. 파장이 10cm이고 진동수가 2Hz일 때 파동의 속력은?

정답 01. 5cm/s　　02. 20cm/s

○·✕

01. 파동이 처음 발생한 지점을 매질이라고 한다. (　)
02. 파동의 진행 방향과 매질의 진동 방향이 수직인 파동을 횡파라고 한다. (　)

해설

01. 파동이 처음 발생한 지점은 파원이라고 하고, 파동을 전달시켜 주는 물질을 매질이라고 한다.
02. 횡파는 파동의 진행 방향과 매질의 진동 방향이 수직인 파동이며 빛, 전파, 지진파의 S파 등이 횡파이다.

정답 01. ✕　02. ○

관련 문제 ✎

그림은 공기에서 물로 진행하는 음파의 진행 경로를 나타낸 것이다. 이에 대한 설명으로 옳은 것만을 〈보기〉에서 있는 대로 고른 것은?

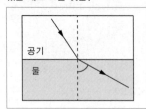

〈보기〉
ㄱ. 굴절각이 입사각보다 크다.
ㄴ. 음파의 속력은 공기보다 물 속에서 더 느리다.
ㄷ. 음파의 진동수는 공기보다 물 속에서 더 작다.

① ㄱ
② ㄱ, ㄴ
③ ㄱ, ㄷ
④ ㄱ, ㄴ, ㄷ

해설

ㄱ. 소리는 공기보다 물에서 더 빠르게 전파하므로 굴절각이 입사각보다 크다.
ㄴ. 음파의 속력은 기체 < 액체 < 고체 순서로 빨라진다.
ㄷ. 음파의 진동수는 변하지 않는다.

정답 ①

O·X

01. 인접한 마루와 마루, 골과 골 사이의 거리를 진폭이라고 한다.
( )

해설

01. 인접한 마루와 마루, 골과 골 사이의 거리를 파장이라고 하며, 진폭은 진동의 중심으로부터 마루나 골까지의 높이이다.

정답 01. ✕

🔍 플러스⁺ 파동의 기본 요소

파장(λ)	인접한 마루와 마루, 골과 골 사이의 거리
진폭(A)	진동의 중심점으로부터 마루나 골까지의 높이
주기(T)	매질의 각 점이 한 번 진동하여 원래의 상태로 되돌아오는 데 걸리는 시간(s)
진동수(f)	1초 동안에 매질의 한 점이 지나가는 골 또는 마루의 수(Hz)

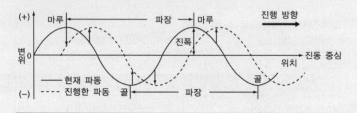

$$파동의 속력 = \frac{파장}{주기} = 진동수 \times 파장 \Rightarrow v = \frac{\lambda}{T} = f\lambda$$

★★
99

다음 그림은 매질 1에서 매질 2로 진행하는 파동의 파면을 나타낸 것이다. 다음 중 이 파동의 굴절에 대한 설명으로 옳지 않은 것은?

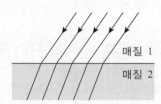

① 매질에 따른 전파 속도가 다르기 때문이다.
② 매질 1에서의 속도는 매질 2에서보다 느리다.
③ 매질 1에서의 파장은 매질 2에서보다 길다.
④ 입사각이 굴절각보다 크다.

해설

입사각 > 굴절각이므로 매질 1의 굴절률은 매질 2의 굴절률보다 작다. 매질 1에서의 속도는 매질 2에서의 속도보다 빠르다.

파동의 굴절	파동이 한 매질에서 성질이 다른 매질로 진행할 때 파동의 속력이 달라져 파동의 진행 방향이 꺾이는 현상
굴절의 법칙	파동이 굴절할 때 입사각(i)과 굴절각(r)의 사인값의 비는 일정

$$n_{12} = \frac{v_1}{v_2} = \frac{\lambda_1}{\lambda_2} = \frac{\sin i}{\sin r} = 일정$$

(n_{12} : 매질 1에 대한 매질 2의 상대 굴절률)

⇨ 파동이 굴절될 때 속력과 파장은 변하지만, 진동수는 변하지 않음

★★★
100 (가)와 (나)는 두 벽면 사이에서 형성된 정상파의 어느 순간 모습을 나타낸 것이다. 이 정상파의 주기가 4초라면 (가)의 상태에서 처음으로 (나)의 상태가 되는 데 걸리는 시간은 몇 초인가?

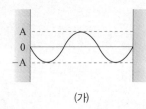
(가)

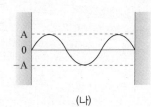
(나)

① 1초
② 2초
③ 3초
④ 4초

해설

정상파의 위상이 반대로 되는 데 걸리는 시간은 $\frac{1}{2}$ 주기이다. 따라서 $4 \times \frac{1}{2} = 2$(초)이다.

🔍 플러스 **정상파**

동일한 두 파동이 서로 반대 방향으로 진행할 때 서로 중첩되어 정지한 것처럼 보이는 파동
⇨ 정상파의 파장, 진동수, 속력은 원래 파동과 동일

배	진폭이 최대인 곳
마디	전혀 진동하지 않는 곳

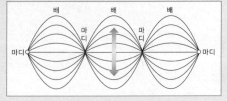

01. 소리는 물체의 진동에 의해 발생한다. ( )
02. 소리가 반사될 때 항상 입사각보다 반사각이 크다. ( )
03. 정상파에서 진폭이 최대인 곳을 배라고 한다. ( )

해설
01. 소리는 매질에서만 전달되며, 매질이 없는 진공에서는 전달되지 못한다.
02. 반사의 법칙에 의해 항상 입사각과 반사각은 동일하다.
03. 정상파에서 진폭이 최대인 곳을 배, 진동하지 않는 곳을 마디라고 한다.

정답 01. ○ 02. × 03. ○

I wish you the best of luck!

기출편

9급 공무원 고졸 공무원 경력경쟁 물리 초단기합격

물리
초단기합격

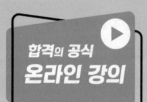

합격의 공식
온라인 강의

잠깐! 혼자 공부하기 힘드시다면 방법이 있습니다.
SD에듀의 동영상강의를 이용하시면 됩니다.
www.sdedu.co.kr ➔ 회원가입(로그인) ➔ 강의 살펴보기

2022년 고졸경력경쟁 기출문제

01 보어의 수소 원자 모형에서 원자에 구속된 전자에 대한 설명으로 옳은 것은?

① 연속적인 에너지 준위를 갖는다.

② 전이할 때 방출하는 빛은 선 스펙트럼으로 나타난다.

③ 들뜬 상태에서 바닥 상태로 전이할 때 에너지를 흡수한다.

④ 원운동을 할 때 항상 에너지를 방출하므로 안정된 궤도에 존재할 수 없다.

02 강자성체에 대한 설명으로 옳은 것만을 모두 고르면?

> ㄱ. 철은 강자성체이다.
> ㄴ. 외부 자기장과 같은 방향으로 자기화가 된다.
> ㄷ. 외부 자기장을 제거하면 바로 자기적 특성이 사라진다.

① ㄱ

② ㄱ, ㄴ

③ ㄴ, ㄷ

④ ㄱ, ㄴ, ㄷ

03 진공에서 진행 중인 전자기파에 대한 설명으로 옳은 것만을 모두 고르면?

> ㄱ. X선은 적외선보다 파장이 크다.
> ㄴ. 전기장과 자기장의 진동 방향은 서로 수직이다.
> ㄷ. 전기장의 진동 방향과 전자기파의 진행 방향은 서로 수직이다.

① ㄱ

② ㄴ

③ ㄴ, ㄷ

④ ㄱ, ㄴ, ㄷ

04 그림은 어떤 열기관의 한 순환과정 동안 내부의 이상기체의 압력과 부피의 관계를 나타낸 것이다. 이 열기관에서 한 순환과정 동안 공급한 열이 $20P_0V_0$일 때 열효율은?

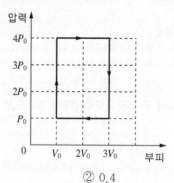

① 0.3
② 0.4
③ 0.5
④ 0.6

05 그림은 등가속도 직선 운동을 하는 자동차의 속력을 시간에 따라 나타낸 것이다. 자동차의 운동에 대한 설명으로 옳지 <u>않은</u> 것은?

① 가속도의 크기는 $2m/s^2$이다.
② 2초인 순간의 속력은 6m/s이다.
③ 1초부터 2초까지 평균 속력은 5m/s이다.
④ 0초부터 3초까지 이동거리는 9m이다.

06 그림은 질량이 m, M인 두 물체가 실로 연결되어 중력에 의하여 등가속도 운동하는 모습을 나타낸 것이다. 물체들의 가속도의 크기가 $\frac{3}{5}g$일 때, M의 값은 m의 몇 배인가?(단, 중력가속도의 크기는 g이며, 실과 도르래의 질량과 모든 마찰은 무시한다)

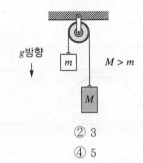

① 2
② 3
③ 4
④ 5

07 그림 (가)는 마찰이 없는 수평면에서 질량이 m인 물체 A가 정지해 있는 물체 B를 향해 속력 $2v$로 등속 직선 운동하는 것을 나타낸 것이고, 그림 (나)는 A와 B의 충돌 전후 A의 운동량을 시간에 따라 나타낸 것이다. 충돌 후 A와 B의 속력은 같다. 이에 대한 설명으로 옳은 것만을 모두 고르면?(단, 공기저항은 무시한다)

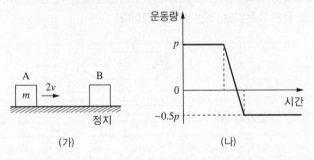

ㄱ. B의 질량은 $3m$이다.
ㄴ. 충돌 후 A의 속력은 $0.5v$이다.
ㄷ. 충돌 후 B의 운동량의 크기는 $3mv$이다.

① ㄱ, ㄴ
② ㄱ, ㄷ
③ ㄴ, ㄷ
④ ㄱ, ㄴ, ㄷ

08 그림은 높이가 h인 A지점에서 속력 $2v$로 운동하던 수레가 동일 연직면상에서 마찰이 없는 곡면을 따라 B지점을 지나 최고점 C지점에 도달하여 정지한 순간의 모습을 나타낸 것이다. B에서 수레의 속력은 v이고 높이는 $2h$이다. C의 높이가 $\frac{7}{3}h$일 때, B에서 수레의 운동에너지는?(단, 수레의 질량은 m, 중력가속도의 크기는 g이며, 모든 마찰 및 수레의 크기는 무시한다)

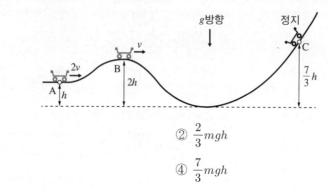

① $\frac{1}{3}mgh$

② $\frac{2}{3}mgh$

③ $2mgh$

④ $\frac{7}{3}mgh$

09 그림은 관측자 A가 보았을 때, B가 타고 있는 우주선이 $0.7c$의 속력으로 등속 직선 운동을 하고 있는 것을 나타낸 것이다. 광원 S와 빛 검출기 P, Q는 A에 대해 정지해 있으며, 우주선의 운동방향과 평행한 직선상에 놓여 있다. A가 측정했을 때 P, Q 사이의 거리는 L이고 S에서 방출된 빛은 P, Q에 동시에 도달한다. B가 측정했을 때, 이에 대한 설명으로 옳은 것은?(단, c는 빛의 속력이다)

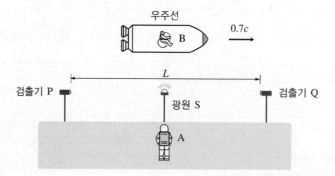

① P와 Q 사이의 거리는 L보다 길다.

② P와 Q 사이의 거리는 고유 길이이다.

③ A의 빛 시계가 B의 빛 시계보다 느리게 간다.

④ S에서 방출된 빛은 P와 Q에 동시에 도달한다.

10 그림과 같이 반경이 R인 동일한 두 금속구가 전하량 $+3Q$, $-Q$로 대전되어 중심 간 거리가 r만큼 떨어져 있을 때, 두 금속구 사이에 작용하는 전기력의 크기가 F였다. 두 금속구를 충분히 오랫동안 접촉시켰다가 다시 중심 간 거리를 $\dfrac{r}{2}$만큼 떨어뜨려 놓았을 때, 두 금속구 사이에 작용하는 전기력의 크기는?(단, $r \gg R$이다)

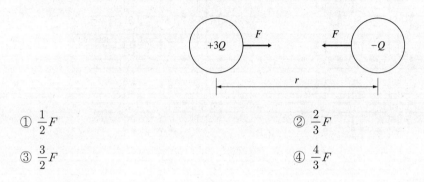

① $\dfrac{1}{2}F$

② $\dfrac{2}{3}F$

③ $\dfrac{3}{2}F$

④ $\dfrac{4}{3}F$

11 다음은 우라늄 $^{235}_{92}U$가 핵반응할 때 반응식을 나타낸 것이다. 이에 대한 설명으로 옳은 것은?

$$^{235}_{92}U + \boxed{\text{(가)}} \rightarrow {}^{141}_{56}Ba + {}^{92}_{36}Kr + 3\boxed{\text{(가)}} + 3.2 \times 10^{-11}J$$

① (가)의 양성자 수는 1이다.
② 중성자 수는 Ba이 Kr보다 크다.
③ 이러한 핵반응을 핵융합이라고 한다.
④ 핵반응 전과 핵반응 후의 총질량은 같다.

12 그림 (가)는 실리콘(Si)만으로 구성된 순수한 반도체를, (나)는 실리콘만으로 구성된 순수한 반도체에 원자가 전자
가 3개인 원자 X를 일부 첨가하여 만든 불순물 반도체를 나타낸 것이다. (가)와 (나)에 대한 설명으로 옳은 것은?

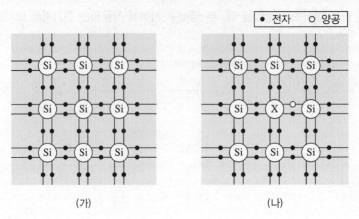

（가）　　　　　　　　　　　　　　（나）

① (나)는 p형 반도체이다.
② 비소(As)를 원자 X로 사용할 수 있다.
③ 전기 전도성은 상온에서 (가)가 (나)보다 높다.
④ (나)에 존재하는 양공은 전류의 흐름과 무관하다.

13 그림과 같은 단면구조를 가지는 투과 전자 현미경에 대한 설명으로 옳지 않은 것은?

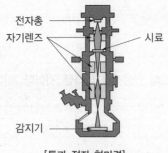

[투과 전자 현미경]

① 전자의 파동성을 이용한다.
② 전자의 파장이 클수록 높은 분해능을 가진다.
③ 최대 배율은 광학 현미경의 최대 배율보다 크다.
④ 자기렌즈는 자기장을 이용하여 전자선을 모을 수 있다.

14 그림과 같이 무한히 긴 직선 도선 A, B가 xy 평면에 있다. A에는 일정한 전류 I가 흐르고, B에는 a 또는 b 방향으로 전류가 흐른다. 표는 B에 흐르는 전류의 크기와 방향에 따른 원점에서의 자기장의 크기를 나타낸 것이다. (가), (나)에 들어갈 값을 바르게 나열한 것은?(단, 지구자기장은 무시한다)

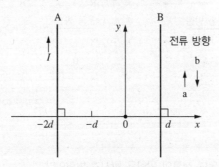

B의 전류의 크기	B의 전류의 방향	원점에서 자기장의 크기
I	a	B_0
(가)	a	0
I	b	(나)

    <u>(가)</u>   <u>(나)</u>

① $\dfrac{1}{3}I$ $\dfrac{1}{3}B_0$

② $\dfrac{2}{3}I$ $\dfrac{1}{2}B_0$

③ $\dfrac{1}{2}I$ $2B_0$

④ $\dfrac{1}{2}I$ $3B_0$

15 그림과 같이 지면에 수직한 방향으로 들어가는 균일한 자기장 영역을, 자기장에 수직한 방향으로 등속 직선 운동하는 사각형 도선이 통과한다. 이에 대한 설명으로 옳은 것만을 모두 고르면?

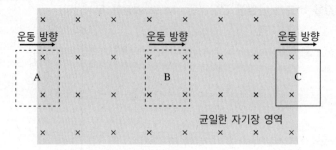

ㄱ. A지점에서 발생하는 유도 전류의 방향은 반시계 방향이다.
ㄴ. A, B지점에서 발생하는 유도 전류의 크기는 서로 같다.
ㄷ. A, C지점에서 발생하는 유도 전류의 방향은 서로 같다.

① ㄱ   ② ㄱ, ㄷ
③ ㄴ, ㄷ   ④ ㄱ, ㄴ, ㄷ

16 표는 서로 다른 금속 A, B에 진동수와 세기가 다른 단색광 P, Q를 비추었을 때 튀어나오는 광전자의 단위 시간당 개수를 나타낸 결과이다. 이에 대한 설명으로 옳은 것은?

금속판	단색광	튀어나오는 광전자의 단위 시간당 개수
A	P	$2N$
	Q	N
B	P	$2N$
	Q	0

① 진동수는 Q가 P보다 크다.
② A의 문턱(한계) 진동수는 P의 진동수보다 크다.
③ B의 문턱(한계) 진동수는 Q의 진동수보다 크다.
④ B에 비추는 Q의 세기를 증가시키면 광전자가 나올 것이다.

17 그림은 재질이 같고 굵기가 다른 줄을 연결한 후, 굵은 줄의 한쪽 끝을 수직 방향으로 일정한 주기와 진폭으로 흔들었을 때 진행하는 파동의 어느 순간의 모습을 나타낸 것이다. 이에 대한 설명으로 옳은 것은?(단, 가는 줄의 길이는 무한하다)

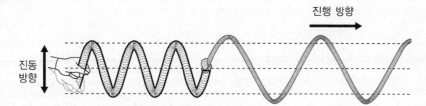

① 굵은 줄의 파장은 가는 줄의 파장보다 크다.
② 굵은 줄의 진동수는 가는 줄의 진동수보다 작다.
③ 굵은 줄의 진동 주기는 가는 줄의 진동 주기보다 크다.
④ 굵은 줄의 파동의 진행 속력은 가는 줄의 파동의 진행 속력보다 작다.

18 그림은 단색광 P가 매질 1 → 매질 2 → 매질 1로 진행할 때 P의 경로를 나타낸 것이다. 표는 각 매질의 굴절률, P의 속력, 진동수, 파장을 나타낸 것이다. 표의 물리량의 대소 관계로 옳은 것은?(단, 모눈 간격은 동일하며, 각 매질 1, 2는 균일하다)

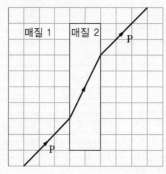

	매질 1	매질 2
굴절률	n_1	n_2
P의 속력	v_1	v_2
P의 진동수	f_1	f_2
P의 파장	λ_1	λ_2

① $n_1 < n_2$
② $v_1 > v_2$
③ $f_1 > f_2$
④ $\lambda_1 < \lambda_2$

19 표는 질량이 서로 다른 입자 A, B의 운동에너지와 속력을 나타낸 것이다. A와 B의 물질파 파장을 각각 λ_A, λ_B라고 할 때, $\lambda_A : \lambda_B$는?(단, 상대론적 효과는 무시한다)

입자	운동에너지	속력
A	E	$\frac{1}{2}v$
B	$2E$	$2v$

	λ_A : λ_B			λ_A : λ_B
①	2	1	②	4	1
③	1	2	④	1	4

20 그림은 실린더 안의 1몰의 이상기체의 상태가 A→B→C→A로 변화할 때 부피와 온도의 관계를 나타낸 것이다. A→B는 등온과정, B→C는 단열과정, C→A는 등적과정이다. 실린더 안의 이상기체에 대한 설명으로 옳은 것은?

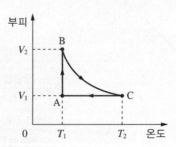

① A→B 과정에서 기체 분자의 평균 운동에너지는 증가한다.
② B→C 과정에서 기체는 외부에 일을 한다.
③ C→A 과정에서 기체는 외부로부터 열을 흡수한다.
④ 기체의 압력은 C에서 가장 크다.

2022년 기출문제(9급 서울시)

01 〈보기〉는 일직선상에서, 0초일 때 1m/s의 속력으로 운동하는 물체의 가속도를 시간에 따라 나타낸 것이다. 이 물체의 운동에 대한 설명으로 가장 옳은 것은?(단, 0초일 때 물체의 운동 방향을 (+)로 한다)

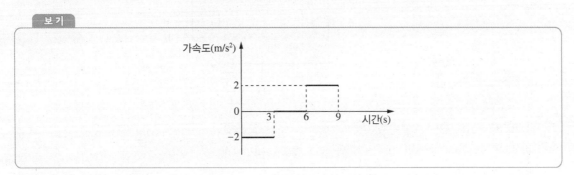

① 0~9초 동안 운동 방향은 바뀌지 않았다.

② 4초일 때의 속력은 5m/s이다.

③ 0~9초 사이에 0초일 때의 위치로부터 변위의 크기는 9초일 때가 가장 크다.

④ 0초부터 3초까지 처음과 같은 방향으로 6m 이동한다.

02 두 위성 A, B가 행성을 중심으로 등속 원운동을 하고 있다. 행성 중심으로부터 A, B 중심까지의 거리는 각각 $2r$, $3r$이다. A와 B의 가속도 크기를 각각 a_A, a_B라 하고, 공전주기를 각각 T_A, T_B라고 할 때, $a_A : a_B$와 $T_A : T_B$를 옳게 짝지은 것은?(단, A와 B에는 행성에 의한 만유인력만 작용한다)

	$a_A : a_B$	$T_A : T_B$
①	$2 : 3$	$\sqrt{2} : \sqrt{3}$
②	$4 : 9$	$\sqrt{2} : \sqrt{3}$
③	$4 : 9$	$2\sqrt{2} : 3\sqrt{3}$
④	$9 : 4$	$2\sqrt{2} : 3\sqrt{3}$

03 〈보기〉와 같이 직육면체 금속의 세 변의 길이의 비가 $a:b:c=1:2:3$이다. 10V의 전원을 A와 B 단자(양 옆면)에 걸었을 때 소비전력을 P_{AB}라 하고, 같은 전원을 C와 D 단자(위, 아래면)에 걸었을 때 소비전력을 P_{CD}라 할 때, $P_{AB}:P_{CD}$ 값은?(단, 두 단자는 금속 내에 균일한 전류를 형성하게 한다)

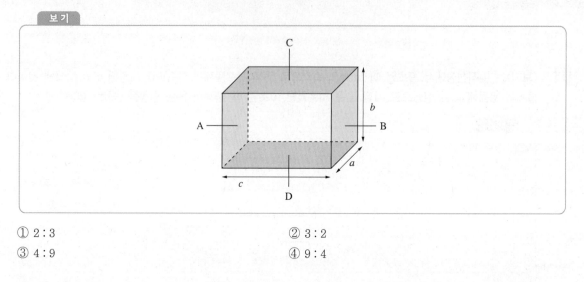

① 2 : 3   ② 3 : 2

③ 4 : 9   ④ 9 : 4

04 〈보기〉는 수은 기둥 기압계와 지점 A, B, C, D를 나타낸 것이다. 이에 대한 설명으로 가장 옳은 것은?(단, B의 높이는 수은면 표면이고, C의 높이는 B의 높이와 같다. 또한 수은 기둥의 위쪽 공간은 진공으로 가정한다)

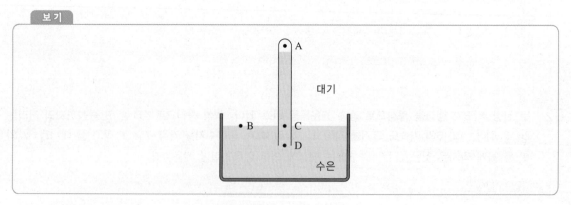

① A의 절대압력은 대기압의 크기에 따라 바뀐다.

② B의 절대압력은 A보다 크고, C보다 작다.

③ C의 절대압력은 대기압과 같다.

④ D의 절대압력은 C와 같다.

05 반지름이 R인 내부가 꽉찬 도체구가 양의 전하량 Q로 대전되어 있다. 이에 대한 설명으로 가장 옳은 것은?

① 도체구 표면의 전위의 크기는 구의 반지름에 반비례한다.
② 도체구 중심의 전위는 0이다.
③ 전하는 도체구 전체에 균일하게 분포한다.
④ 도체구 겉표면의 전기장은 0이다.

06 주파수가 5GHz인 파동이 2μ초 동안 발생하였다. 이 파동의 총 진동횟수는?

① 10회
② 100회
③ 1,000회
④ 10,000회

07 〈보기〉의 빈칸에 들어갈 숫자는?

보기

일직선대로변의 멀리 떨어진 두 지점에서 두 사람이 각각 서있다. 이때 구급차가 사이렌을 울리며 대로를 지나갔다. 두 사람이 들은 사이렌 음 중 주파수가 높은 것이 낮은 것보다 10% 더 높았다면, 구급차는 음속의 약 ___%의 속력으로 질주한 것이다.

① 1
② 2
③ 5
④ 10

08 〈보기 1〉과 같이 경사각이 θ인 빗면에 수직 방향으로 균일한 자기장이 형성되어 있다. 이 빗면에 저항 R이 연결된 도선을 놓고 그 위에 도체 막대를 가만히 올려 놓아 미끄러져 내려가게 한 후, 시간에 따른 도체 막대의 속력 그래프를 얻었다. 도체 막대의 길이는 l이고 질량은 m이며, 자기장의 세기는 B이다. t_1초 이후에 도체 막대가 등속 운동을 한다고 할 때, 〈보기 2〉에서 옳은 설명을 모두 고른 것은?(단, 모든 마찰은 무시하고, 도선과 도체 막대의 전기저항도 저항 R에 비해 매우 작다고 가정하여 무시한다. 또한 중력가속도는 g라 한다)

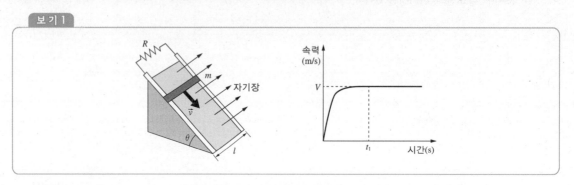

보기 1

보기 2

ㄱ. 0초부터 t_1초까지 도체 막대에 흐르는 전류는 감소한다.

ㄴ. t_1초 이후에 도체 막대에 작용하는 중력과 자기력은 평형을 이룬다.

ㄷ. t_1초 이후에 속력은 $V = \dfrac{mgR\sin\theta}{B^2 l^2}$이다.

① ㄱ
② ㄴ
③ ㄷ
④ ㄱ, ㄴ, ㄷ

09 〈보기〉는 밀도가 균일한 줄에 질량이 4kg인 추를 매달아 벽과 도르래 사이에 걸쳐둔 모습을 나타낸 것이다. 줄의 총질량은 1kg이고 총길이는 10m이다. 벽과 도르래를 연결하는 줄에서 파동의 속력[m/s]은?(단, 중력가속도는 10m/s²이며, 도르래의 마찰과 질량은 무시한다)

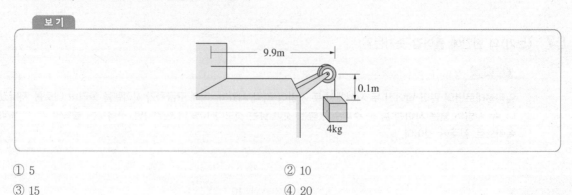

보기

① 5
② 10
③ 15
④ 20

10 〈보기〉는 어떤 용수철에 매달린 물체의 단진동운동의 운동에너지 $K(t)$와 위치에너지 $U(t)$를 시간에 따라 나타낸 것이다. 이에 대한 설명으로 가장 옳지 <u>않은</u> 것은?

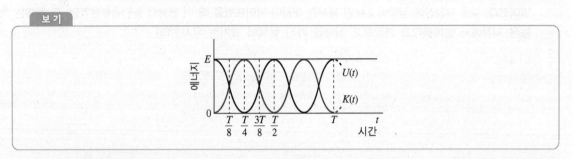

① 시간 $\dfrac{T}{8}$ 일 때와 $\dfrac{3T}{8}$ 일 때 물체의 운동 방향은 반대이다.

② 매시간 운동에너지와 위치에너지의 합은 같다.

③ 시간 $\dfrac{T}{4}$ 일 때 물체는 평형 위치에 있다.

④ 시간 T동안 물체는 평형 위치를 2번 지난다.

11 용수철 상수 k = 20N/m이고 고유 길이가 1m인 용수철을 질량 2kg인 물체와 연결한 후 마찰이 없는 평면에 놓았다. 〈보기〉와 같이 평면에서 물체가 용수철에 매달려 등속 원운동하고 있을 때 용수철의 길이는 1.5m였다. 이때 용수철에 저장된 탄성에너지와 물체의 운동에너지의 비는?(단, 용수철의 무게는 무시한다)

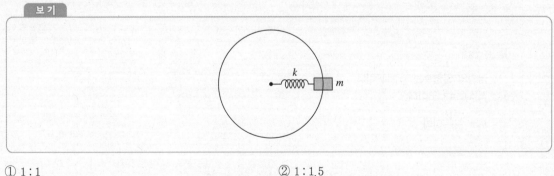

① 1 : 1　　　　　　　　　　② 1 : 1.5

③ 1 : 2　　　　　　　　　　④ 1 : 3

12 공기 중에서 운동하는 물체에 작용하는 끌림힘(Drag Force)은 물체의 운동 방향의 단면적에 비례하고 또한 속력의 제곱에 비례한다. 질량이 M인 물체의 낙하산에 매달아 공중에서 수직으로 떨어뜨렸더니 종단속력 v로 지면에 떨어졌다. 같은 낙하산에 질량이 $2M$인 물체를 매달아 떨어뜨렸을 때 이 물체의 종단속력은?(단, 두 물체는 충분히 높은 지점에서 떨어졌다고 가정하고 질량을 가진 물체의 크기는 무시한다)

① $4v$ ② $2v$
③ $\sqrt{2}\,v$ ④ v

13 〈보기 1〉은 어떤 균일한 금속판에 빛을 비추었을 때 측정되는 정지 전압을 빛의 진동수에 따라 나타낸 것이다. 〈보기 2〉에서 옳은 설명을 모두 고른 것은?(단, 전자의 전하량은 $-|e|$이고, 플랑크 상수는 h이다)

보기 1

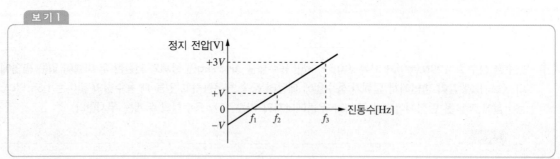

보기 2

ㄱ. 금속의 일함수는 $-|e|V$이다.

ㄴ. $f_2 : f_3 = 1 : 3$이다.

ㄷ. $h = \dfrac{|e|V}{f_1}$이다.

① ㄷ   ② ㄱ, ㄴ
③ ㄱ, ㄷ   ④ ㄴ, ㄷ

14 〈보기〉와 같이 마찰이 없는 수평면 위에 질량이 990g인 물체가 용수철 상수 $k = 100\text{N/m}$인 용수철에 연결된 후 정지해 있다. 질량이 10g이고 속력이 5m/s인 총알이 날아와 정지해있던 물체에 박혀 단조화 운동을 한다. 이때 단조화 운동의 진폭[mm]은?(단, 총알이 박혔을 때 물체의 모양변화나 기울어짐, 용수철의 무게는 무시한다)

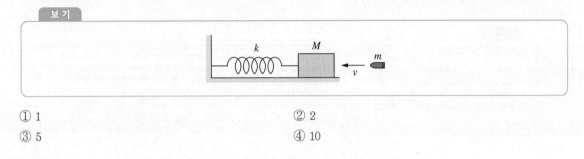

① 1
② 2
③ 5
④ 10

15 일차원 무한 퍼텐셜 우물에 갇힌 전자의 바닥 상태 에너지를 E라 하자. 이 퍼텐셜 우물에 갇힌 전자가 방출하는 광자가 가질 수 있는 에너지 값은?

① E
② $2E$
③ $4E$
④ $8E$

16 〈보기〉는 마찰이 있는 수평면 위에서 정지한, 질량이 1kg인 물체에 각도 45°로 가해진 힘을 나타낸 것이다. 힘의 크기가 5N일 때 물체는 등가속도 운동을 하였다. 이때 물체의 가속도 크기[m/s²]는?(단, 물체와 수평면 사이의 운동마찰계수는 0.2이고, 중력가속도는 10m/s²이다. 또한 질량 1kg 물체의 크기는 무시한다)

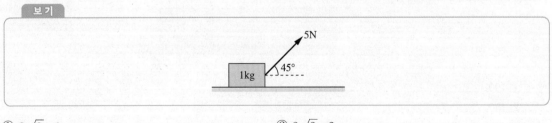

① $3\sqrt{2} - 1$
② $3\sqrt{2} - 2$
③ $4\sqrt{2} - 2$
④ $4\sqrt{2} - 1$

17 〈보기〉와 같이 반지름이 각각 r_a, r_b인 원형 도선 a, b에 각각 세기가 일정한 전류가 흐르고 있다. 점 O_a, O_b는 a와 b의 중심이며 a와 b에 흐르는 전류에 의한 자기 모멘트의 크기가 같다. O_a, O_b에서 전류에 의한 자기장의 세기를 각각 B_a, B_b라고 할 때, $\dfrac{B_b}{B_a}$는?

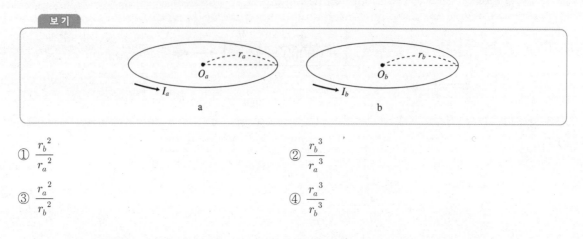

① $\dfrac{r_b{}^2}{r_a{}^2}$

② $\dfrac{r_b{}^3}{r_a{}^3}$

③ $\dfrac{r_a{}^2}{r_b{}^2}$

④ $\dfrac{r_a{}^3}{r_b{}^3}$

18 〈보기〉는 굴절률이 4.0인 기판에 무반사 박막을 코팅한 모습을 나타낸 것이다. 박막의 굴절률이 1.5일 때, 파장 600nm인 빛의 반사를 최소화하기 위한 박막의 최소 두께[nm]는?

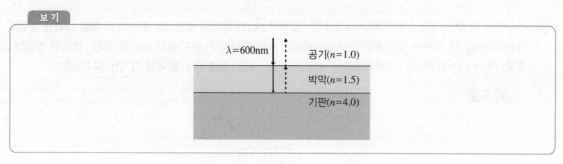

① 100

② 150

③ 200

④ 250

19 〈보기〉는 어떤 일정량의 이상기체의 상태변화를 나타낸 것이다. 이에 대한 설명으로 가장 옳은 것은?

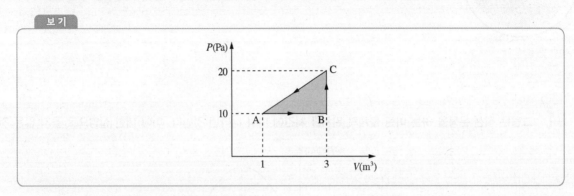

① 과정 A→B 동안 기체의 내부에너지는 감소한다.
② 과정 B→C 동안 기체의 엔트로피는 증가한다.
③ 과정 C→A 동안 기체의 온도는 증가한다.
④ 순환과정 A→B→C→A에서 기체가 한 일의 합은 10J이다.

20 밀도가 $\rho = 2g/cm^3$인 비압축성 유체가 수평관을 통해 정상류를 이루며 흐르고 있다. 이 관에서 높이가 같은 두 지점 A와 B를 생각하자. A지점에서 유체의 속력은 $v = 10cm/s$이고 두 지점의 압력 차이는 $\Delta p = 150Pa$이다. 이때 두 지점에서 수평관의 지름의 비(d_A/d_B)는?(단, 수평관의 단면은 원형이고, B지점의 지름이 더 작다고 가정하며 수평관 내 유체는 베르누이 법칙을 만족한다)

① 1 　　　　　　　② 2
③ 4 　　　　　　　④ 16

01 그림은 직선 운동을 하는 어떤 물체의 위치를 시간에 따라 나타낸 것이다. 이에 대한 설명으로 옳지 <u>않은</u> 것은?

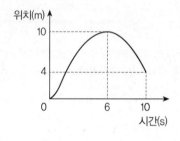

① 6초 때 물체의 순간 속력은 0이다.

② 0~10초 동안 이동한 거리는 16m이다.

③ 0~10초 동안 평균 속력과 평균 속도는 같다.

④ 0~10초 동안 평균 속도의 크기는 0.4m/s이다.

02 그림은 고열원으로부터 Q의 열을 공급받아 외부에 W 만큼 일을 하고 저열원으로 q의 열을 방출하는 어떤 열기관을 나타낸 것으로 $q = \dfrac{Q}{2}$이다. 이에 대한 설명으로 옳은 것은?

① $q = 2W$이다.

② 열기관의 효율은 50%이다.

③ q를 줄이면 열효율이 떨어진다.

④ $Q = W$인 열기관을 만들 수 있다.

03 밀폐된 빈 압력밥솥을 가열할 때, 압력밥솥 안에 있는 공기의 압력과 부피의 열역학적 관계를 개략적으로 나타낸 그래프는?

①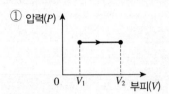

②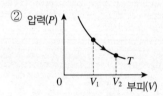

③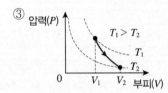

④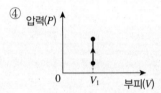

04 그림은 저마늄(Ge)에 비소(As)가 도핑된 물질의 구조를 나타낸 모형이다. 이에 대한 설명으로 옳지 <u>않은</u> 것은?

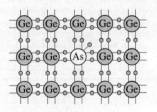

① n형 반도체이다.
② 원자가 전자가 비소는 5개, 저마늄은 4개이다.
③ 전압을 걸어 줄 경우 주된 전하 나르개는 양공이다.
④ 도핑으로 전도띠 바로 아래에 새로운 에너지 준위가 생긴다.

05 그림은 용수철에 작용한 힘과 용수철이 늘어난 길이의 관계를 나타낸 것이다. 용수철을 원래 길이보다 3cm 늘어난 A에서 6cm 늘어난 B까지 늘리려면 해야 하는 일[J]은?

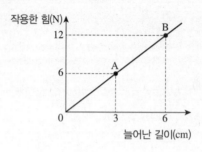

① 0.09

② 0.18

③ 0.27

④ 0.36

06 그림은 마찰이 없는 수평면에서 절연된 용수철의 양 끝에 대전된 두 개의 구가 연결된 것을 나타낸 것이다. (가)는 대전된 구 A, B에 의해 용수철이 늘어난 상태로 평형을 유지한 것이고, (나)는 대전된 구 A, C에 의해 용수철이 압축된 상태로 평형을 유지하고 있는 모습을 나타낸 것이다. 용수철의 원래 길이를 기준으로 (가)에서 용수철이 늘어난 길이는 (나)에서 용수철이 압축된 길이보다 길다. 이에 대한 설명으로 옳은 것은?(단, 전기력은 A와 B, A와 C 사이에만 작용한다)

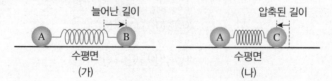

① 전하의 종류는 A와 C가 같다.

② 전하량의 크기는 B가 C보다 크다.

③ (가)에서 A에 작용한 전기력의 크기는 B에 작용한 전기력의 크기보다 크다.

④ (나)에서 용수철이 C에 작용한 힘의 크기는 용수철이 A에 작용한 힘의 크기보다 크다.

07 그림은 지면으로부터 20m 높이에서 가만히 떨어뜨린 물체가 자유낙하 도중 물체의 운동 에너지와 지면을 기준으로 하는 중력 퍼텐셜 에너지가 같아지는 순간을 표현한 것이다. 이때 물체의 속력 v[m/s]는?(단, 중력 가속도는 10m/s^{2}이고, 공기 저항과 물체의 크기는 무시한다)

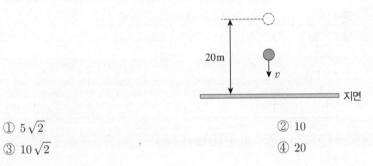

① $5\sqrt{2}$

② 10

③ $10\sqrt{2}$

④ 20

08 표는 등속 운동을 하는 입자 A, B의 운동량, 속력, 물질파 파장을 나타낸 것이다. 이에 대한 설명으로 옳은 것은?

입자	운동량	속력	물질파 파장
A	p	v	㉠
B	$2p$	$3v$	λ

① ㉠은 3λ이다.

② 플랑크 상수는 $3\lambda p$이다.

③ 입자의 질량은 B가 A의 2배이다.

④ A와 B의 운동 에너지 비는 1 : 6이다.

09 그림은 p-n 접합 다이오드, 저항, 전지, 스위치로 구성한 회로이다. 이에 대한 설명으로 옳은 것은?

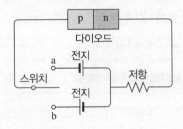

① 스위치를 a에 연결하면 다이오드에 순방향 바이어스가 걸린다.

② 스위치를 a에 연결하면 p형 반도체에서 n형 반도체로 전류가 흐른다.

③ 스위치를 b에 연결하면 양공과 전자가 계속 결합하면서 전류가 흐른다.

④ 스위치를 b에 연결하면 n형 반도체에 있는 전자가 p-n 접합면에서 멀어진다.

10 그림 (가)는 동일한 크기의 전하량을 가진 두 점 전하 A, B를 각각 $x=0$, $x=d$인 지점에 고정한 모습을 나타낸 것이다. 이때 B에 작용하는 전기력의 방향은 $+x$방향이다. 그림 (나)는 그림 (가)에 점전하 C를 $x=3d$인 지점에 추가하여 고정한 모습을 나타낸 것으로 이때 B에 작용하는 알짜 힘은 0이다. 이에 대한 설명으로 옳은 것은?

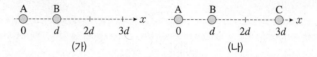

(가) (나)

① 전하량은 C가 A의 2배이다.
② A와 B는 서로 다른 종류의 전하이다.
③ A와 C 사이에는 서로 당기는 힘이 작용한다.
④ B가 A에 작용하는 힘의 크기는 C가 A에 작용하는 힘의 크기보다 크다.

11 다음은 단색광 A, B, C의 활용 예이다. A, B, C의 진동수를 각각 f_A, f_B, f_C라 할 때, 크기를 비교한 것으로 옳은 것은?

> • A를 측정하여 접촉하지 않고 물체의 온도를 측정한다.
> • B의 투과력을 이용하여 공항 검색대에서 가방 내부를 촬영한다.
> • C의 형광 작용을 통해 위조지폐를 감별한다.

① $f_A > f_B > f_C$　　　　② $f_B > f_C > f_A$
③ $f_C > f_A > f_B$　　　　④ $f_C > f_B > f_A$

12 그림 (가), (나)는 각각 수평인 실험대 위에 파동 실험용 용수철을 올려놓은 후 용수철의 한쪽 끝을 잡고 각각 앞뒤와 좌우로 흔들면서 파동을 발생시켰을 때 파동의 진행 방향을 나타낸 것이다. 이에 대한 설명으로 옳은 것은?

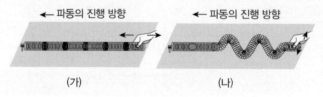

← 파동의 진행 방향　　← 파동의 진행 방향

(가) (나)

① (가)에서와 같이 진행하는 파동에는 소리(음파)가 있다.
② (가)에서 용수철의 진동수가 감소하면 파장은 짧아진다.
③ (나)에서 용수철의 진동 방향과 파동의 진행 방향은 같다.
④ (나)에서 진동수의 변화 없이 용수철을 좌우로 조금 더 크게 흔들면 파동의 진행 속력은 빨라진다.

13 그림은 파원 A, 파원 B에서 줄을 따라 서로 마주 보고 진행하는 두 파동의 순간 모습을 나타낸 것이다. 두 파동의 속력은 모두 1cm/s이고, 점 P는 줄 위의 한 점이다. 이에 대한 설명으로 옳지 <u>않은</u> 것은?(단, 점선으로 표시된 눈금의 가로세로 길이는 각각 1cm이다)

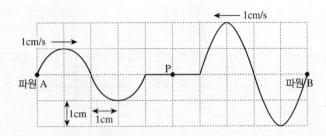

① 파원 A에서 출발한 파동의 파장은 4cm이다.
② 파원 B에서 출발한 파동의 진동수는 0.25Hz이다.
③ 그림의 상황에서 2초가 지난 후 P의 변위는 1cm이다.
④ 두 파동이 중첩될 때 합성파의 변위 최댓값은 진동중심에서 1cm이다.

14 그림은 전동기의 구조를 모식적으로 나타낸 것이다. 이에 대한 설명으로 옳은 것만을 모두 고르면?

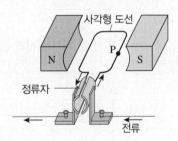

ㄱ. 전기 에너지를 운동 에너지로 변환한다.
ㄴ. 전류가 많이 흐를수록 회전 속력이 빨라진다.
ㄷ. 사각형 도선의 점 P는 위쪽으로 힘을 받는다.

① ㄱ, ㄴ
② ㄱ, ㄷ
③ ㄴ, ㄷ
④ ㄱ, ㄴ, ㄷ

15 그림 (가)와 (나)는 검류계 ⑥가 연결된 코일에 막대자석의 N극이 가까워지거나 막대자석의 S극이 멀어지는 모습을 나타낸 것이다. 이에 대한 설명으로 옳은 것은?

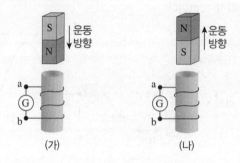

(가)   (나)

① 막대자석은 반자성체이다.
② 검류계 ⑥에 흐르는 전류의 방향은 (가)와 (나)에서 같다.
③ (가)에서 막대자석에 의해 코일을 통과하는 자기 선속은 감소한다.
④ 막대자석이 코일에 작용하는 자기력의 방향은 (가)와 (나)에서 같다.

16 그림과 같이 $+y$ 방향으로 전류가 흐르는 무한히 긴 직선 도선과 원형 도선이 xy 평면에 놓여 있다. 원형 도선에 전류가 유도되는 경우로 옳지 <u>않은</u> 것은?

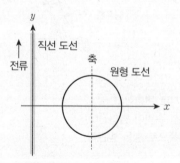

① 그림의 점선을 축으로 원형 도선을 회전시킨다.
② 원형 도선을 직선 도선 쪽으로 가까이 이동시킨다.
③ 원형 도선을 y축과 나란한 방향으로 회전 없이 이동시킨다.
④ 직선 도선에 흐르는 전류의 세기를 일정한 비율로 증가시킨다.

17 그림은 종이 면에서 수직으로 나오는 방향으로 전류 I가 흐르는 무한히 긴 직선 도선 A와 전류가 흐르는 무한히
    긴 직선 도선 B를 나타낸 것이다. 점 P, Q, R은 두 직선 도선을 잇는 직선상의 점들이고, A와 B 사이의 정중앙
    점 Q에서 자기장의 세기가 0이다. 이에 대한 설명으로 옳은 것은?

① 직선 도선 B의 전류의 세기는 $2I$이다.
② 점 P에서 자기장의 방향은 아래 방향이다.
③ 점 R에서 자기장의 방향은 아래 방향이다.
④ 직선 도선 B의 전류의 방향은 종이 면에 수직으로 들어가는 방향이다.

18 그림은 공기에서 매질 A로 단색광이 동일한 입사각으로 입사한 후 굴절하는 경로를 나타낸 것이고, 표는 상온에서
    매질 A에 해당하는 세 가지 물질의 굴절률을 나타내고 있다. 이에 대한 설명으로 옳은 것만을 모두 고르면?

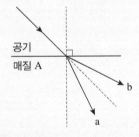

물	1.33
유리	1.50
다이아몬드	2.42

ㄱ. 매질 A가 물이면 단색광의 굴절은 b와 같이 일어난다.
ㄴ. 단색광의 속력은 공기 중에서보다 매질 A에서 더 크다.
ㄷ. 매질 A의 물질 중 공기에 대한 임계각이 가장 큰 물질은 물이다.
ㄹ. 단색광이 공기에서 매질 A로 진행하는 동안 단색광의 진동수는 변하지 않는다.

① ㄱ, ㄴ
② ㄱ, ㄹ
③ ㄴ, ㄷ
④ ㄷ, ㄹ

19 그림과 같이 정지해 있는 A에 대해 B가 탑승한 우주선이 $0.9c$의 속력으로 움직이고 있다. B가 탑승한 우주선 바닥에서 출발한 빛이 거울에 반사되어 되돌아올 때까지, A와 B가 측정한 빛의 이동 거리는 각각 L_A, L_B이고, 이동 시간은 각각 t_A, t_B이다. 이에 대한 설명으로 옳은 것만을 모두 고르면?(단, c는 빛의 속력이다)

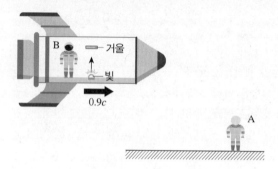

ㄱ. $L_A > L_B$
ㄴ. $t_A > t_B$
ㄷ. $\dfrac{L_A}{t_A} > \dfrac{L_B}{t_B}$

① ㄱ, ㄴ
② ㄱ, ㄷ
③ ㄴ, ㄷ
④ ㄱ, ㄴ, ㄷ

20 그림은 같은 금속판에 진동수가 다른 단색광 A와 B를 각각 비추었을 때 광전자가 방출되는 것을 나타낸 것이고, 표는 단색광 A와 B를 금속판에 각각 비추었을 때 1초 동안 방출되는 광전자의 수와 광전자의 물질파 파장을 나타낸 것이다. 이에 대한 설명으로 옳은 것만을 모두 고르면?(단, 단색광 A와 B의 빛의 세기를 각각 I_A, I_B라 하고, 진동수를 f_A, f_B라 한다)

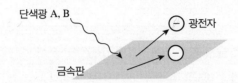

단색광	1초 동안 방출되는 광전자의 수	광전자의 물질파 파장
A	N	4λ
B	2N	λ

ㄱ. $f_A > f_B$
ㄴ. $I_A < I_B$
ㄷ. 금속판의 문턱 진동수를 f_0라 하면 $f_0 < f_B$이다.

① ㄱ, ㄴ
② ㄱ, ㄷ
③ ㄴ, ㄷ
④ ㄱ, ㄴ, ㄷ

01 온도와 열에 대한 설명으로 옳지 <u>않은</u> 것은?

① 온도는 물체의 차고 뜨거운 정도를 수량적으로 나타낸 것이다.

② 열기관은 열을 역학적인 일로 바꾸는 장치이다.

③ 열은 자발적으로 저온에서 고온으로 이동할 수 있다.

④ 절대온도에서 1K 차이는 섭씨온도에서 1℃ 차이와 같다.

02 그림은 다이오드가 연결된 회로에 교류 전원을 연결할 경우 저항에 흐르는 전류의 파형을 나타낸 것이다. 이로부터 알 수 있는 다이오드의 작용은?

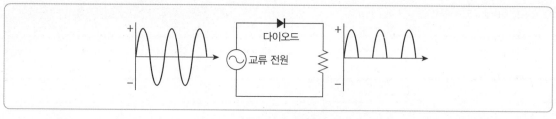

① 정류 작용   ② 스위치 작용

③ 증폭 작용   ④ 자기 작용

03 다음은 중수소 원자핵(^2_1H)이 삼중수소 원자핵(^3_1H)과 반응하여 헬륨 원자핵(^4_2He)과 중성자(^1_0n)가 생성되면서 에너지가 방출되는 과정을 나타낸 것이다. 이에 대한 설명으로 옳지 <u>않은</u> 것은?

$$^2_1H + {^3_1H} \rightarrow {^4_2He} + {^1_0n} + 17.6\,\text{MeV}$$

① 핵융합 반응이다.

② 핵반응 전후 질량의 합은 같다.

③ 핵반응 전후 질량수의 합은 같다.

④ 핵반응 전후 전하량의 합은 같다.

04 그림은 일반적인 광통신 과정을 나타낸 것이다. 이에 대한 설명으로 옳은 것만을 모두 고르면?

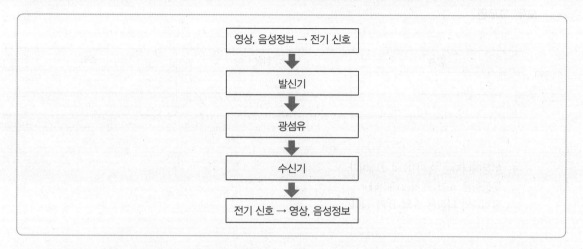

영상, 음성정보 → 전기 신호

↓

발신기

광섬유

수신기

전기 신호 → 영상, 음성정보

ㄱ. 발신기에서 전기 신호를 빛 신호로 변환한다.
ㄴ. 광섬유에서 코어의 굴절률이 클래딩의 굴절률보다 커서 전반사가 일어난다.
ㄷ. 광통신은 구리 도선을 이용한 전기통신에 비하여 도청이 어렵고 정보의 전송용량이 크다.

① ㄱ
② ㄱ, ㄴ
③ ㄴ, ㄷ
④ ㄱ, ㄴ, ㄷ

05 20m/s의 속력으로 직선 운동하던 질량 200g의 공을 배트로 쳐서 반대 방향으로 30m/s의 속력으로 날려 보냈다. 이 공이 배트로부터 받은 충격량의 크기[N·s]는?

① 2
② 4
③ 10
④ 12

06 표는 입자 A와 B의 질량과 속력을 나타낸 것이다. 이 물체가 등속운동할 때 이에 대한 설명으로 옳은 것만을 모두 고르면?

입자	질량	속력
A	m	$2v$
B	$2m$	v

ㄱ. 운동에너지는 A가 B의 2배이다.
ㄴ. 운동량은 A가 B의 2배이다.
ㄷ. 물질파의 파장은 A와 B가 같다.

① ㄴ
② ㄷ
③ ㄱ, ㄷ
④ ㄱ, ㄴ, ㄷ

07 그림은 어떤 원자의 에너지 준위를 나타낸 것이다. 전자가 $n=4$인 상태에서 $n=2$인 상태로 전이할 때 일어나는 현상으로 옳은 것은?

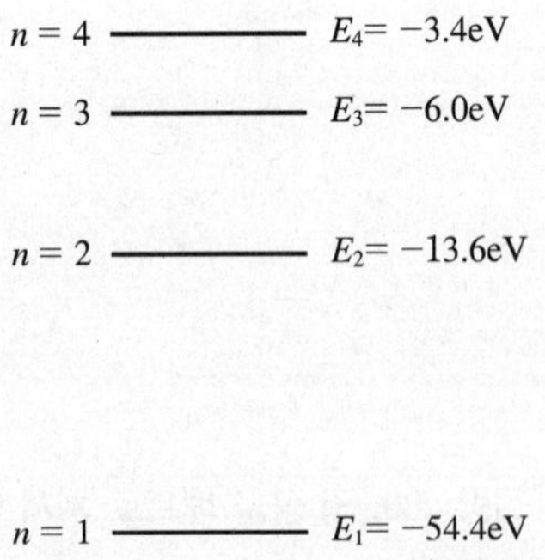

$n=4$ ———	$E_4=-3.4\text{eV}$
$n=3$ ———	$E_3=-6.0\text{eV}$
$n=2$ ———	$E_2=-13.6\text{eV}$
$n=1$ ———	$E_1=-54.4\text{eV}$

① 7.6eV의 에너지 흡수
② 7.6eV의 에너지 방출
③ 10.2eV의 에너지 흡수
④ 10.2eV의 에너지 방출

08 그림은 정지하고 있는 질량 2kg인 물체에 수평 방향으로 10N의 일정한 힘이 작용하는 모습을 나타낸 것이다. 정지에서 2초 후 물체의 운동에너지[J]는?(단, 공기저항, 물체와 지면 사이의 마찰은 무시한다)

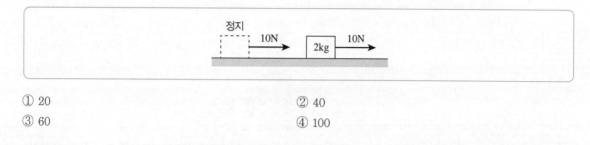

① 20

② 40

③ 60

④ 100

09 그림은 순수한 반도체 결정의 에너지띠 구조를 나타낸 것이다. 이에 대한 설명으로 옳지 <u>않은</u> 것은?

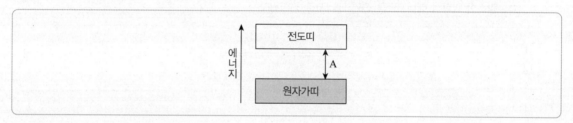

① A의 영역에는 전자가 존재할 수 없다.

② 원자가띠에 채워진 전자의 에너지는 모두 동일하다.

③ 절대온도 0K일 때, 전도띠에는 전자가 존재하지 않는다.

④ 이 물질은 온도가 올라갈수록 전기 전도도가 증가한다.

10 그림 (가)는 수평면 일직선상에서 질량 $2m$인 물체 A가 정지해 있는 질량 m인 물체 B와 충돌하는 것을 나타낸 것이고, 그림 (나)는 A가 B에 정면으로 충돌한 후 A, B가 같은 방향으로 운동하는 것을 나타낸 것이다. A의 속력이 충돌 직전 $2v$에서 충돌 직후 v로 변했다면, 충돌 직후 B의 속력은?

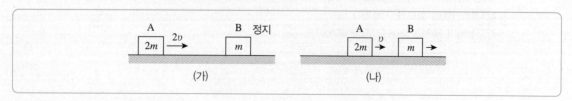

① $0.5v$

② v

③ $1.5v$

④ $2v$

11 그림은 충분히 긴 구리관 속으로 자석이 낙하하는 모습이다. 이에 대한 설명으로 옳은 것만을 모두 고르면?(단, 공기저항, 자석과 구리관 사이의 마찰은 무시한다)

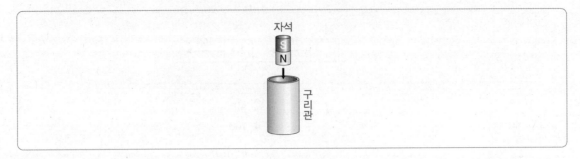

ㄱ. 자석이 낙하하는 동안 자석의 위치에너지는 감소한다.
ㄴ. 자석이 낙하한 거리만큼 자석의 운동에너지는 증가한다.
ㄷ. 자석의 역학적 에너지는 보존된다.
ㄹ. 감소한 역학적 에너지만큼 전기 에너지로 전환된다.

① ㄱ, ㄴ
② ㄱ, ㄷ
③ ㄱ, ㄹ
④ ㄴ, ㄹ

12 컴퓨터에서 정보를 저장하고 기록하는 장치인 하드디스크에 대한 설명으로 옳은 것만을 모두 고르면?

ㄱ. 빛을 이용하여 저장된 정보를 읽어 낸다.
ㄴ. 디지털 신호로 정보가 기록된다.
ㄷ. 강자성체의 특성을 이용한 저장 매체이다.

① ㄱ, ㄴ
② ㄱ, ㄷ
③ ㄴ, ㄷ
④ ㄱ, ㄴ, ㄷ

13 그림은 전자기파를 어떤 물리량의 크기 순서대로 나타낸 것이다. 이에 대한 설명으로 옳은 것은?

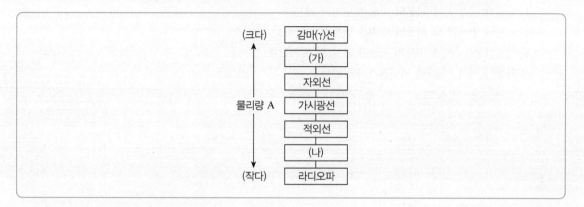

① 물리량 A에는 파장을 넣을 수 있다.

② 적외선보다 자외선의 진동수가 크다.

③ (가)는 휴대전화 데이터 통신과 전자레인지에 이용된다.

④ (나)는 사람 몸이나 건물 벽을 투과할 수 있어 의료 진단 분야, 비파괴 검사, 공항 검색대에서 사용된다.

14 탄산음료가 담긴 차가운 병의 뚜껑을 처음으로 열었을 때 뚜껑 주변에 하얀 김이 서리는 현상이 나타난다. 이에 대한 설명으로 옳은 것만을 모두 고르면?

> ㄱ. 기체가 병 밖으로 빠져나오면서 기체는 등온 팽창한다.
> ㄴ. 기체가 병 밖으로 빠져나오면서 부피가 증가하여 기체는 외부에 일을 한다.
> ㄷ. 기체가 병 밖으로 빠져나오면서 기체의 내부 에너지는 감소한다.

① ㄴ

② ㄷ

③ ㄱ, ㄷ

④ ㄴ, ㄷ

15 파동에 대한 설명으로 옳지 <u>않은</u> 것은?

① 파동이 굴절할 때 파동의 파장은 변하지 않는다.
② 파동이 반사할 때 파동의 속력은 변하지 않는다.
③ 간섭현상은 두 개 이상의 파동이 만날 때 일어난다.
④ 파동이 퍼져 나갈 때 에너지가 전달된다.

16 그림 (가)는 코일 위에서 자석을 연직 방향으로 움직이는 모습을 나타낸 것이고, (나)는 코일과 자석 사이의 간격을 시간에 따라 나타낸 것이다. 이에 대한 설명으로 옳은 것은?

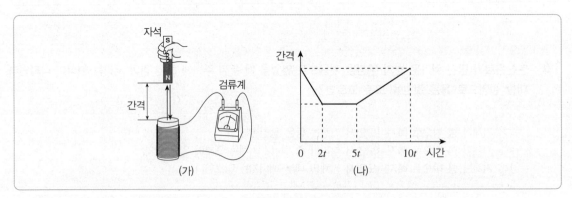

(가)   (나)

① $4t$일 때 검류계에는 일정한 세기의 전류가 흐른다.
② 검류계에 흐르는 전류의 세기는 t일 때가 $8t$일 때보다 크다.
③ t일 때 코일이 자석에 작용하는 자기력의 방향은 자석의 운동 방향과 같다.
④ t일 때와 $7t$일 때, 검류계에 흐르는 전류의 방향은 서로 같다.

17 Ge 반도체에 In을 소량 첨가하여 만든 불순물 반도체에 그림처럼 화살표 방향으로 전기장을 걸었을 때, 이에 대한 설명으로 옳은 것만을 모두 고르면?

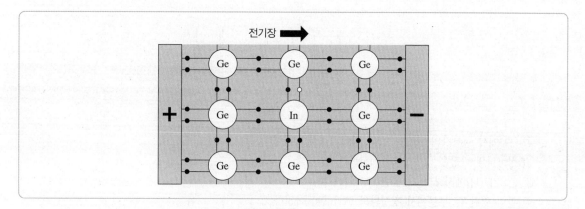

ㄱ. 불순물 반도체에 생성된 양공은 전도띠에 존재한다.
ㄴ. 양공은 오른쪽(−)에서 왼쪽(+)으로 이동한다.
ㄷ. 전류의 방향은 양공의 이동 방향과 같다.
ㄹ. 양공이 전도띠에 있는 전자보다 많으므로 주로 양공에 의해 전류가 흐른다.

① ㄱ, ㄴ
③ ㄴ, ㄷ
② ㄱ, ㄹ
④ ㄷ, ㄹ

18 그림은 시간 $t=0$에서 어떤 파동의 모습을 나타낸 것이다. $t=0.1$초에서 점 P의 변위가 증가하였다면 이에 대한 설명으로 옳은 것은?(단, 파동의 주기는 0.5초이다)

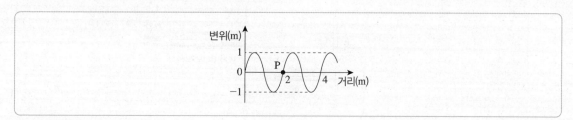

① 파동의 속력은 1m/s 이다.
② 파동의 진행 방향은 왼쪽이다.
③ 파동의 파장은 1m 이다.
④ 파동의 진폭은 2m 이다.

19 그림 (가), (나)는 한쪽 끝이 닫힌 관에서 공기를 진동시켜 만든 정상파의 기본 진동수를 모식적으로 나타낸 것이다. 이에 대한 설명으로 옳지 <u>않은</u> 것은?(단, 관 안의 공기의 상태는 (가)와 (나)가 같으며 $L_1 > L_2$ 이다)

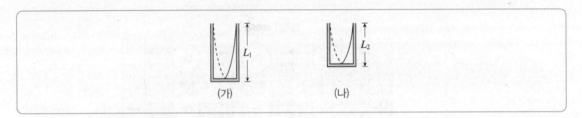

① (가)에서 정상파의 파장은 관의 길이의 4배이다.
② 정상파의 파장은 (가)가 (나)에서보다 더 길다.
③ (가)가 (나)에서보다 더 높은 소리가 난다.
④ 관의 열린 끝 부분에서 정상파의 배가 만들어진다.

20 그림은 B가 탄 우주선이 A에 대하여 $+x$방향으로 $0.8c$로 등속도 운동하고 있는 것을 나타낸 것이다. A에 대하여 정지한 막대 P, Q는 각각 x축, y축상에 놓여 있고, A가 측정한 P, Q의 길이는 모두 L이다. 이에 대한 설명으로 옳지 <u>않은</u> 것은?(단, c는 빛의 속력이다)

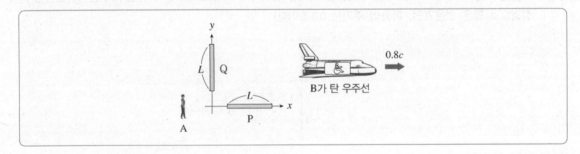

① B가 측정할 때, A의 시간은 빠르게 간다.
② B가 측정할 때, Q의 길이는 L이다.
③ B가 측정할 때, P의 길이가 Q의 길이보다 짧다.
④ B가 볼 때, A는 $-x$방향으로 $0.8c$의 속력으로 움직인다.

2020년 기출문제
(9급 국가직, 지방직, 서울시)

01 일정한 세기의 전류가 흐르는, 무한히 가늘고 긴 직선 도선으로부터 수직 거리 $2r$만큼 떨어진 지점에서 전류에 의한 자기장의 크기가 B일 때, 이 도선으로부터 수직 거리 $3r$만큼 떨어진 곳에서 전류에 의한 자기장의 크기는?

[국가직 9급 20]

① $\frac{1}{3}B$

② $\frac{1}{2}B$

③ $\frac{2}{3}B$

④ $\frac{3}{2}B$

02 그림은 불순물을 첨가한 반도체 X, Y를 접합하여 만든 p$-$n 접합 다이오드를 전지에 연결하였을 때 전구에 불이 계속 켜져 있는 것을 나타낸 것이다. 이에 대한 설명으로 옳은 것은?

[국가직 9급 20]

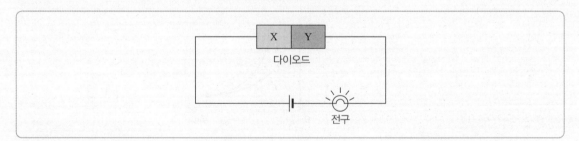

① 반도체 X는 p형 반도체이다.

② 반도체 Y에 있는 전자는 반도체 X와의 접합면으로부터 멀어지는 방향으로 이동한다.

③ 전지의 방향을 반대로 연결하여도 전구에 불이 계속 켜진다.

④ 반도체 Y에서는 주로 양공들이 전하를 운반하는 역할을 한다.

03 그림은 어느 금속 표면에 세 종류의 빛을 쪼여 줄 때, 쪼여 주는 광자 한 개의 에너지와 방출되는 광전자의 최대 운동에너지를 나타낸 것이다. 이에 대한 설명으로 옳지 <u>않은</u> 것은?

[국가직 9급 20]

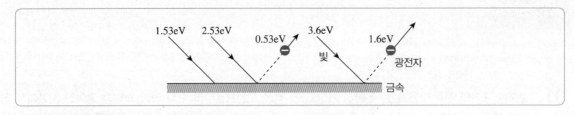

① 빛의 입자성을 확인할 수 있는 실험이다.
② 금속의 일함수는 2eV이다.
③ 1.53eV인 빛의 세기를 더 크게 해서 쪼여 주어도 광전자가 방출되지 않는다.
④ 4.5eV의 광자 1개가 금속 표면에 부딪치면 광전자 2개가 방출된다.

04 그림은 일정량의 이상 기체의 상태가 A→B→C→A를 따라 변할 때 압력과 부피를 나타낸 것이다. A→B는 등압과정, B→C는 단열과정, C→A는 등온과정이다. 이에 대한 설명으로 옳지 <u>않은</u> 것은?(단, 그림에서 A, B의 온도는 각각 T_1, T_2이며, 점선은 각각 T_1, T_2의 등온 곡선이고 $T_1 < T_2$이다)

[국가직 9급 20]

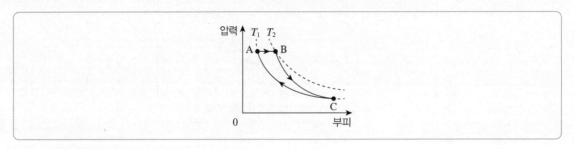

① A→B 과정에서 기체의 내부에너지는 증가한다.
② A→B 과정에서 기체는 외부로부터 열을 흡수한다.
③ B→C 과정에서 기체의 내부에너지가 증가한다.
④ A→B→C 과정에서 기체가 외부에 한 일은 C→A 과정에서 기체가 외부에서 받는 일보다 크다.

05 그림과 같이 수평면으로부터 높이가 1.8m인 곳에서 질량이 4kg인 물체 A가 경사면을 따라 내려와 수평면에 정지해 있던 물체 B와 충돌하였다. 충돌 후 A와 B는 한 덩어리가 되어 반대쪽 경사면에서 수평면으로부터 높이가 0.8m인 곳까지 올라 순간적으로 멈췄다. B의 질량[kg]은?(단, 중력가속도는 $10m/s^2$이고, 바닥과의 마찰 및 공기 저항과 물체 크기는 무시한다) [국가직 9급 20]

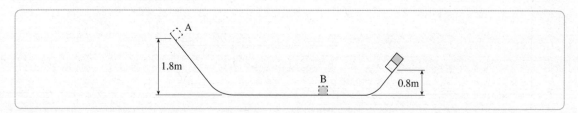

① 1.5

② 2

③ 2.5

④ 3

06 그림은 외부 자기장의 변화에 따른 어떤 물질 내부의 원자 자석 배열 변화를 나타낸 것이다. 이 물질의 자기적 성질에 대한 설명으로 옳지 <u>않은</u> 것은? [지방직 9급 20]

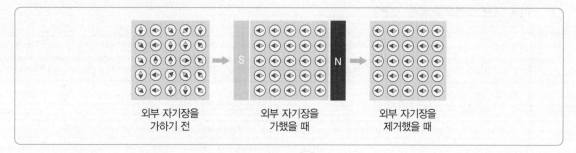

① 외부 자기장을 가하기 전에는 자석 효과가 나타나지 않는다.

② 철, 니켈, 코발트는 이와 같은 자기적 성질을 갖는다.

③ 이 물질의 원자 자석은 외부 자기장의 방향과 같은 방향으로 정렬된다.

④ 초전도체의 마이스너 효과는 이와 같은 자기적 성질에 의해 나타난다.

07 그림은 입사각 θ_1로 매질 B와 매질 C의 경계면에 입사한 빛이 전반사한 뒤, 매질 B와 매질 A의 경계면에서 굴절각 θ_2로 굴절하여 진행하는 것을 나타낸 것이다. A, B, C의 굴절률을 각각 n_A, n_B, n_C라 할 때, 이들의 크기를 옳게 비교한 것은?(단, $\theta_1 > \theta_2$이다) [지방직 9급 20]

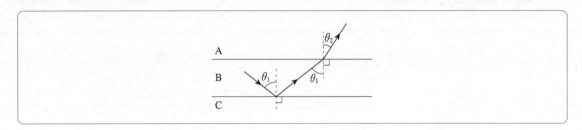

① $n_A > n_B > n_C$

② $n_A > n_C > n_B$

③ $n_B > n_A > n_C$

④ $n_C > n_B > n_A$

08 그림은 일정량의 이상 기체가 상태 A→B→C를 따라 변할 때, 이상 기체의 압력과 부피의 변화를 나타낸 것이다. 이에 대한 설명으로 옳은 것은? [지방직 9급 20]

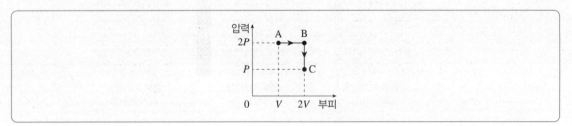

① 기체의 온도는 A에서가 B에서보다 높다.

② A→B에서 기체가 외부에 한 일은 PV이다.

③ B→C에서 기체는 열을 방출한다.

④ B→C에서 기체가 외부에 한 일은 PV이다.

09 그림은 지면으로부터 높이 h인 곳에서 가만히 놓은 물체가 점 P, Q를 지나며 운동하는 모습을 나타낸 것이다. P에서 물체의 중력 퍼텐셜 에너지는 운동 에너지의 2배이고, Q에서 물체의 운동 에너지는 P에서 운동 에너지의 2배이다. P와 Q의 높이 차이는?(단, 물체의 크기 및 공기 저항은 무시한다)   [지방직 9급 20]

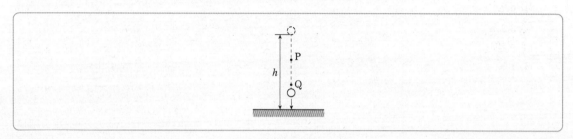

① $\dfrac{h}{5}$

② $\dfrac{h}{4}$

③ $\dfrac{h}{3}$

④ $\dfrac{2h}{5}$

10 그림은 직선상에서 운동하는 질량이 2kg인 물체의 운동량을 시간에 따라 나타낸 것이다. 이에 대한 설명으로 〈보기〉에서 옳은 것만을 모두 고르면?   [지방직 9급 20]

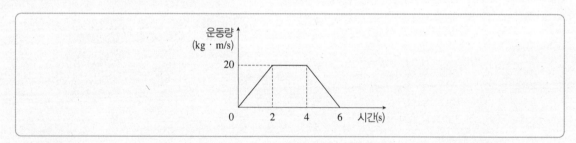

보 기

ㄱ. 0∼2초 동안 물체의 가속도의 크기는 $5m/s^2$이다.

ㄴ. 2∼4초 동안 물체는 등속 직선 운동을 한다.

ㄷ. 0∼6초 동안 물체가 받은 충격량은 $20N \cdot s$이다.

① ㄱ

② ㄱ, ㄴ

③ ㄴ, ㄷ

④ ㄱ, ㄴ, ㄷ

11 지구에서 1초의 주기를 갖는 단진자가 있다고 할 때 중력가속도가 지구의 $\frac{1}{4}$ 인 행성에서 이 단진자의 주기는?

[서울시 9급 20]

① 6초
② 3.2초
③ 2초
④ 1초

12 단면이 원형인 같은 길이의 도선 A와 도선 B가 있다. 도선 A의 반지름과 비저항이 각각 도선 B의 2배이고 같은 전원이 공급될 때, 도선 A에 전달되는 전력의 크기는 도선 B의 몇 배인가? [서울시 9급 20]

① 2
② $\sqrt{2}$
③ 1
④ $\frac{1}{\sqrt{2}}$

13 하나의 위성이 지구 주위로 반지름이 R 인 원 궤도를 돌고 있다. 이때 위성의 운동에너지를 K_1 이라 하자. 만약에 위성이 이동하면서 반지름이 $2R$ 인 새로운 원 궤도로 진입하게 된다면 이때 이 위성의 운동에너지는?

[서울시 9급 20]

① $\frac{1}{4}K_1$
② $\frac{1}{2}K_1$
③ $2K_1$
④ $4K_1$

14 초전도체에 대한 설명으로 가장 옳은 것은? [서울시 9급 20]

① 임계 온도보다 낮은 온도에서 전기저항이 0이 된다.
② 임계 온도가 액체 질소의 끓는점인 77K보다 높은 물질은 없다.
③ 임계 온도보다 낮은 온도에서 물질 내부와 외부의 자기장이 균일하다.
④ 임계 온도보다 낮은 온도에서 유전율이 높아 축전기에 많이 쓰인다.

15 열전도도가 $0.080W/(m \cdot ℃)$인 나무로 지어진 오두막이 있다. 실내 온도가 25℃, 바깥 온도가 5℃인 날 실내 온도가 일정하게 유지되기 위한 난로의 일률은?(단, 오두막은 바닥을 포함한 전면적이 두께가 5.0cm인 동일한 나무로 지어졌고 바깥과 접촉한 표면적의 크기는 $50m^2$이며 열의 출입은 전체 표면적에서 균일하다) [서울시 9급 20]

① 400W
② 800W
③ 1,200W
④ 1,600W

16 스카이다이버가 지상에서 3,000m 상공에 떠 있는 헬리콥터에서 점프를 한다. 공기 저항을 무시한다면 2,000m 상공에서 스카이다이버의 낙하속도는?(단, 중력가속도는 $g = 9.8m/s^2$로 한다) [서울시 9급 20]

① 300m/s
② 250m/s
③ 200m/s
④ 140m/s

17 〈보기 1〉은 어떤 기체를 방전관에 넣고 전압을 걸어 방전시켰을 때 나온 빛을 분광기로 관찰한 결과이다. A와 B 중 하나는 노란색 빛을, 다른 하나는 초록색 빛을 나타낼 때, 이에 대한 설명으로 옳은 것을 〈보기 2〉에서 모두 고른 것은?

[서울시 9급 20]

보기 1

파란색 빛 A B 빨간색 빛

보기 2

ㄱ. A가 노란색 빛이다.
ㄴ. 진동수는 A가 B보다 크다.
ㄷ. 광자 하나의 에너지는 A가 B보다 크다.

① ㄱ
② ㄴ
③ ㄱ, ㄷ
④ ㄴ, ㄷ

18 자동차 엔진의 실린더에서 기체가 원래 부피의 $\frac{1}{10}$로 압축되었다. 처음 압력과 온도가 1.0기압 27℃ 이고, 압축 후의 압력이 20.0기압이라면 압축 기체의 온도는?(단, 기체를 이상기체라 한다)

[서울시 9급 20]

① 270℃
② 327℃
③ 473℃
④ 600℃

19 수평면 위에 정지하고 있는 200g의 나무토막을 향해 수평방향으로 10.0g의 총알이 발사되었다. 나무토막이 8.00m 미끄러진 후 정지할 때 나무토막과 수평면 사이의 마찰 계수가 0.400이라면, 충돌 전 총알의 속력은?(단, 중력가속도는 $g = 10\text{m/s}^2$로 한다)　　　　　　　　　　　　　　　　　　　　　　　　　　　[서울시 9급 20]

① 108m/s

② 168m/s

③ 224m/s

④ 284m/s

20 두 원자가 서로의 동위원소일 경우에 대한 설명으로 가장 옳은 것은?　　　　　　　　　　　[서울시 9급 20]

① 두 원자의 원자번호와 원자질량수가 같다.

② 두 원자의 원자번호와 원자질량수가 다르다.

③ 두 원자의 원자번호는 같지만, 원자질량수는 다르다.

④ 두 원자의 원자번호는 다르지만, 원자질량수는 같다.

2019년 고졸경력경쟁 기출문제

01 그림은 전자기파를 파장에 따라 분류한 것이다. A에 대한 설명으로 옳은 것만을 모두 고르면?

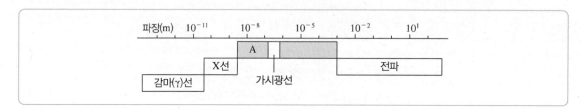

ㄱ. 살균이나 소독에 사용한다.
ㄴ. 가시광선의 빨강 빛보다 진동수가 작다.
ㄷ. 열을 내는 물체에서 주로 발생한다.

① ㄱ
② ㄴ
③ ㄱ, ㄴ
④ ㄴ, ㄷ

02 그림은 원점에 놓인 대전된 도체구 A에 의해 형성된 전기력선의 일부와 전기장 내에서 대전된 점전하를 P점에 가만히 놓았더니 Q점을 향하여 이동하는 것을 나타낸 것이다. 이에 대한 설명으로 옳은 것은?

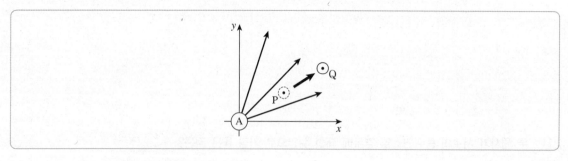

① A는 음(−)전하를 띤다.
② 점전하는 음(−)전하로 대전되어 있다.
③ 전기장의 세기는 P에서가 Q에서보다 작다.
④ P에서 Q로 이동하는 동안 점전하의 속력은 증가한다.

03 저항이 4Ω인 송전선에 20A의 전류가 흐를 때, 송전선에서 열로 손실된 전력[W]은?

① 800

② 1,000

③ 1,600

④ 3,200

04 그림은 빛이 광섬유의 코어를 통해서만 진행하는 모습을 나타낸 것이다. 이에 대한 설명으로 옳지 않은 것은?

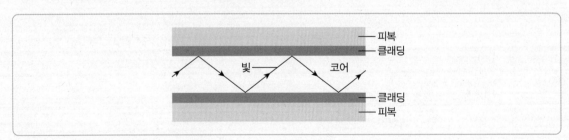

① 코어의 굴절률이 클래딩의 굴절률보다 크다.

② 코어와 클래딩의 경계면에서 전반사가 일어난다.

③ 코어를 진행하는 빛의 속력은 진공에서보다 느리다.

④ 코어와 클래딩의 경계면에서 빛의 입사각은 임계각보다 작다.

05 그림과 같이 철수에 대하여 광속에 가까운 속력으로 등속도 운동하는 우주선에 영희가 타고 있다. 영희가 측정할 때 광원 O에서 나온 빛이 검출기 A, B에 동시에 도달했다. 이에 대한 설명으로 옳은 것만을 모두 고르면?

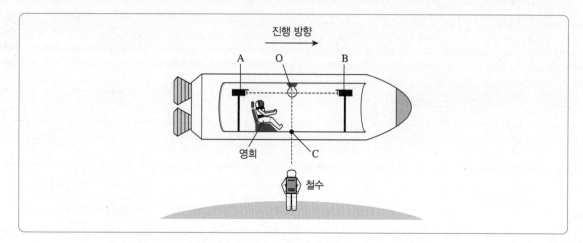

ㄱ. 철수가 측정할 때 O에서 나온 빛은 A와 B에 동시에 도달한다.
ㄴ. 우주선의 길이는 철수가 측정한 값이 영희가 측정한 값보다 크다.
ㄷ. 빛이 O에서 C까지 진행하는 데 걸린 시간은 철수가 측정한 값이 영희가 측정한 값보다 크다.

① ㄱ
② ㄷ
③ ㄱ, ㄴ
④ ㄴ, ㄷ

06 그림은 평면 위에 전류가 흐르는 직선 도선과 검류계가 연결된 직사각형 도선이 놓인 것을 나타낸 것이다. 직사각형 도선에 A→ⓖ→B 방향으로 전류가 흐르는 경우만을 모두 고르면?

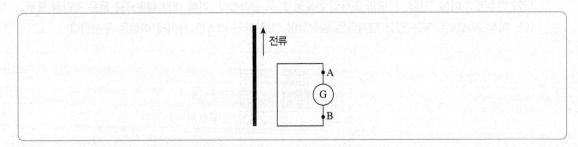

ㄱ. 직선 도선에 흐르는 전류 세기가 일정하다.
ㄴ. 직선 도선에 흐르는 전류 세기가 점점 감소한다.
ㄷ. 직선 도선의 전류 세기가 일정하고 직선 도선과 직사각형 도선 사이의 거리가 점점 멀어진다.

① ㄴ
② ㄱ, ㄷ
③ ㄴ, ㄷ
④ ㄱ, ㄴ, ㄷ

07 그림은 수소 원자가 방출하는 선스펙트럼 계열의 일부를 나타낸 것이다. 이에 대한 설명으로 옳지 <u>않은</u> 것은?

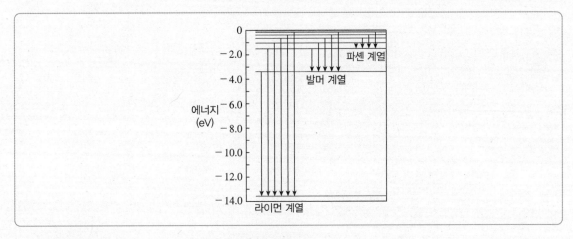

① 수소 원자에 있는 전자의 에너지 준위는 불연속적이다.
② 전자기파의 진동수는 라이먼 계열이 발머 계열보다 크다.
③ 광자 1개의 에너지는 라이먼 계열이 파셴 계열보다 크다.
④ 파셴 계열의 전자기파는 인체의 골격 사진을 찍는 데 이용된다.

08 그림은 단열된 실린더에 일정량의 이상 기체가 들어 있고 추가 놓여 있는 단열된 피스톤이 정지해 있는 모습을 나타낸 것이며, 이상 기체의 온도와 외부의 온도는 각각 T_1과 T_2이다. 추를 제거하였더니 피스톤은 천천히 움직이다가 멈추었고 이상 기체의 온도와 외부의 온도는 T_2로 같아졌다. 이에 대한 설명으로 옳은 것만을 모두 고르면? (단, 이상 기체의 누출은 없고 대기압은 일정하며, 실린더와 피스톤 사이의 마찰은 무시한다)

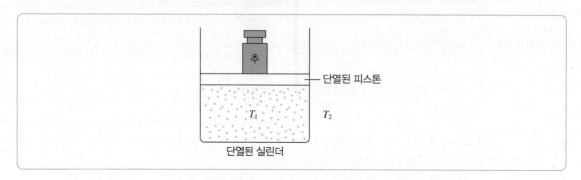

ㄱ. $T_1 > T_2$이다.
ㄴ. 피스톤이 움직이는 동안 이상 기체의 압력은 증가한다.
ㄷ. 이상 기체가 한 일은 이상 기체의 내부 에너지 감소량과 같다.

① ㄱ
② ㄴ
③ ㄱ, ㄷ
④ ㄴ, ㄷ

09 그림은 xy평면에서 Q점에 놓인 가늘고 긴 직선 도선에 일정한 세기의 전류가 흐르는 것을 나타낸 것이고, 표는 xy평면에 있는 점 P, R에서 전류에 의한 자기장의 방향과 세기를 나타낸 것이다. 다른 조건은 그대로 두고 직선 도선을 y축과 평행하게 P로 옮겼을 때, 이에 대한 설명으로 옳은 것만을 모두 고르면?

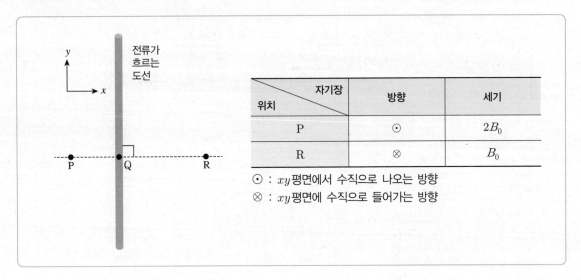

위치 \ 자기장	방향	세기
P	⊙	$2B_0$
R	⊗	B_0

⊙ : xy평면에서 수직으로 나오는 방향
⊗ : xy평면에 수직으로 들어가는 방향

ㄱ. 도선에 흐르는 전류의 방향은 $+y$방향이다.
ㄴ. Q에서 자기장의 방향은 ⊗방향이다.
ㄷ. R에서 자기장의 세기는 $\frac{1}{3}B_0$이다.

① ㄱ, ㄴ
② ㄱ, ㄷ
③ ㄴ, ㄷ
④ ㄱ, ㄴ, ㄷ

10 그림은 마찰이 없는 수평면에서 1m/s의 속력으로 운동하던 질량 4kg인 물체에 수평면과 나란한 방향으로 일정한 힘 2.4N을 계속 가하였더니 물체의 속력이 5m/s가 된 것을 나타낸 것이다. 이때 힘이 가해지는 동안 물체의 이동거리[m]는?(단, 물체의 크기는 무시한다)

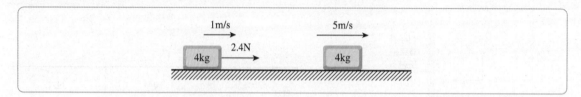

① 20

② 15

③ 10

④ 5

11 다음 글에서 설명하는 기본 힘은?

- 이 힘을 매개하는 입자에는 Z보손과 W보손이 있다.
- 중성자가 전자와 중성미자를 방출하면서 양성자로 붕괴되는 과정(베타붕괴)에서 발견되었다.

① 약한 상호작용(약력)

② 강한 상호작용(강력)

③ 전자기력

④ 중력

12 직선상에서 움직이는 물체의 속도가 시간이 0초일 때 10m/s이며, 5m/s²의 등가속도 운동을 한다. 5초일 때 물체의 속도[m/s]는?

① 25

② 35

③ 45

④ 50

13 그림과 같이 검전기를 (−)로 대전시킨 후, 금속판의 문턱 진동수보다 낮은 진동수의 빛을 금속판에 비추어 주었다. 이때 일어나는 현상으로 옳은 것은?

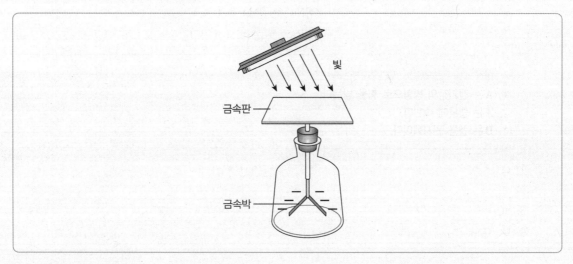

① 금속박이 오므라든다.
② 금속박이 더 벌어진다.
③ 금속박이 오므라들다 벌어진다.
④ 금속박이 변하지 않는다.

14 그림은 수면파 발생 장치에서 발생한, 진동수가 f이고 속력이 일정한 수면파의 어느 순간의 모습을 표현한 것이다. 실선은 수면파의 이웃한 마루를 나타낸 것이고, 처음과 마지막 마루 사이의 거리가 L일 때, 이 수면파의 속력은?

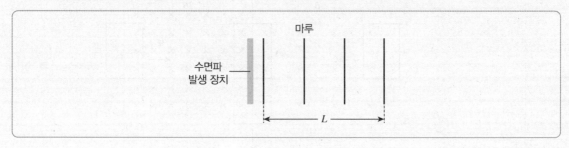

① $3fL$
② $2fL$
③ $\dfrac{fL}{3}$
④ $\dfrac{2fL}{3}$

15 다음은 원자핵의 변환에서 방사선 방출을 나타낸 것이다. 이에 대한 설명으로 옳은 것만을 모두 고르면?

$$^{24}_{11}\text{Na} \rightarrow {}^{24}_{12}\text{Mg} + (\text{ A })$$
$$^{226}_{88}\text{Ra} \rightarrow {}^{222}_{86}\text{Rn} + (\text{ B })$$

ㄱ. A는 전기장의 방향으로 힘을 받는다.
ㄴ. A는 렙톤에 속한다.
ㄷ. B는 헬륨 원자핵이다.

① ㄴ
② ㄱ, ㄴ
③ ㄱ, ㄷ
④ ㄴ, ㄷ

16 그림은 자기장 영역 Ⅰ, Ⅱ가 있는 xy평면에서 금속 고리 A와 ㄱ, ㄴ, ㄷ이 운동하고 있는 어느 순간의 모습을 나타낸 것이다. A와 ㄱ은 $+x$방향으로, ㄴ은 $-y$방향으로, ㄷ은 $-x$방향으로 각각 등속 직선 운동을 한다. 영역 Ⅰ, Ⅱ에서 자기장은 세기가 각각 B, $2B$로 균일하며 xy평면에 수직으로 들어가는 방향이다. 이 순간 ㄱ~ㄷ에 흐르는 유도 전류의 방향이 A에 흐르는 유도 전류의 방향과 같은 것만을 모두 고르면?(단, 금속 고리는 회전하지 않는다)

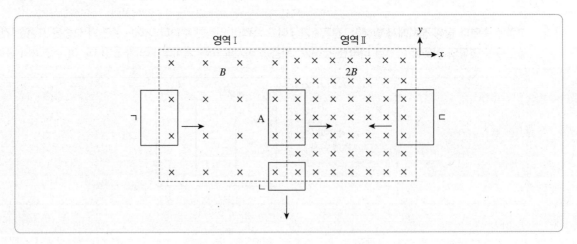

① ㄱ
② ㄱ, ㄷ
③ ㄴ, ㄷ
④ ㄱ, ㄴ, ㄷ

17 그림은 빗면을 따라 운동하는 물체 A가 점 p를 속력 20m/s로 통과하는 순간, q점에서 물체 B를 가만히 놓는 것을 나타낸 것이며, A가 최고점에 도달하는 순간 B와 충돌한다. B를 놓는 순간부터 A, B가 충돌할 때까지 B의 평균속력[m/s]은?(단, A, B의 크기와 모든 마찰은 무시하며, A, B는 동일 직선상에서 운동한다)

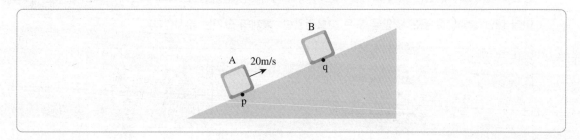

① 5
② 10
③ 15
④ 20

18 그림은 소비전력이 각각 40W인 전구 A와 20W인 형광등 B를 220V인 전원에 연결하여 동시에 사용하는 모습을 나타낸 것이다. 이에 대한 설명으로 옳은 것만을 모두 고르면?

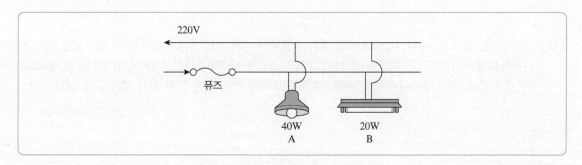

ㄱ. A와 B에 흐르는 전류의 세기는 같다.
ㄴ. A와 B의 저항의 크기의 비는 1 : 2이다.
ㄷ. A와 B를 동시에 5시간 동안 사용하면 전체 소비 전력량은 300Wh이다.

① ㄱ, ㄴ
② ㄱ, ㄷ
③ ㄴ, ㄷ
④ ㄱ, ㄴ, ㄷ

19 그림 (가)는 마찰이 없는 수평면 위에서 물체 A가 정지해 있는 물체 B를 향해 일정한 속도 v_0로 운동하는 것을 나타낸 것이다. A, B는 질량이 각각 m이고, 충돌 후 일직선상에서 각각 등속 운동한다. 그림 (나)는 충돌하는 동안 A가 B로부터 받는 힘의 크기를 시간에 따라 나타낸 것이며, 시간 축과 곡선이 만드는 면적은 $\frac{2}{3}mv_0$이다. 이에 대한 설명으로 옳은 것만을 모두 고르면?(단, 물체의 크기는 무시한다)

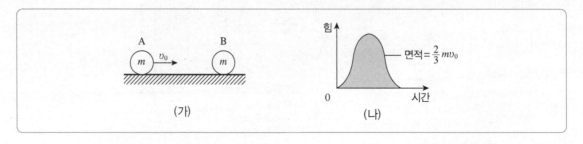

(가)   (나)

ㄱ. 충돌 후 A의 속도는 $-\frac{1}{3}v_0$이다.

ㄴ. 충돌 후 B의 속도는 $\frac{2}{3}v_0$이다.

ㄷ. 충돌하는 동안 A가 B로부터 받은 충격량의 크기는 B가 A로부터 받은 충격량의 크기보다 크다.

① ㄱ   ② ㄴ
③ ㄱ, ㄴ   ④ ㄱ, ㄴ, ㄷ

20 그림 (가)는 압력 P, 부피 V, 절대 온도 T인 일정량의 이상 기체가 상자 안에 들어 있는 것을 나타낸 것이다. 기체의 압력을 일정하게 유지하면서 기체에 $5PV$의 열을 가하였더니 그림 (나)와 같이 부피가 증가하였고 온도는 $3T$가 되었다. 이 과정에서 기체의 내부 에너지 변화량은?(단, 상자 안의 기체 분자 수는 일정하다)

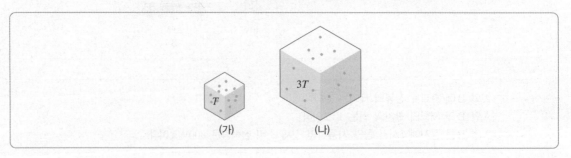

(가)   (나)

① PV
② $2PV$
③ $3PV$
④ $4PV$

제 7 회

2019년 기출문제 (9급 국가직, 지방직, 서울시)

01 그림은 p−n−p형 반도체를 접합하여 만든 소자를 나타낸 것이다. 이에 대한 설명으로 옳은 것은?

[국가직 9급 19]

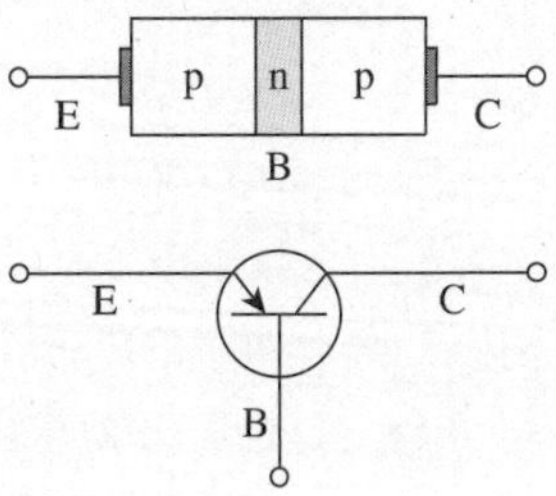

① 이 소자는 0과 1의 신호를 만드는 디지털 소자로 응용할 수 없다.
② 베이스 B와 컬렉터 C 사이에 순방향 전압을 걸어 줄 때 작동하는 소자이다.
③ 베이스 B의 미세한 신호를 컬렉터 C의 강한 신호로 바꾸는 증폭 작용을 할 수 있다.
④ p형 반도체에서는 주로 전자가 전류를 흐르게 한다.

02 관성력은 물체 사이의 상호작용에 의한 힘이 아니고 관측자가 가속 운동을 하기 때문에 느껴지는 겉보기 힘이다. 이에 대한 현상으로 옳은 것만을 모두 고르면?

[국가직 9급 19]

ㄱ. 차가 급정거 또는 급출발 할 때 사람이 앞 또는 뒤로 쏠리는 힘이다.
ㄴ. 엘리베이터에서 무게를 잴 때, 엘리베이터가 정지해 있다가 움직이기 시작하면 무게가 변화하는 현상이다.
ㄷ. 평평한 책상 위에 놓인 벽돌에 작용하는 수직항력은 중력에 대한 책상의 반작용에 따른 겉보기 힘이다.

① ㄱ, ㄴ
② ㄱ, ㄷ
③ ㄴ, ㄷ
④ ㄱ, ㄴ, ㄷ

03 다음은 소리와 전자기파의 특성을 나열한 것이다. ㉠~㉣에 들어갈 말을 옳게 짝지은 것은?   [국가직 9급 19]

- 소리와 전자기파 중 매질이 없는 진공 중에서도 전달되는 것은 ㉠ 이다.
- 소리의 전달 속도는 액체보다 ㉡ 에서 더 빠르다.
- 소리의 크기가 클수록 음파의 ㉢ 이(가) 크다.
- 전자기파 중 자외선은 가시광선보다 ㉣ 이(가) 크며, 살균 기능이 있어 소독기 등에 사용된다.

① ㉠ – 소리
② ㉡ – 고체
③ ㉢ – 진동수
④ ㉣ – 파장

04 그래프는 수평면에 정지해 있는 1kg의 물체에 작용한 힘을 시간에 따라 나타낸 것이다. 0~2초 동안 물체가 마찰이 없는 바닥에서 직선운동을 할 때, 이에 대한 설명으로 옳은 것은?   [국가직 9급 19]

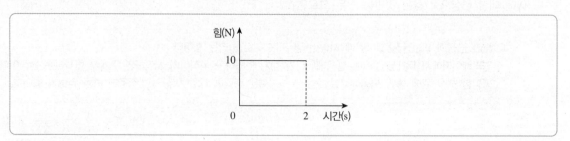

① 물체의 가속도의 크기는 $5m/s^2$이다.
② 물체에 작용한 힘이 물체에 한 일은 200J이다.
③ 1초에서 물체의 속력은 5m/s이다.
④ 일정한 힘이 작용하였으므로 물체의 운동량의 크기는 일정하다.

05 다음은 중성자(n)가 전자(e⁻)를 방출하는 베타 붕괴과정을 나타낸 것이다. 이 붕괴과정과 입자 A에 대한 설명으로 옳은 것만을 모두 고르면?

[국가직 9급 19]

$$n \rightarrow \boxed{\quad A \quad} + e^- + \overline{v_e}(중성미자)$$

ㄱ. 입자 A는 전자(e⁻)와 강한(강력) 상호작용을 한다.
ㄴ. 입자 A는 쿼크로 이루어져 있다.
ㄷ. 입자 A는 중성미자와 같은 전하를 띠고 있다.
ㄹ. 베타 붕괴과정에는 약한(약력) 상호작용이 관여한다.

① ㄱ
② ㄴ
③ ㄱ, ㄷ
④ ㄴ, ㄹ

06 그림은 직선 경로를 따라 한쪽 방향으로 운동하는 질량 m인 물체의 운동량을 시간에 따라 나타낸 것이다. 이에 대한 설명으로 옳은 것은?

[지방직 9급 19]

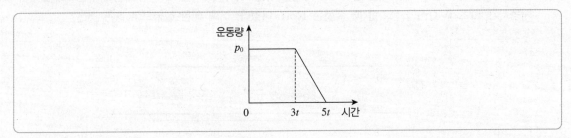

① $2t$일 때 물체의 속력은 $\dfrac{2p_0}{m}$이다.

② $0 \sim 2t$까지 물체에 작용하는 알짜힘은 일정하게 증가한다.

③ $3t$부터 $5t$까지 물체가 받은 충격량의 방향은 운동 방향과 같다.

④ $4t$일 때 물체의 가속도의 크기는 $\dfrac{p_0}{2mt}$이다.

07 그림의 A~C는 도체, 반도체, 절연체의 에너지띠 구조를 순서 없이 나타낸 것이다. 색칠한 부분은 에너지띠에 전자가 차 있는 것을 나타낸다. 이에 대한 설명으로 옳은 것은? [지방직 9급 19]

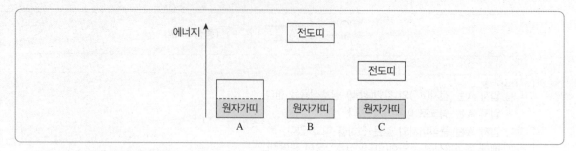

① A는 반도체이다.
② 상온에서 전기 전도도는 일반적으로 A가 B보다 높다.
③ B의 띠틈의 크기는 C의 띠틈의 크기보다 작다.
④ C는 도핑에 의해 전기 전도도가 낮아진다.

08 그림은 자동차가 직선도로를 따라 등가속도 운동을 하는 모습을 나타낸 것이다. P점에서 정지해 있다가 출발한 자동차가 10초 후 Q점을 통과할 때 속력은 10m/s이었다. 이에 대한 설명으로 옳은 것은? [지방직 9급 19]

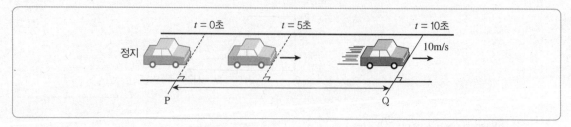

① 자동차의 가속도의 크기는 $2m/s^2$이다.
② P와 Q 사이의 거리는 100m이다.
③ 자동차가 출발하고 5초가 지날 때 속력은 5m/s이다.
④ 자동차가 출발해서 5초 동안 이동한 거리는 50m이다.

09 그림과 같이 질량이 m으로 동일한 두 물체 A, B를 실과 도르래로 연결한 후 가만히 놓았더니 두 물체가 화살표 방향으로 움직이기 시작하였다. 물체 A의 연직 높이가 h만큼 내려왔을 때 물체 B의 연직 높이는 h'만큼 올라갔다. A의 감소한 중력 퍼텐셜 에너지가 A의 증가한 운동 에너지의 3배일 때 h'은?(단, 실은 길이가 변하지 않고 질량이 없으며 도르래는 마찰이 없고 질량이 없으며, 빗면은 바닥에 고정되어 있고 표면의 마찰이 없으며, 공기 저항은 무시한다)

[지방직 9급 19]

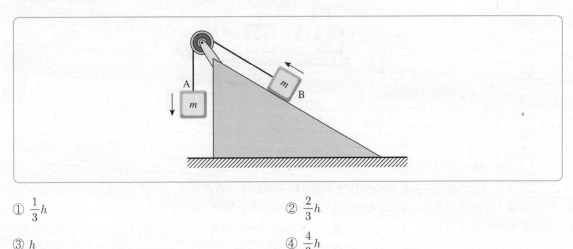

① $\frac{1}{3}h$

② $\frac{2}{3}h$

③ h

④ $\frac{4}{3}h$

10 그림 (가)~(다)는 정보 저장 매체인 하드디스크, CD와 DVD, 플래시 메모리를 각각 나타낸 것이다. 이에 대한 설명으로 옳지 **않은** 것은?

[지방직 9급 19]

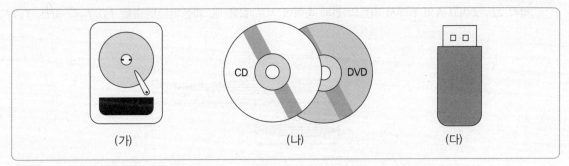

① (가)는 전자기 유도 현상을 이용하여 정보를 읽는다.

② (나)는 빛을 이용하여 정보를 읽는다.

③ (나)에서 DVD는 CD보다 같은 면적에 더 많은 정보를 저장할 수 있다.

④ (다)는 강자성체를 이용하여 정보를 저장한다.

11 그림은 물체 A, B, C에 줄1, 2를 연결하고 C를 잡고 있다가 가만히 놓았을 때 세 물체가 등가속도 직선 운동하는 것을 나타낸 것이다. A, B, C의 질량은 각각 m, $2m$, $3m$이고, A와 B는 수평한 책상면 위에서 운동한다. 이에 대한 설명으로 가장 옳은 것은?(단, 중력 가속도는 g이고, 줄의 질량 및 모든 마찰과 공기 저항은 무시한다)

[서울시 9급 19]

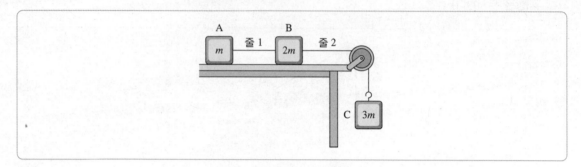

① C의 가속도의 크기는 g이다.
② A에 작용하는 알짜힘의 크기는 B에 작용하는 알짜힘의 크기와 같다.
③ 줄1이 B에 작용하는 힘의 크기는 줄1이 A에 작용하는 힘의 크기와 같다.
④ 줄2가 B에 작용하는 힘의 크기는 줄1이 B에 작용하는 힘의 크기의 2배이다.

12 그림은 양 끝이 고정된 동일한 재질인 두 개의 줄 A와 B가 진동하는 모습을 나타낸 것이다. A, B의 길이는 각각 $2L$, L이고 A와 B에서 파동의 전파 속력이 서로 같을 때, 파동의 진동수를 f_A, f_B라 하면, $f_A : f_B$는?

[서울시 9급 19]

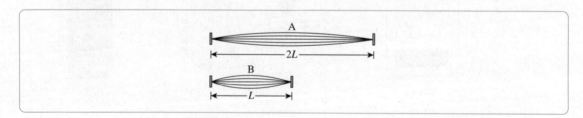

① $1:2$
② $1:4$
③ $2:1$
④ $4:1$

13 그림은 직선 운동하는 어떤 물체의 속도를 시간에 따라 나타낸 것이다. 이 물체의 운동에 대한 설명으로 가장 옳은 것은?

[서울시 9급 19]

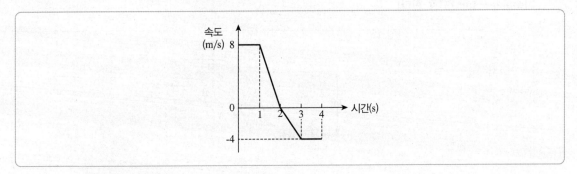

① 1~2초 동안 등속도 운동을 한다.

② 0~2초 동안 이동한 거리는 12m이다.

③ 2.5초일 때 가속도의 크기는 $8m/s^2$이다.

④ 2~4초 동안 평균 속도의 크기는 4m/s이다.

14 그림과 같이 실린더에 들어있는 이상 기체에 열 Q를 가했더니 기체의 압력이 P로 일정하게 유지되면서 부피가 증가하였다. 부피가 증가하는 동안, 이상 기체에 일어나는 현상에 대한 설명으로 가장 옳은 것은?

[서울시 9급 19]

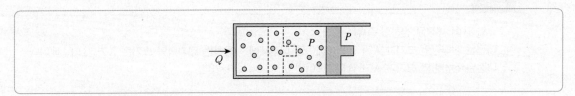

① 기체의 온도는 감소한다.

② 기체는 외부로부터 일을 받는다.

③ 기체 분자의 평균 속력은 일정하다.

④ 기체가 흡수한 열량은 기체가 외부에 한 일보다 크다.

15 그림과 같이 단면적이 변하는 관을 따라 이상 유체가 흐르고 있다. 관 내부 두 지점 A, B의 압력은 같고, 높이 차는 3m이며, A에서 유체의 속력은 8m/s이다. A와 B의 단면적이 각각 $1cm^2$, S일 때, S의 값은?(단, 중력 가속도 $g = 10m/s^2$로 한다) [서울시 9급 19]

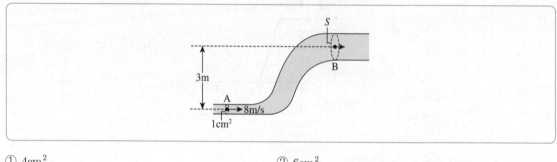

① $4cm^2$

② $6cm^2$

③ $8cm^2$

④ $10cm^2$

16 〈보기 1〉은 질량과 크기가 같은 금속구 A와 B를 대전시켜 실로 연결하여 스탠드에 매달아 놓은 것을 나타낸 것이다. θ_A와 θ_B는 각각 A에 연결된 실과 B에 연결된 실이 기울어진 각이다. 이에 대한 설명으로 옳은 것을 〈보기 2〉에서 모두 고른 것은? [서울시 9급 추가채용 19]

보기 1

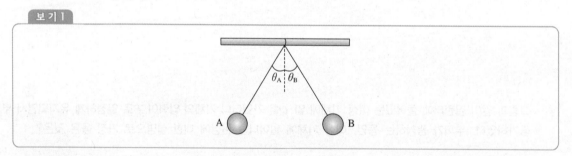

보기 2

ㄱ. A와 B에 대전된 전하의 종류는 같다.

ㄴ. 대전된 전하량의 크기가 A가 B의 2배이면 대전체에 작용하는 전기력의 크기는 A가 B의 2배이다.

ㄷ. 대전된 전하량의 크기가 A가 B의 2배이면 θ_A가 θ_B보다 크다.

① ㄱ

② ㄱ, ㄴ

③ ㄴ, ㄷ

④ ㄱ, ㄴ, ㄷ

17 중력장이 일정한 공간에서 수평 방향으로 던져진 물체의 운동에 대한 설명으로 가장 옳지 <u>않은</u> 것은?(단, 던져진 물체에는 중력만 작용한다) [서울시 9급 추가채용 19]

① 속도의 수평 방향 성분은 일정하다.

② 속도의 연직 방향 성분의 크기는 시간의 제곱에 비례한다.

③ 등가속도 운동을 한다.

④ 운동 경로는 포물선이다.

18 〈보기〉는 질량이 5kg인 물체가 받은 알짜 힘의 크기를 나타낸 것이다. 알짜 힘의 방향은 물체의 운동 방향과 같고, 0초일 때 물체의 속력은 4m/s이다. 2초일 때 물체의 속력[m/s]은? [서울시 9급 추가채용 19]

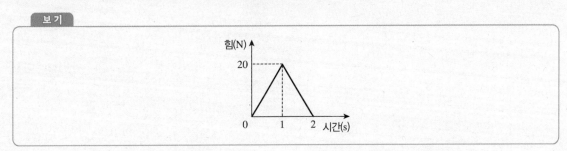

① 8

② 10

③ 12

④ 20

19 〈보기 1〉은 $x-y$평면에 나란한 전기력선을 나타낸 것이다. 이에 대한 설명으로 옳은 것을 〈보기 2〉에서 모두 고른 것은?

[서울시 9급 추가채용 19]

보기 1

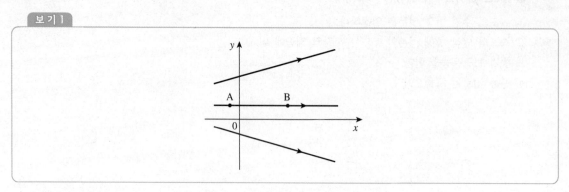

보기 2

ㄱ. A에서 전기장의 세기는 B에서 전기장의 세기보다 작다.

ㄴ. B에서 전기장의 방향은 $+x$방향이다.

ㄷ. B에 음(−)전하를 놓았을 때 음전하가 받는 전기력의 방향은 $+x$방향이다.

① ㄴ

② ㄷ

③ ㄱ, ㄴ

④ ㄴ, ㄷ

20 〈보기 1〉은 각각 우주선과 지면에 대하여 정지 상태에 있는 사람을 A, B로 나타낸 것이다. 우주선은 지면에 대해
화살표 방향으로 운동하고 있다. B는 B로부터 같은 거리에 있는 전등 P와 Q가 동시에 불이 들어오는 것을 관찰하
였다. 이에 대한 설명으로 옳은 것을 〈보기 2〉에서 모두 고른 것은? [서울시 9급 추가채용 19]

보기 1

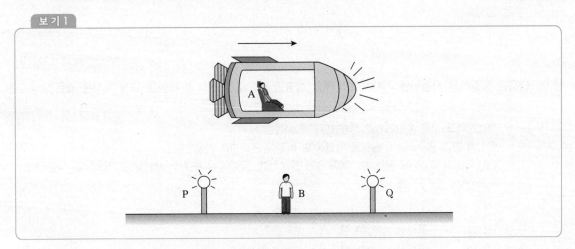

보기 2

ㄱ. 우주선에서 비춘 빛의 속도는 A보다 B가 측정한 값이 더 크다.
ㄴ. A는 P와 Q의 불빛이 B에 동시에 도달한 것으로 관측한다.
ㄷ. A는 P가 Q보다 먼저 켜진 것으로 관측한다.

① ㄱ
② ㄴ
③ ㄱ, ㄴ
④ ㄴ, ㄷ

01 다음은 일상에서 사용되는 전자기파의 예를 설명한 것으로 ㄱ~ㄷ의 특성을 옳게 짝지은 것은?

> ㄱ. 휴대전화와 같은 통신기기나 전자레인지에 사용된다.
> ㄴ. 물질에 쉽게 흡수되므로 물질을 가열하며, 비접촉 온도계에 사용된다.
> ㄷ. 에너지가 높아 생체조직과 유기체를 쉽게 투과하며, 공항에서 가방 속 물건을 검사하는 데 사용된다.

	ㄱ	ㄴ	ㄷ
①	마이크로파	적외선	X선
②	마이크로파	자외선	X선
③	자외선	적외선	γ선
④	적외선	자외선	X선

02 그림은 직선 운동하는 물체의 속도를 시간에 따라 나타낸 것이다. 이 물체의 운동에 대한 설명으로 옳지 <u>않은</u> 것은?

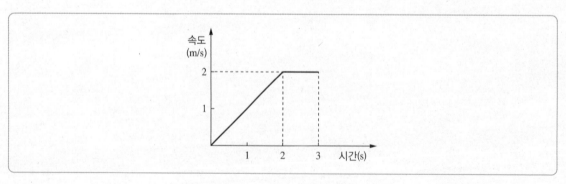

① 0초에서 2초까지 등가속도 운동을 한다.
② 0초에서 2초까지 이동한 거리가 2초에서 3초까지 이동한 거리보다 크다.
③ 0초부터 2초까지 평균 속력은 1m/s이다.
④ 1초일 때 가속도의 크기는 1m/s²이다.

03 그림은 고열원에서 500kJ의 열을 흡수하여 W의 일을 하고 저열원으로 300kJ의 열을 방출하는 열기관을 모식적으로 나타낸 것이다. 이 열기관의 열효율[%]은?

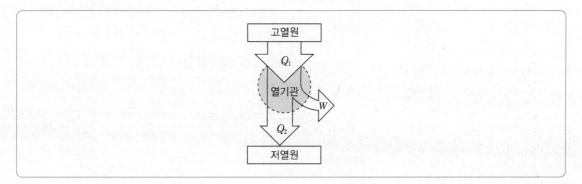

① 20
② 30
③ 40
④ 50

04 그림처럼 솔레노이드 근처에서 막대 자석을 움직였을 때, 솔레노이드에 유도되어 저항 R에 흐르는 전류의 방향이 A→R→B가 아닌 것은?

①
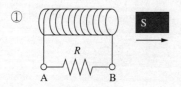

②
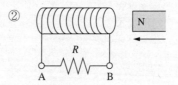

③
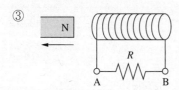

④
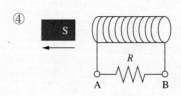

05 그림은 일정량의 이상 기체 상태가 A→B→C를 따라 변화할 때 부피와 온도의 관계를 나타낸 것이다. 이에
대한 설명으로 옳은 것은?

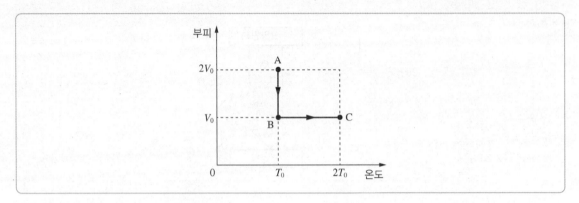

① A→B 과정에서 기체가 한 일은 0이다.
② A→B 과정에서 기체의 압력은 2배가 된다.
③ B→C 과정에서 내부 에너지는 일정하다.
④ A→B 과정에서는 열을 흡수하고 B→C 과정에서는 열을 방출한다.

06 그림 (가)는 단색광이 매질 A에서 매질 B로 입사각 θ로 입사할 때 반사하는 일부의 빛과 굴절하는 일부의 빛의
진행 경로를 나타낸 것이다. 그림 (나)는 같은 단색광이 매질 C에서 매질 B로 입사각 θ로 입사할 때 매질의
경계면에서 모두 반사되는 빛의 진행 경로를 나타낸 것이다. 이에 대한 설명으로 옳은 것은?

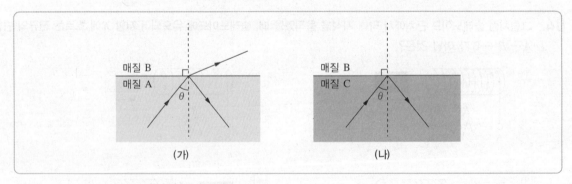

① 단색광의 속력은 A에서보다 C에서 더 크다.
② 매질 A의 굴절률이 가장 크다.
③ (나)에서 임계각은 θ보다 작다.
④ 매질 A에서 매질 C로 같은 단색광을 입사각 θ로 입사하면 전반사가 일어난다.

07 그림은 질량이 5kg인 정지한 물체에 작용하는 알짜힘을 시간에 대해 나타낸 것이다. 알짜힘이 작용하는 동안 물체의 운동 방향은 변하지 않는다. 물체의 운동에 대한 설명으로 옳은 것만을 모두 고르면?

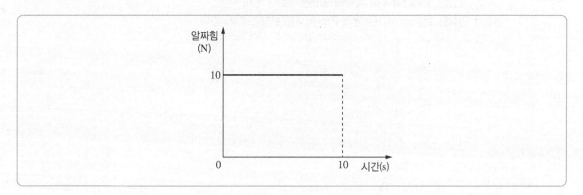

> ㄱ. 0에서 10초까지 물체가 받은 충격량의 크기는 100N·s 이다.
> ㄴ. 0에서 10초까지 물체의 운동량의 크기는 일정하다.
> ㄷ. 10초에서 물체의 속력은 20m/s 이다.

① ㄴ
② ㄷ
③ ㄱ, ㄴ
④ ㄱ, ㄷ

08 그림은 행성 A에서 행성 B를 향해 일정한 속도로 움직이는 우주선을 나타낸 것이다. 우주선은 광속에 가까운 속도로 운동하고 있으며, 철수는 우주선 내에 있고, 영희와 행성 A, B는 우주선 밖에 정지해 있다. 영희가 측정한 A와 B 사이의 거리와 우주선의 x 방향의 길이는 각각 L과 l이다. 이에 대한 설명으로 옳은 것만을 모두 고르면? (단, 행성 A와 우주선, 행성 B는 동일 선상에 있으며, 우주선은 $+x$ 방향으로 운동한다)

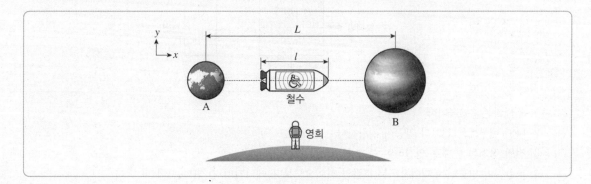

ㄱ. 철수가 측정한 A와 B 사이의 거리는 L보다 짧다.

ㄴ. 철수가 측정한 우주선의 x축 방향의 길이는 l보다 짧다.

ㄷ. 영희가 관찰한 철수의 시간은 영희 자신의 시간보다 느리게 간다.

① ㄱ, ㄴ

② ㄱ, ㄷ

③ ㄴ, ㄷ

④ ㄱ, ㄴ, ㄷ

09 그림은 전압이 일정한 전원 장치에 연결되어 녹색 단색광을 방출하는 $p-n$ 발광다이오드(LED)를 나타낸 것이다. 이에 대한 설명으로 옳지 않은 것은?

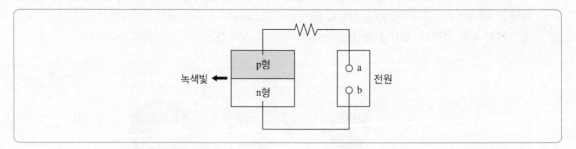

① a 단자는 (+)극이다.

② LED 내부에서 전자와 양공이 결합한다.

③ 전원 장치를 반대로 연결하면 불이 들어오지 않는다.

④ 파란빛이 방출되는 다이오드는 그림의 다이오드보다 에너지띠 간격(띠틈)이 더 작다.

10 그림은 등속 직선 운동하는 자동차 A, B, C를 나타낸 것이다. A는 지면에 대하여 서쪽으로 20m/s, B는 A에 대하여 동쪽으로 30m/s, C는 B에 대하여 동쪽으로 20m/s의 속력으로 운동한다. 지면에 대한 A, B, C의 속력을 각각 v_A, v_B, v_C라고 할 때, 옳지 않은 것은?(단, 처음에 A는 B의 서쪽에, C는 B의 동쪽에 있다)

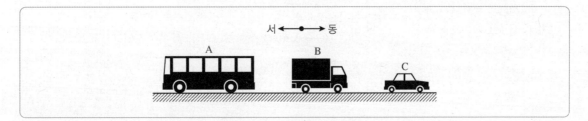

① $v_A > v_B > v_C$이다.

② v_B는 10m/s이다.

③ v_C는 30m/s이다.

④ B와 C 사이의 거리는 점점 멀어진다.

11 그림은 보어의 원자 모형에서 에너지 준위 E_1, E_2, E_3와 전자가 전이하는 과정 a, b를 나타낸 것이다. 이에 대한 설명으로 옳은 것만을 모두 고르면?

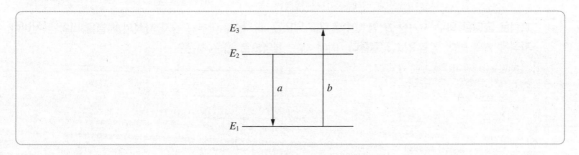

ㄱ. 에너지 준위는 불연속적이다.

ㄴ. 과정 a에서 빛이 방출된다.

ㄷ. 출입하는 빛에너지는 과정 a에서가 과정 b에서보다 크다.

① ㄱ

② ㄴ

③ ㄱ, ㄴ

④ ㄴ, ㄷ

12 핵반응에 대한 설명으로 옳은 것은?

① 우라늄 235($^{235}_{92}U$)가 중성자를 흡수한 후 가벼운 원자핵으로 분열한다.

② 수소 핵융합이 일어나면 질량이 증가한다.

③ 핵반응 전후에 질량이 보존된다.

④ 제어봉으로 연쇄 반응이 빠르게 일어나도록 조절한다.

13 그림은 균일한 외부 자기장 B 영역에 물체를 넣었을 때, 물체 내부의 원자 자석의 배열을 나타낸 것이다. 원자 자석은 B와 반대 방향으로 정렬한다. 이에 대한 설명으로 옳은 것은?

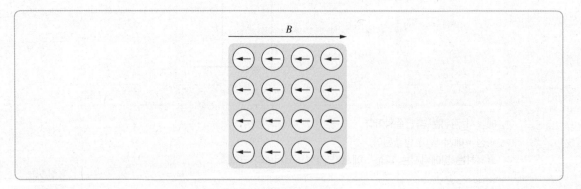

① B를 제거해도 원자 자석은 오랫동안 정렬을 유지한다.

② 그림과 같은 성질을 갖는 물질로는 철, 니켈, 코발트가 있다.

③ 원자 자석이 존재하는 이유는 원자 내 전자의 운동 때문이다.

④ B가 0일 때, 물체에 자석을 가까이 하면 물체와 자석 사이에는 인력이 작용한다.

14 그림과 같이 점전하 $+Q$를 고정하고 거리 r인 점에 점전하 A를 두었다. $-9Q$인 점전하를 그림에 표시된 위치에 놓았을 때, 점전하 A가 받는 전기력이 0이 되었다. 거리 x는?(단, 전기력 외의 다른 힘은 모두 무시한다)

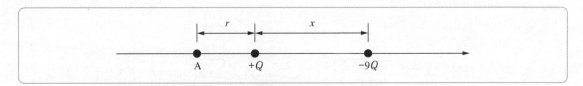

① $\dfrac{1}{2}r$

② r

③ $\dfrac{3}{2}r$

④ $2r$

15 그림은 발전기의 원리를 도식으로 나타낸 것이다. 사각형 고리는 자석 사이에 있으며 고리와 연결된 회전축이 회전함에 따라 고리가 회전한다. 이에 대한 설명으로 옳은 것만을 모두 고르면?

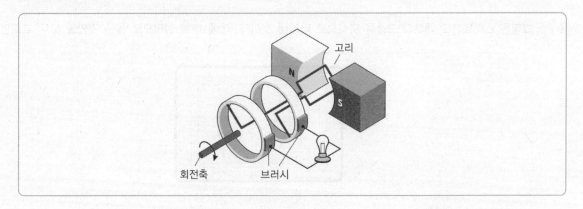

> ㄱ. 발전기는 역학적 에너지를 전기 에너지로 전환시키는 장치이다.
> ㄴ. 고리를 통과하는 자기력 선속의 변화가 클수록 흐르는 전류의 양이 증가한다.
> ㄷ. 이 발전기에서 발생하는 전류의 방향은 일정하게 유지된다.

① ㄱ, ㄴ

② ㄱ, ㄷ

③ ㄴ, ㄷ

④ ㄱ, ㄴ, ㄷ

16 그림에서 실선은 어느 파동의 한 순간의 모습을 나타낸 것이다. 0.1초 후에 점선과 같이 이동했다고 할 때, 이 파동의 속력[m/s]은?

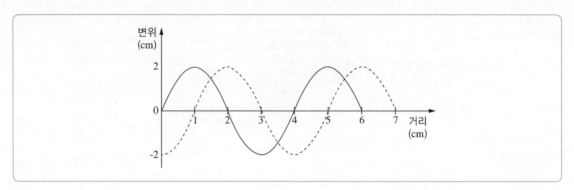

① 0.05

② 0.10

③ 0.15

④ 0.20

17 그림은 스마트카드 내부의 모습을 도식으로 나타낸 것이다. 이에 대한 설명으로 옳은 것만을 모두 고르면?

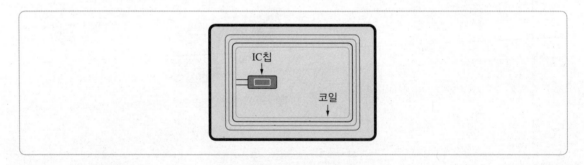

ㄱ. 코일은 안테나의 역할을 한다.
ㄴ. 전자기 유도 현상에 의해서 코일에 전류가 흐른다.
ㄷ. 교통 카드나 하이패스 카드도 이 원리를 이용한 것이다.

① ㄱ, ㄴ

② ㄱ, ㄷ

③ ㄴ, ㄷ

④ ㄱ, ㄴ, ㄷ

18 그림은 평행하게 놓인 직선 도선 P에 전류 I_0가 흐르고 P로부터 $2r$만큼 떨어진 지점에 도선 Q가 P에 나란하게 놓인 것을 나타낸 것이고, 표는 Q에 흐르는 전류의 크기와 방향, P와 Q 사이의 중심점 O에 형성되는 자기장의 세기를 나타낸 것이다. B_1, B_2, B_3 대소관계로 옳은 것은?(단, P에 흐르는 전류의 방향을 (+)로 하며, 지구자기장은 무시한다)

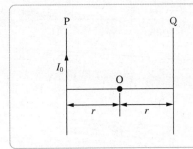

도선 Q에 흐르는 전류의 크기	도선 Q에 흐르는 전류의 방향	O점에서 자기장의 세기
0		B_1
$2I_0$	+	B_2
I_0	−	B_3

① $B_1 = B_2 > B_3$

② $B_2 > B_1 = B_3$

③ $B_3 > B_1 = B_2$

④ $B_3 > B_2 > B_1$

19 그림은 광전관의 금속판에 단색광 A 또는 B를 비추는 모습을 나타낸 것이다. A를 비추었을 때 금속판에서는 광전자가 방출되었고, B를 비추었을 때는 광전자가 방출되지 않았다. 이에 대한 설명으로 옳은 것은?

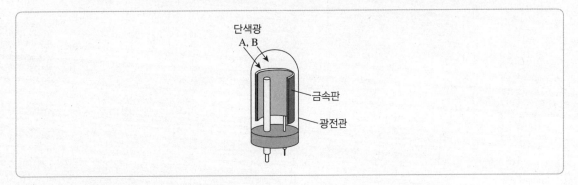

① A의 진동수는 금속판의 문턱 진동수보다 작다.

② 파장은 A가 B보다 짧다.

③ 금속판에 A, B를 동시에 비추면 광전자가 방출되지 않는다.

④ 금속판을 비추는 B의 세기를 증가시키면 광전자가 방출될 수 있다.

20 그림은 질량이 M인 물체 A와 질량이 m인 물체 B를 도르래와 실을 사용하여 연결하고, A를 가만히 놓았을 때 A가 연직 아래 방향으로 등가속도 운동하는 것을 나타낸 것이다. A의 가속도의 크기는 $\frac{1}{2}g$이다. A, B에 작용하는 알짜힘을 각각 F_A, F_B라 할 때, $F_A : F_B$는?(단, g는 중력가속도이고, 모든 마찰과 공기 저항, 실의 질량은 무시한다)

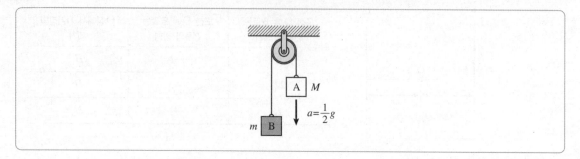

① 1 : 2
② 1 : 3
③ 2 : 1
④ 3 : 1

2018년 기출문제
(9급 국가직, 지방직, 서울시, 교육행정직)

01 그림과 같이 서로 다른 물질 A와 B의 경계면을 향해 빛이 입사각 θ로 입사하여 일부는 반사되고 일부는 굴절되었다. 이에 대한 설명으로 〈보기〉에서 옳은 것만을 모두 고른 것은? [국가직 9급 18]

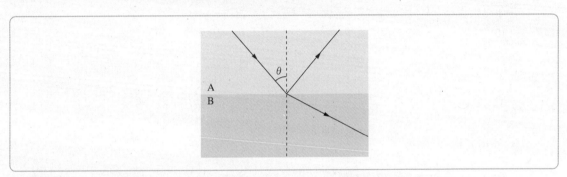

보기

ㄱ. θ가 임계각보다 커지면 굴절되는 빛이 사라진다.

ㄴ. 빛의 속도는 A에서가 B에서보다 더 크다.

ㄷ. A, B를 이용하여 광섬유를 제작한다면 A를 코어로, B를 클래딩으로 사용해야 한다.

① ㄱ　　　　　　　　　　　　　② ㄴ

③ ㄱ, ㄷ　　　　　　　　　　　④ ㄴ, ㄷ

02 고열원에서 열을 흡수하여 외부에 일을 하고 저열원으로 열을 방출하는 열기관이 있다. 이 열기관의 열효율이 40%이고 저열원으로 방출한 열이 600J일 때 열기관이 외부에 한 일[J]은? [국가직 9급 18]

① 200

② 240

③ 360

④ 400

03 그림과 같이 직선상에 일정한 간격 d로 점전하 Q_1, Q_2와 두 지점 A, B가 있다. A에서 Q_1에 의한 전기장의 세기는 1N/C이고, Q_1과 Q_2에 의한 전기장의 합은 0이다. B에서 Q_1과 Q_2에 의한 전기장의 합의 세기[N/C]는?

[국가직 9급 18]

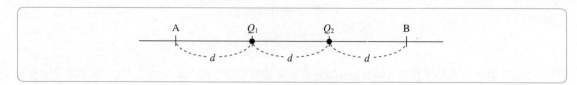

① $\dfrac{17}{4}$

② $\dfrac{15}{4}$

③ $\dfrac{5}{2}$

④ $\dfrac{3}{2}$

04 x축상에서 움직이는 물체가 $+x$방향으로 20m/s의 속도로 등속도 운동하여 일정한 거리를 진행한 후, 곧이어 등가속도 운동하여 물체의 최종 속도가 $+x$방향으로 4m/s가 되었다. 등속도 운동으로 진행한 거리와 등가속도 운동으로 진행한 거리가 같다면, 전체 운동 시간 동안 이 물체의 평균 속력[m/s]은?

[국가직 9급 18]

① $8\sqrt{2}$

② 12

③ $10\sqrt{2}$

④ 15

05 표는 가시광 망원경 A와 B의 구경과 초점 거리를 나타낸 것이다. 망원경의 집광력비 $\left(\dfrac{\text{A의 집광력}}{\text{B의 집광력}}\right)$와 배율비 $\left(\dfrac{\text{A의 배율}}{\text{B의 배율}}\right)$를 옳게 짝지은 것은? [국가직 9급 18]

망원경		A	B
구경[mm]		200	50
초점 거리[mm]	대물 렌즈	500	100
	접안 렌즈	50	20

	집광력	배율비
①	4	2
②	4	2.5
③	16	2
④	16	2.5

06 그림 (가)는 마찰이 없는 수평면에서 운동 중인 질량이 4kg인 물체에 일정한 크기의 힘 F가 운동 방향으로 작용하여 물체가 10m를 이동한 것을 나타낸 것이다. 그림 (나)는 (가)의 물체에 F가 작용한 순간부터 물체의 운동에너지를 이동거리에 따라 나타낸 것이다. 이에 대한 설명으로 옳지 **않은** 것은? [지방직 9급 18]

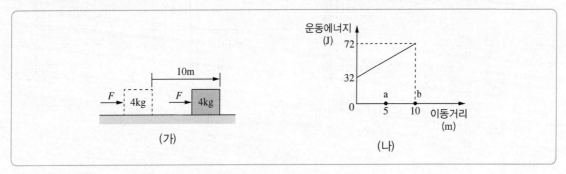

(가)

(나)

① F가 작용하기 직전 물체의 속력은 4m/s이다.
② a에서 물체의 가속도 크기는 1m/s²이다.
③ F의 크기는 4N이다.
④ a에서 b까지 물체의 이동 시간은 2초이다.

07 그림 (가), (나)는 길이와 굵기가 같은 두 종류의 관을 나타낸 것으로 (가)는 한쪽 끝만 열려 있고 (나)는 양쪽 끝이 열려 있다. (가), (나)의 관 내부의 공기를 진동시키고 공명 현상을 이용하여 일정한 진동수의 음을 발생시킨다. (가)에서 발생하는 음의 최소 진동수가 f일 때, (나)에서 발생하는 음의 최소 진동수는?(단, 공기의 온도는 일정하다)

[지방직 9급 18]

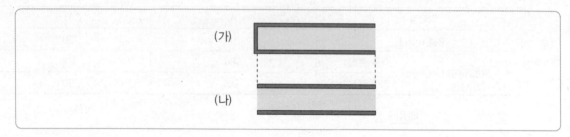

① $\dfrac{f}{4}$

② $\dfrac{f}{2}$

③ $2f$

④ $4f$

08 그림과 같이 $+y$ 방향으로 세기가 일정한 전류 I가 흐르는 직선 도선 P가 y축에 고정되어 있고, $x = 3d$에 직선 도선 Q가 P와 나란히 고정되어 있다. x축상의 점 $x = 2d$에서 자기장의 세기가 0이 되기 위하여 Q에 흐르는 전류의 세기와 방향은?(단, 두 도선은 가늘고 무한히 길다)

[지방직 9급 18]

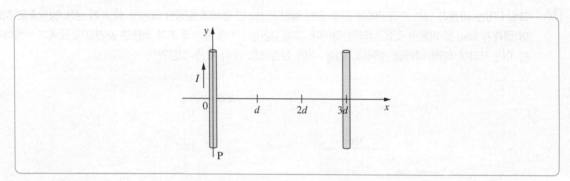

① $\dfrac{1}{4}I,\ +y$

② $\dfrac{1}{2}I,\ +y$

③ $\dfrac{1}{4}I,\ -y$

④ $\dfrac{1}{2}I,\ -y$

09 그림은 열효율이 0.25인 카르노 열기관이 절대온도 T_1의 고열원에서 Q_1의 열을 흡수하여 W의 일을 하고 절대온도 T_2의 저열원으로 Q_2의 열을 방출하는 것을 나타낸 것이다. $Q_2 = 6Q$, $T_1 = 8T$일 때, Q_1과 T_2의 값은?

[지방직 9급 18]

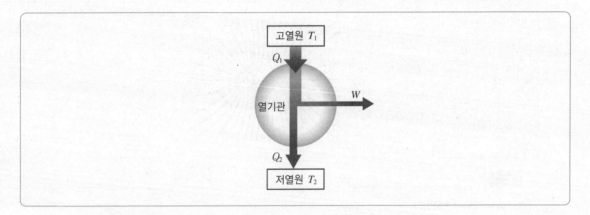

	Q_1	T_2
①	$8Q$	$6T$
②	$10Q$	$6T$
③	$8Q$	$4T$
④	$10Q$	$4T$

10 아인슈타인의 특수 상대성 이론으로 설명할 수 없는 현상만 나열한 것은?

[지방직 9급 18]

① 중력파, 질량·에너지 동등성
② 길이 수축, 중력에 의한 시간 팽창
③ 중력 렌즈, 블랙홀
④ 수성의 세차 운동, 질량·에너지 동등성

11 〈보기 1〉은 고정되어 있는 두 점전하 A, B 주위의 전기력선을 나타낸 것이다. 이에 대한 설명으로 옳은 것을 〈보기 2〉에서 모두 고른 것은?

[서울시 9급 18]

보기 1

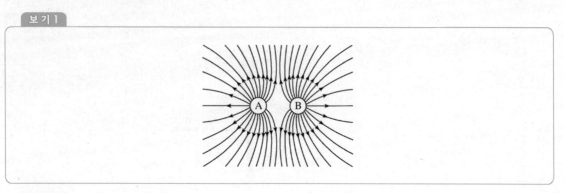

보기 2

ㄱ. A는 양(+)전하이다.
ㄴ. A와 B의 전하량은 같다.
ㄷ. A와 B 사이에 전기적 인력이 작용한다.

① ㄱ
② ㄷ
③ ㄱ, ㄴ
④ ㄴ, ㄷ

12 〈보기 1〉과 같이 점전하 B를 x축 위에 고정된 점전하 A, C로부터 거리가 각각 r, $2r$인 지점에 놓았더니 B가 정지해 있었다. 이에 대한 설명으로 옳은 것을 〈보기 2〉에서 모두 고른 것은? [서울시 9급 18]

보기 1

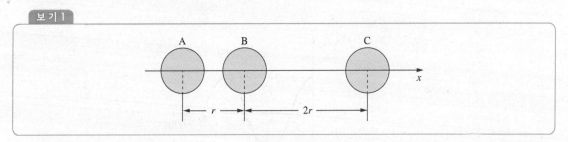

보기 2

ㄱ. A와 C의 전하의 종류는 같다.
ㄴ. 대전된 전하량은 A가 C보다 크다.
ㄷ. A와 B 사이에 서로 당기는 힘이 작용하면 B와 C 사이에도 서로 당기는 힘이 작용한다.

① ㄱ, ㄴ
② ㄱ, ㄷ
③ ㄴ, ㄷ
④ ㄱ, ㄴ, ㄷ

13 〈보기〉와 같이 기울기가 일정하고 마찰이 없는 경사면에서 시간 $t=0$일 때 점 p에 물체 A를 가만히 놓는 순간, 물체 B가 v의 속력으로 경사면의 점 q를 통과하였다. 동일한 직선 경로를 따라 운동하는 A, B는 각각 L_A, L_B만큼 이동하여 t_0초 후 같은 속력으로 충돌하였다. 이때 $L_A : L_B$는? [서울시 9급 18]

보기

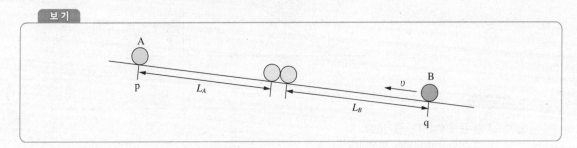

① 1 : 1
② 1 : 2
③ 1 : 3
④ 2 : 3

14 〈보기〉는 오른쪽으로 진행하는 파장이 4cm 인 파동의 한 점의 변위를 시간에 따라 나타낸 것이다. 이 파동에 대한 설명으로 가장 옳은 것은?

[서울시 9급 18]

보 기

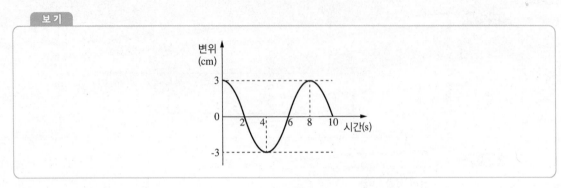

① 진행 속력은 0.5cm/s 이다.   ② 진동수는 1Hz 이다.
③ 진폭은 6cm 이다.   ④ 주기는 4초이다.

15 〈보기 1〉은 물체 A와 물체 B가 실로 연결된 채 정지한 상태에서 운동을 시작하여 경사면을 따라 등가속도 운동을 하는 모습을 나타낸 것이다. A, B의 질량은 각각 3m, 2m 이다. A가 P에서 Q까지 이동하는 동안, 나타나는 현상에 대한 설명으로 옳은 것을 〈보기 2〉에서 모두 고른 것은?(단, 실의 질량과 모든 마찰은 무시한다)

[서울시 9급 18]

보 기 1

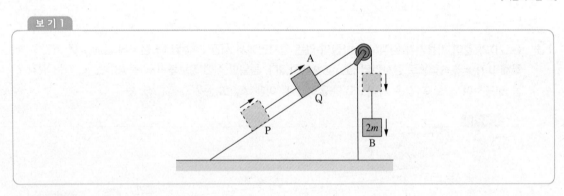

보 기 2

ㄱ. A의 운동에너지는 증가한다.
ㄴ. B의 역학적 에너지는 일정하다.
ㄷ. B에 작용하는 중력이 한 일은 B의 운동에너지 증가량과 같다.

① ㄱ   ② ㄷ
③ ㄱ, ㄴ   ④ ㄴ, ㄷ

16 다음은 어떤 발전 방식에 대한 신문 기사의 내용이다.

[교행직 9급 18]

> ☐☐☐☐☐ 발전 설비는 모듈, 거치대, 소형 인버터와 모니터링 장치 등의 간단한 구조로 되어 있어 비교적 쉽게 설치할 수 있다. ☐☐☐☐☐ 발전은 날씨(일조량), 설치 방위, 음영 여부 등에 따라 영향을 받지만, 이를 통해 전력 수요가 급증하는 시기에 전력 피크를 완화할 수 있는 장점이 있다.

이 기사 내용에 해당하는 발전 방식은?

①

〈풍력 발전〉

②

〈조력 발전〉

③

〈지열 발전〉

④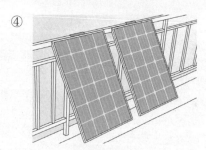

〈태양광 발전〉

17 그림과 같이 마찰이 없는 경사면의 높이 $2h$인 곳에서 질량 m인 물체를 가만히 놓았더니 물체가 높이 h인 곳을 속력 v로 지나간다.

[교행직 9급 18]

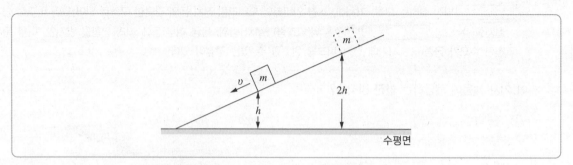

v는?(단, 중력가속도는 g이고, 물체의 크기와 공기 저항은 무시한다)

① $\sqrt{gh}$

② $\sqrt{2gh}$

③ $\sqrt{3gh}$

④ $\sqrt{4gh}$

18 사각형 도선의 중심축을 따라 막대 자석이 그림과 같이 운동할 때, 도선에 유도되는 전류 I의 방향을 옳게 나타낸 것은?

[교행직 9급 18]

①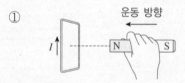

②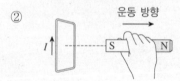

③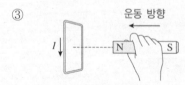

④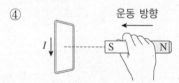

19 초음파에 대한 설명으로 옳은 것만을 〈보기〉에서 있는 대로 고른 것은? [교행직 9급 18]

> **보기**
>
> ㄱ. 공기에서 종파이다.
> ㄴ. 의료용 진단 장치에 이용된다.
> ㄷ. 속력은 물에서가 공기에서보다 느리다.

① ㄱ
② ㄷ
③ ㄱ, ㄴ
④ ㄱ, ㄴ, ㄷ

20 다음은 어떤 가전제품의 정보를 나타낸 것이다. [교행직 9급 18]

> 제품명 : ○○ 전열기
> 모델명 : ○○-○○○
> 정격 전압 : 220V, 60Hz
> 정격 소비 전력 : 500W
> 제조일 : 2018년 ○월 ○일

이 가전제품을 전압이 220V인 전원에 연결하여 하루에 2시간씩 30일 동안 사용하였을 때, 사용한 총 전력량은?

① 10kWh
② 15kWh
③ 20kWh
④ 30kWh

2017년 고졸경력경쟁 기출문제

01 무게가 550N인 두 개의 동일한 물체가 그림과 같이 도르래를 통해 용수철 저울에 줄로 연결되어 평형을 이루고 있다. 용수철 저울의 눈금[N]은?

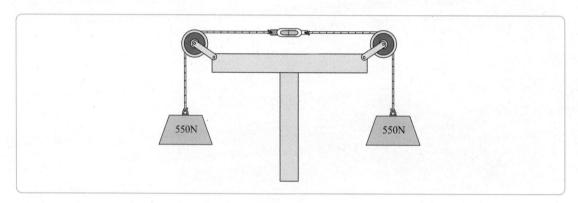

① 0

② 275

③ 550

④ 1,100

02 전자기파는 진공에서의 파장에 따라 다양한 이름으로 불린다. 다음 중 전자기파가 <u>아닌</u> 것은?

① 알파선

② 형광등 불빛

③ 병원에서 엑스레이 사진을 찍을 때 사용하는 X-선

④ 자외선

03 다음 그림은 똑같은 두 파동이 속력이 같고 서로 반대 방향으로 진행하다가 중첩되기 시작한 것을 나타낸다. 이때부터 파동의 $\frac{1}{4}$ 주기가 지났을 때 중첩된 파동의 모양으로 옳은 것은?

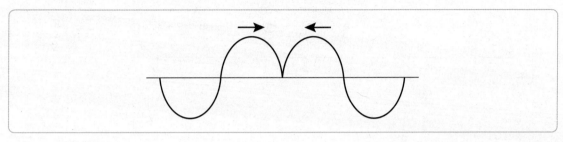

① 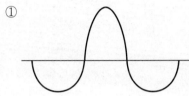　　②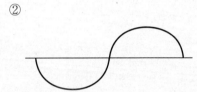

③ 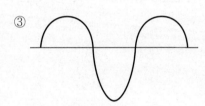　　④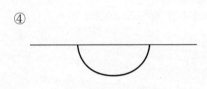

04 다음 글에서 설명하는 기본입자는?

- 렙톤에 속한다.
- 중성자의 베타(β) 붕괴 과정에서 발견된다.
- 전하량은 $-e$이다.

① 중성자
② 전자
③ 양성자
④ 뮤온

05 그림과 같이 x축 상에 거리가 d, $2d$, $4d$인 곳에 전하량이 각각 $-1C$, $+2C$, q인 전하가 고정되어 있다. 전하 q의 크기[C]는?(단, $x=0$에서 세 전하에 의한 전기장은 0이다)

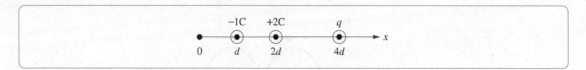

① -4

② $+1$

③ $+2$

④ $+8$

06 두 인공위성 A와 B가 궤도 반경이 각각 r_A, r_B인 다른 원궤도를 등속 원운동하고 있다. A와 B의 공전 속력이 각각 v, $2v$라고 할 때 궤도 반경의 비 $r_A : r_B$는?

① $1:2$

② $2:1$

③ $1:4$

④ $4:1$

07 그림과 같이 일정한 전류 I가 흐르는 직선 도선이 있고, 같은 평면에 놓인 원형 도선을 일정한 속도 v로 오른쪽으로 당길 때 일어나는 현상으로 옳지 <u>않은</u> 것은?

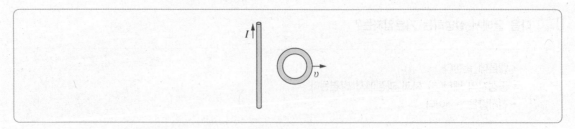

① 원형 도선에 전자기 유도 현상이 발생한다.

② 원형 도선 내부를 통과하는 자기력 선속은 감소한다.

③ 원형 도선에 흐르는 유도 전류의 방향은 반시계 방향이다.

④ 원형 도선 내부를 통과하는 직선 도선에 의한 자기장의 방향은 종이면으로 들어가는 방향이다.

08 그림은 한쪽 끝이 열린 관에 물을 담고 소리굽쇠에서 나는 음파의 공명 위치를 찾는 실험을 나타낸 것이다. 물의 높이를 낮추어 갈 때, n번째 공명이 일어난 위치를 x_n이라고 하자. $x_1 = L$일 때 x_2와 x_3의 값은?

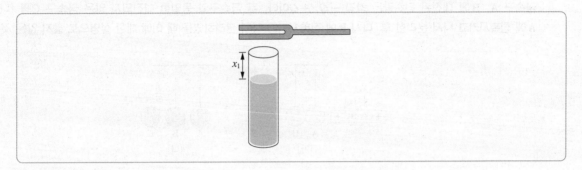

	x_2	x_3
①	1.5L	2L
②	2L	3L
③	2L	4L
④	3L	5L

09 그림과 같이 받침대 A, B에 질량이 5kg, 길이가 4m인 막대를 수평면과 나란하게 올려놓고, O점으로부터 3m인 지점에 질량이 2kg인 물체를 올려놓았을 때 힘의 평형상태가 유지된다. 이때, 받침대 A가 막대에 작용하는 힘의 크기[N]는?(단, 중력가속도는 $10m/s^2$이고, 막대의 밀도는 균일하며 두께와 폭은 무시한다)

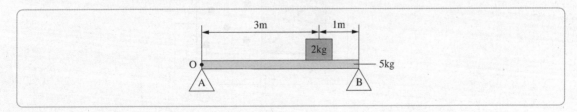

① 30

② 40

③ 45

④ 50

10 그림 (가)는 동일한 두 금속구 A, B를 절연된 실에 연결하여 서로 접촉을 시켜 놓고 (+)대전체를 A에 가까이 가져간 것이고, 그림 (나)는 대전체를 가까이 한 상태에서 두 금속구를 분리시킨 후 대전체를 치운 상태이다. 이때, 금속구 A, B에 대전된 전하량은 각각 $-Q$, $+Q$이다. 두 금속구와 동일한 대전되지 않은 금속구 C를 (나)의 A에 접촉시키고 나서 분리한 후, 다시 B에 접촉시키고 나서 분리하였을 때 이에 대한 설명으로 옳지 <u>않은</u> 것은?

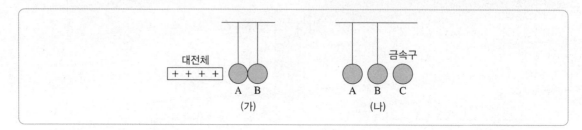

① 금속구 B의 최종 전하량은 $+\dfrac{Q}{2}$이다.

② 금속구 A의 최종 전하량은 $-\dfrac{Q}{2}$이다.

③ (가)에서 전자는 금속구 B에서 A로 이동하였다.

④ 금속구 C는 마지막에 (+)전하로 대전된다.

11 그림은 p형 반도체에 (+)극을 연결하고, n형 반도체에 (−)극을 연결한 모습이다. 이에 대한 설명으로 옳지 <u>않은</u> 것은?

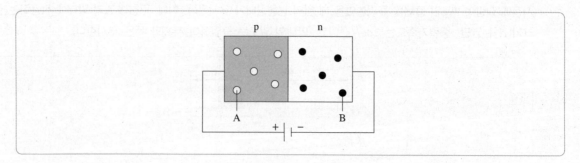

① A는 양공이다.

② 순방향 연결이다.

③ 이 회로에는 전류가 잘 흐른다.

④ B는 전자로 (−)극 쪽으로 이동한다.

12 다음은 핵융합 과정의 일부를 나타낸 반응식이다. 이에 대한 설명으로 옳지 <u>않은</u> 것은?

$$^2_1H + ^3_1H \quad \rightarrow \quad ^4_2He + (\quad ㉠ \quad) + 17.6MeV$$

① ㉠은 중성자이다.
② 에너지를 흡수하는 반응이다.
③ 반응 전과 후에 질량수가 변하지 않는다.
④ 반응 과정에서 질량 결손이 일어난다.

13 그림은 빛이 A매질에서 B매질로 비스듬히 입사할 때 경계면에서의 반사와 굴절 현상을 나타낸 것이다. 이에 대한 설명으로 옳은 것만을 모두 고른 것은?

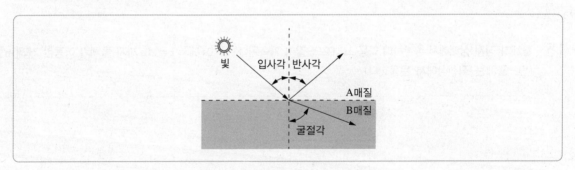

ㄱ. 입사각을 점점 증가시키면 특정각 이상부터 전반사가 일어난다.
ㄴ. 매질의 굴절률은 A가 B보다 크다.
ㄷ. 입사광의 속력은 굴절광의 속력보다 크다.
ㄹ. 입사광과 굴절광의 진동수는 같다.

① ㄱ, ㄷ
② ㄴ, ㄹ
③ ㄱ, ㄴ, ㄹ
④ ㄴ, ㄷ, ㄹ

14 그림은 일정량의 이상 기체 상태를 A → B → C로 변화시키는 동안, 이상 기체의 압력과 부피를 나타낸 것이다. 이에 대한 설명으로 옳은 것은?

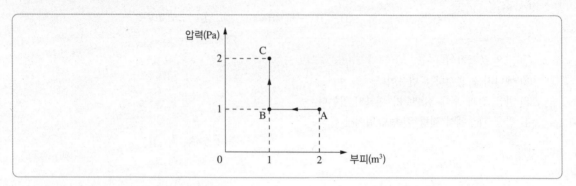

① A → B 과정에서 기체가 외부에 일을 한다.
② 기체의 내부 에너지는 A보다 B에서 더 크다.
③ B → C 과정에서 기체가 외부에 열을 방출한다.
④ 기체의 온도는 B보다 A에서 더 높다.

15 물체가 정지 상태에서 출발하여 다음 그래프와 같이 가속된다. $t = 0s$에서 $t = 20s$까지 물체가 이동한 거리[m]는? (단, 물체는 직선상에서 운동한다)

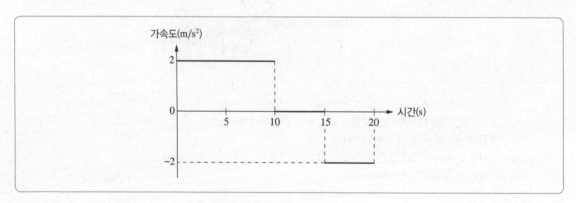

① 225
② 250
③ 275
④ 300

16 부피가 $1,000\text{cm}^3$이고 질량이 0.1kg인 물체가 있다. 이 물체를 물속에 완전히 잠기게 했을 때 받게 되는 부력의 크기[N]는?(단, 물의 밀도는 1g/cm^3, 중력가속도는 10m/s^2이다)

① 1   ② 10

③ 100   ④ 1,000

17 그림과 같이 두 점전하 A, B가 원점 O에서 동일한 거리만큼 떨어진 x축상에 놓여 있다. y축상의 한 점 P에서 A, B에 의해 $-y$방향의 전기장이 형성되어 있다고 할 때, 이에 대한 설명으로 옳은 것은?

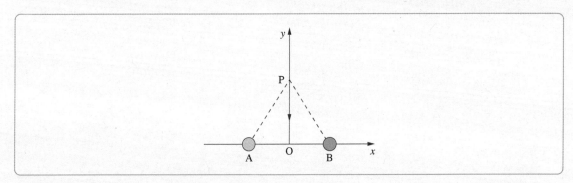

① A의 전하와 B의 전하는 서로 다른 종류이다.

② A의 전하량의 크기와 B의 전하량의 크기는 다르다.

③ P점에 $(-)$전하를 놓는다면, $(-)$전하는 y축 방향으로 힘을 받는다.

④ 전기장의 세기는 O에서보다 P에서 더 작다.

18 그림과 같이 질량 3kg인 물체를 천장에 실로 매달고 수평 방향으로 힘 F를 가해, 실이 연직 방향과 $30°$의 각이 유지되도록 하였다. 이때 줄에 걸리는 장력의 크기[N]는?(단, 중력가속도는 10m/s^2이다)

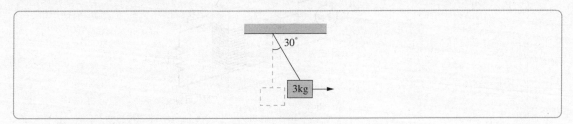

① $15\sqrt{2}$

② $15\sqrt{3}$

③ $20\sqrt{2}$

④ $20\sqrt{3}$

19 보어의 수소 원자 모형에서 양자수 n에 따른 전자의 에너지 E_n은 바닥 상태의 에너지가 $-E_0$일 때 $E_n = -\dfrac{E_0}{n^2}$이 다. 전자가 $n=2$인 상태로 전이하면서 방출하는 빛의 진동수들 중에서 제일 큰 것을 제일 작은 것으로 나눈 값은?

① $\dfrac{3}{2}$

② $\dfrac{9}{5}$

③ 2

④ $\dfrac{11}{4}$

20 그림은 감은 수 N_1인 1차 코일에 전압 V_1인 교류 전원 장치를 연결한 이상적인 변압기의 구조를 나타낸 것이다. 2차 코일에는 전압과 감은 수가 각각 V_2, $3N_1$일 때, 이에 대한 설명으로 옳지 <u>않은</u> 것은?

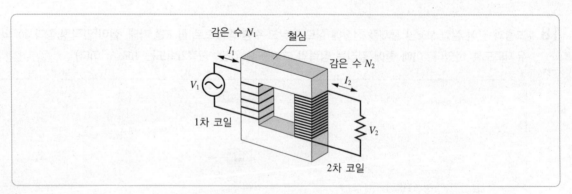

① 패러데이의 전자기 유도 현상을 이용한 것이다.

② 2차 코일에 걸리는 전압 V_2는 V_1의 3배이다.

③ 코일에 흐르는 교류 전류의 세기는 I_2가 I_1의 3배이다.

④ 1차 코일과 2차 코일에 흐르는 교류 전류의 진동수는 같다.

2022년 고졸경력경쟁
정답 및 해설

기출문제 **정답**

01	02	03	04	05	06	07	08	09	10
②	②	③	①	④	③	②	①	③	④
11	12	13	14	15	16	17	18	19	20
②	①	②	④	①	③	④	④	③	④

01　① 불연속적인 에너지 준위를 갖는다.
　　③ 들뜬 상태에서 바닥 상태로 전자가 전이될 때 에너지를 방출한다.
　　④ 원자 내부의 전자는 어떤 특정한 에너지를 가진 원 궤도에서만 전자기파를 방출하지 않고 안정된 운동을 한다.

> **전자의 전이** : 전자는 두 에너지 준위의 차이에 해당하는 에너지를 흡수하거나 방출하며 에너지 준위 사이를 이동한다.
> • 에너지를 흡수할 때 : 낮은 에너지 준위에 있는 전자가 높은 에너지 준위로 전이한다.
> • 에너지를 방출할 때 : 높은 에너지 준위에 있는 전자가 낮은 에너지 준위로 전이한다.

02　ㄷ. 외부 자기장을 제거해도 자기화 상태를 오래 유지한다.

> • 강자성체
> 　– 외부 자기장의 방향으로 강하게 자기화된다(예 철, 니켈, 코발트 등).
> 　– 외부 자기장을 제거해도 자기화 상태를 오래 유지한다.
> • 상자성체
> 　– 외부 자기장에 대해 약하게 자기화된다(예 종이, 알루미늄, 마그네슘 등).
> 　– 외부 자기장을 제거하면 원래 상태로 되돌아간다.
> • 반자성체
> 　– 외부 자기장에 대해 반대 방향으로 자기화된다(예 구리, 유리, 금 등).
> 　– 외부 자기장을 제거하면 원래 상태로 되돌아간다.

03 ㄱ. X선은 적외선보다 파장이 짧다.

> **전자기파의 특성**
> • 전기장과 자기장이 시간에 따라 진동하면서 공간을 퍼져 나가는 파동이다.
> • 전기장과 자기장의 진행 방향은 서로 수직이고, 이때 전자기파는 전기장과 자기장의 진동 방향과 수직인 방향으로 진행하므로 횡파이다.
> • 매질이 없어도 진행하며, 진공에서 전자기파의 속력은 파장에 관계없이 빛의 속력과 같다.
> • 진동수가 클수록 에너지도 크다(진동수 : X선 > 적외선).

04 열기관의 열효율 $e = \dfrac{W}{Q_1} = \dfrac{Q_1 - Q_2}{Q_1}$, 공급된 열 $= 20 P_0 V_0$

열기관에서 한 순환과정 동안 기체가 외부에 한 일은 압력–부피 그래프에서 그래프로 둘러싸인 부분의 넓이이므로,

$e = \dfrac{6 P_0 V_0}{20 P_0 V_0} = 0.3$이다.

05 ① 가속도의 크기는 단위시간당 속도의 변화량이므로, 2m/s^2이다.

② 2초인 순간의 속력 $v = v_0 + at = 2\text{m/s} + 2\text{m/s}^2 \times 2\text{s} = 6\text{m/s}$ 이다(등가속도 1번 공식).

③ 등가속도 운동에서 평균 속력 $= \dfrac{\text{처음 속도} + \text{나중 속도}}{2}$이므로, 1초부터 2초까지 평균 속력 $= \dfrac{(4+6)\text{m/s}}{2} = 5\text{m/s}$이다.

④ 0초부터 3초까지 이동거리 $s = v_0 t + \dfrac{1}{2} at^2 = 2\text{m/s} \times 3\text{s} + \dfrac{1}{2} \times 2\text{m/s}^2 \times (3\text{s})^2 = 15\text{m}$ 이다(등가속도 2번 공식).

> **등가속도 운동 공식**
> • 등가속도 1번 공식 : 나중 속도(v) – 시간(t)의 관계식 → $v = v_0 + at$
> • 등가속도 2번 공식 : 변위(s) – 시간(t)의 관계식 → $s = v_0 t + \dfrac{1}{2} at^2$
> • 등가속도 3번 공식 : 변위(s) – 나중 속도(v)의 관계식 → $2as = v^2 - v_0^2$

06

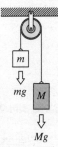

$Mg-mg=(M+m)a$에서 $a=\dfrac{3}{5}g$이므로

$(M-m)g=(M+m)\dfrac{3}{5}g$

$M-\dfrac{3}{5}M=m+\dfrac{3}{5}m$

$\dfrac{2}{5}M=\dfrac{8}{5}m$

$\therefore\ M=4m$

07 ㄱ. A의 질량 $=m$, A의 속도 $=2v$, B는 정지상태이므로
- 처음 운동 에너지 $p=2mv$
- 충돌 후 A의 운동량 $p=-0.5p=-mv$

충돌 후 A와 B의 속도는 동일하므로, 운동량 보존의 법칙에 의해 B의 질량(x)을 구할 수 있다.

$2mv+0=-mv+xv$

$\therefore\ x=3m$

ㄴ. 충돌 후 A의 속력은 v이다.

ㄷ. 충돌 후 B의 운동량의 크기는 $3mv$이다.

08 역학적 에너지 보존 법칙 : B에서 수레의 역학적 에너지 = C에서 수레의 역학적 에너지

- B에서 수레의 역학적 에너지 $=\dfrac{1}{2}mv^2+mg2h$

- C에서 수레의 역학적 에너지 $=0+\dfrac{7}{3}mgh$

$\dfrac{1}{2}mv^2+mg2h=0+\dfrac{7}{3}mgh$

$\dfrac{1}{2}mv^2=\dfrac{7}{3}mgh-2mgh$

$\therefore$ B에서 수레의 운동에너지 $=\dfrac{1}{3}mgh$

09 ① P와 Q에 대하여 상대적으로 운동하는 B가 측정한 길이는 상대적으로 정지해 있는 A가 측정한 길이보다 짧다(길이 수축).

② 상대적으로 정지해 있는 A가 측정하는 P와 Q 사이의 길이가 고유 길이이다.

③ 우주선 안 B의 시간은 고유 시간이며, 우주선 밖 A의 시간은 고유 시간보다 느리게 측정된다(시간 팽창).

④ 상대적으로 운동하는 B가 측정했을 때 S에서 방출되는 빛은 Q에 먼저 도달한다.

> **특수 상대성 이론에 의한 현상**
> • 동시성의 상대성 : 한 관성 좌표계에서 동시에 일어나는 두 사건은 다른 관성 좌표계에서 관찰할 때 동시에 일어난 것이 아닐 수 있다. → 두 사건이 발생한 시간은 관찰자에 따라 다르게 측정된다.
> • 시간 팽창 : 정지한 관찰자가 빠르게 운동하는 관찰자를 보면 상대편의 시간이 느리게 가는 것으로 관찰된다. → 시간의 상대성
> • 길이 수축 : 한 관성 좌표계의 관찰자가 상대적으로 운동하는 물체를 보면 그 길이가 수축되는 것으로 관찰된다. → 길이의 상대성

10 • 쿨롱의 법칙 $F = k\dfrac{q_1 q_2}{r^2}$ (여기서, k : 진공에서의 쿨롱 상수)

• 두 금속구 사이에 작용하는 전기력의 크기 $F = \dfrac{3Q^2}{r^2}$

• 접촉 후 중심 간 거리 $= \dfrac{r}{2}$, 두 금속구의 전하량 $= Q^2$

$$\therefore\ F' = \dfrac{Q^2}{\left(\dfrac{r}{2}\right)^2} = 4\dfrac{Q^2}{r^2} = 4 \times \dfrac{F}{3} = \dfrac{4F}{3}$$

> **쿨롱의 법칙** : 두 전하 사이에 작용하는 전기력의 크기는 두 전하의 전기량의 곱에 비례하고, 전하가 떨어진 거리의 제곱에 반비례 한다.

11 ① (가)는 중성자 $^1_0\mathrm{n}$이다.

② 질량수 = 양성자 수 + 중성자 수

• $^{141}_{56}\mathrm{Ba}$: $141 = 56 + x$, $x = 85$

• $^{92}_{38}\mathrm{Kr}$: $92 = 38 + y$, $y = 54$

③ 우라늄 $^{235}_{92}\mathrm{U}$의 핵분열 반응이다.

④ 핵반응 전 질량 > 핵반응 후 질량($E = mc^2$)

> • 핵반응 : 원자핵이 분열하거나(핵분열) 서로 합쳐지는(핵융합) 반응이다.
> • 질량 결손과 에너지 : 핵반응 과정에서 생기는 질량 결손이 아인슈타인의 질량-에너지 동등성에 따라 에너지로 전환된다 ($E = mc^2$).

12 ① (나)는 양공이 있는 p형 반도체이다.
② (나)에는 13족 원소인 붕소(B), 알루미늄(Al) 등을 첨가한다.
③ 상온에서 전기 전도성은 (가)보다 (나)가 더 높다.
④ (나)에서 양공은 전하 나르개 역할을 한다.

> **비고유(불순물) 반도체** : 고유 반도체에 불순물을 첨가하는 도핑 과정을 통해 전기 전도성을 증가시킨 반도체이다.
> • p형 반도체 : 고유 반도체에 원자가 전자가 3개인 붕소(B), 알루미늄(Al) 등으로 도핑한다. 주로 양공이 전하를 운반한다.
> • n형 반도체 : 고유 반도체에 원자가 전자가 5개인 인(P), 비소(As) 등으로 도핑한다. 주로 전자가 전하를 운반한다.

13 ① 전자 현미경은 빛의 회절 현상이 아닌 전자의 물질파를 이용한 현미경이다.
② 전자의 파장이 짧을수록 분해능은 우수하다.
③ 전자 현미경의 배율은 최대 수백만 배 정도로, 광학 현미경의 최대 배율보다 크다.
④ 자기렌즈는 코일로 만든 원통형 전자석으로, 전자가 자기장에 의해 진행 경로가 휘어지는 성질을 이용하여 전자선을 굴절시켜 모을 수 있다.

14 직선 도선에 흐르는 전류에 의한 자기장의 세기 : $B \propto \dfrac{I}{r}$ (여기서, I : 전류의 세기, r : 도선으로부터의 거리)

B의 전류의 크기가 I, B의 자기장이 $\dfrac{I}{d}$일 때 원점에서 자기장의 크기는 B_0이며, A와 B의 자기장의 방향은 반대이므로

$-\dfrac{I}{2d} + \dfrac{I}{d} = B_0$, $B_0 = \dfrac{I}{2d}$이다.

• (가) : 원점에서 자기장의 크기가 0이므로 $-\dfrac{I}{2d} + \dfrac{I_B}{d} = 0$, $2I_B - I = 0$, $I_B = \dfrac{1}{2}I$이다.

• (나) : B의 전류의 크기가 I이고, 전류의 방향이 반대 방향이므로 $-\dfrac{I}{2d} - \dfrac{I}{d} = -\dfrac{3I}{2d}$이며, $\dfrac{I}{2d} = B_0$이므로 $3B_0$가 된다.

15 ㄱ. A지점에서는 도선 내부를 통과하는 수직으로 들어 가는 방향의 자기 선속이 증가하므로, 반시계 방향으로 유도 전류가 흐른다.
ㄴ. B지점에서는 도선이 자기장 속에서 운동하는 동안 도선 내부를 통과하는 자기 선속의 변화가 없으므로, 유도 전류가 흐르지 않는다.
ㄷ. C지점에서는 도선 내부를 통과하는 수직으로 들어 가는 방향의 자기 선속이 감소하므로, 시계 방향으로 유도 전류가 흐른다.

16 ① 금속판 A와 B를 비교했을 때 단색광 P에서 튀어나오는 광전자의 단위 시간당 개수가 N개 증가했으므로, 단색광 P의 진동수는 단색광 Q보다 크다.

② A의 문턱(한계) 진동수는 P의 진동수보다 작다.

③ 빛의 진동수가 문턱 진동수보다 작을 때 광전 효과가 나타나지 않는다. 따라서 금속판 A와 B를 비교했을 때 단색광 Q에서 튀어나오는 광전자의 단위 시간당 개수가 0이므로, Q의 진동수는 B의 문턱 진동수보다 작다.

④ 광전자가 나오는 현상, 즉 광전 효과는 빛의 세기와는 관계가 없고 빛의 진동수에 비례한다.

> • 광전 효과 : 금속판에 빛을 쪼이면 금속 표면에서 전자(광전자)가 방출되는 현상이다.
> • 광전 효과 실험
>   – 금속 표면에 쪼이는 빛의 진동수가 한계 진동수보다 작으면 아무리 센 빛을 쪼여도 광전자가 방출되지 않는다.
>   – 광전자의 운동에너지는 빛의 세기와는 관계가 없고 빛의 진동수에 비례한다.
>   – 쪼이는 빛의 진동수가 한계 진동수보다 크면 아무리 약한 빛을 쪼여도 시간 지연 없이 즉시 광전자가 방출된다.

17 ① 파장(λ) : 굵은 줄 < 가는 줄

② 진동수(f) : 손이 줄을 흔드는 진동수와 줄에 생긴 파동의 진동수가 같으므로, '굵은 줄 = 가는 줄'이다.

③ 주기(T) : 진동수(f)의 역수이므로, '굵은 줄 = 가는 줄'이다.

④ 파동의 속력(v) : $v = \dfrac{\lambda}{T} = \lambda f$, 주기와 진동수가 일정하여 $v \propto \lambda$이므로, '굵은 줄 < 가는 줄'이다.

> **매질에 따른 파동의 속력**
> • 줄에 생긴 파동의 속력 : 줄이 가늘수록, 팽팽할수록 빠르다.
> • 물결파의 속력 : 물의 깊이가 깊을수록 빠르다.
> • 소리의 속력 : 고체 > 액체 > 기체, 공기의 온도가 높을수록 빠르다.

18 ① $n_1 > n_2$

② $v_1 < v_2$

③ $f_1 = f_2$

> **파동의 굴절**
> • 파동이 굴절할 때 파동의 속력과 파장은 변하지만, 진동수는 변하지 않는다($v = f\lambda$).
> • 매질의 굴절률이 클수록 그 매질에서 빛의 속력은 느려진다.

19 드브로이 파장 $\lambda = \dfrac{h}{mv}$

먼저 운동에너지 $= \dfrac{1}{2}mv^2$ 식을 이용해 질량 m_A, m_B를 구한다.

- 입자 A : $E = \dfrac{1}{2}m_A\left(\dfrac{1}{2}v\right)^2 = \dfrac{1}{8}m_Av^2$

- 입자 B : $2E = \dfrac{1}{2}m_B(2v)^2 = 2m_Bv^2$, $E = m_Bv^2$

$E = \dfrac{1}{8}m_Av^2 = m_Bv^2$ 이므로, $m_A = 8m_B$이다.

드브로이 파장 식에 대입하면 $\lambda_A = \dfrac{h}{m_A\left(\dfrac{1}{2}v\right)}$, $\lambda_B = \dfrac{h}{\dfrac{1}{8}m_A(2v)}$ 이 되므로

$\therefore \lambda_A : \lambda_B = \dfrac{2h}{m_Av} : \dfrac{4h}{m_Av} = 1 : 2$

20 에너지와 열

① A → B 과정은 등온 과정이며, 기체 분자의 평균 운동에너지는 온도와 비례하므로 증가하지 않는다.

② B → C 과정은 단열 과정이며, 외부로 열의 출입 없이 기체의 상태가 변하므로 기체는 외부에 일을 하지 않는다.

③ C → A 과정은 등적 과정이며, 기체의 부피가 일정하게 유지되면서 상태가 변하므로 기체는 외부로부터 열을 흡수하지 않는다.

④ C는 부피가 작고 온도가 높은 상태이므로, 기체의 평균 운동에너지가 증가하여 기체의 압력이 최대가 된다.

열역학 과정

- 등적 과정
  - 기체의 부피가 일정하게 유지되면서 상태가 변하는 과정이다.
  - $W = 0$이므로 $Q = \Delta U$
- 등압 과정
  - 기체의 압력이 일정하게 유지되면서 상태가 변하는 과정이다.
  - $Q = \Delta U + W$
- 등온 과정
  - 기체의 온도가 일정하게 유지되면서 상태가 변하는 과정이다.
  - $\Delta U = 0$이므로 $Q = W$
- 단열 과정
  - 외부로 열의 출입 없이 기체의 상태가 변하는 과정이다.
  - $Q = 0$이므로 $Q = -\Delta U$

기출문제 **정답**

01	02	03	04	05	06	07	08	09	10
②	④	③	③	①	④	③	③	④	①
11	12	13	14	15	16	17	18	19	20
④	③	①	③	④	②	④	①	②	②

01 ① 등가속도 1번 공식 $v = v_0 + at$ 에서 $v_0 = 1\text{m/s}$, 0~3초까지 $a = -2\text{m/s}^2$ 이므로 $v = 1\text{m/s} + (-2\text{m/s}^2) \times 3 = -5\text{m/s}$ 이다. 따라서 3초일 때 속도와 처음 속도가 반대 방향이므로, 운동 방향이 바뀐다.

② 3초 이후 등속 직선 운동을 하므로 3초일 때의 속도와 같은 -5m/s이다. 따라서 4초일 때의 속력은 5m/s이다.

③ 0~9초 사이에 0초일 때의 위치로부터 변위의 크기는 운동 방향이 바뀌는 시점인 6초와 9초 사이가 가장 크다.

④ 0~3초까지 처음과 같은 방향의 시간은 등가속도 1번 공식 $v = v_0 + at$ 에서 $v = 0$인 지점이므로, $0 = 1\text{m/s} + 2\text{m/s}^2 \times t$, $t = \frac{1}{2}\text{s}$ 이다.

따라서 등가속도 2번 공식 $s = v_0 t + \frac{1}{2}at^2$ 에서 이동거리 $s = 1\text{m/s} \times \frac{1}{2}\text{s} + \frac{1}{2} \times 2\text{m/s}^2 \times \left(\frac{1}{2}\text{s}\right)^2 = \frac{3}{4}\text{m}$ 이다.

02 구심력 $F = ma = \frac{mv^2}{r}$, 만유인력 $F = G\frac{mM}{r^2}$

• $a_A : a_B$

$ma = F = G\frac{mM}{r^2}$ (여기서, G, M : 상수)

$a = G\frac{mM}{r^2} \rightarrow a \propto \frac{1}{r^2}$

행성 중심으로부터 A 중심까지의 거리는 $2r$, B 중심까지의 거리는 $3r$이므로, $r_A : r_B = 2 : 3$이다.

$\therefore a_A : a_B = \frac{1}{4} : \frac{1}{9} = 9 : 4$

• $T_A : T_B$

$\frac{mv^2}{r} = F = G\frac{mM}{r^2}$, $v^2 = \frac{GM}{r}$ ⋯ ㉠

등속 원운동의 속력 $v = \frac{2\pi r}{T}$ 식을 ㉠에 대입하면

$\frac{4\pi^2 r^2}{T^2} = \frac{GM}{r}$, $T^2 = \frac{4\pi^2}{GM}r^3 \rightarrow T^2 \propto r^3$ (주기의 제곱은 거리의 세제곱에 비례한다)

$r_A : r_B = 2 : 3$이므로, $T_A^2 : T_B^2 = 2^3 : 3^3 = 8 : 27$이다.

$\therefore T_A : T_B = 2\sqrt{2} : 3\sqrt{3}$

03 · 세 변의 길이의 비 $a : b : c = 1 : 2 : 3$

· 소비전력(P) = 전류(I) × 전압(V) = $\dfrac{V^2}{R}$, 전압이 일정하므로 $P \propto \dfrac{1}{R}$ 이다.

· $R \propto \dfrac{\text{길이}}{\text{단면적}}$ 이므로, $R_{AB} : R_{CD} = \dfrac{c}{ab} : \dfrac{b}{ac} = \dfrac{3}{2} : \dfrac{2}{3} = 9 : 4$ 이다.

∴ $P \propto \dfrac{1}{R}$ 이므로, $P_{AB} : P_{CD} = \dfrac{1}{9} : \dfrac{1}{4} = 4 : 9$ 이다.

04 토리첼리의 수은 기압계

A는 진공 상태이며, B의 높이(수은면 표면)와 C의 높이가 같으므로 B = C = 대기압이다.

① A는 진공 상태이므로, 절대압력은 대기압의 영향을 받지 않는다.

② B의 절대압력은 A보다 작고, C와 같다(A < B = C).

④ D의 절대압력은 C보다 크다(D > C).

05 ① 대전된 구형 도체에서 전위의 크기 $V = \dfrac{kQ}{r}\left(v \propto \dfrac{1}{r}\right)$ 이므로, 즉 구의 반지름에 반비례한다.

② 도체구 중심의 전위는 등전위를 이루므로, 0이 아니다.

③ 전하가 정전기 분포로 되어 있을 때 전하는 도체 표면에만 존재하므로, 전하는 도체구 전체에 균일하게 분포하지 않는다.

④ 도체에 준 전하는 내부의 전기장이 0이 되도록 재배열하므로, 도체구 겉표면의 전기장은 0이 아니다.

06 진동수(f) = $\dfrac{\text{진동횟수}}{1\text{초}}$ [Hz]

G = 10^9, $\mu = 10^{-6}$ 이므로 주파수 = 5×10^9Hz, 파동 = 2×10^{-6}초이다.

∴ $5 \times 10^9 \times 2 \times 10^{-6} = 10{,}000$회

07

> **도플러 효과**
> · 서로가 가까워질 때
>   – 진동수가 증가하고, 파장이 짧아지며, 소리가 높은 음이 난다.
>   – $f' = f\left(\dfrac{v}{v - v_s}\right)$
> · 서로가 멀어질 때
>   – 진동수가 감소하고, 파장이 길어지며, 소리가 낮은 음이 난다.
>   – $f' = f\left(\dfrac{v}{v + v_s}\right)$

$f\left(\dfrac{v}{v - v_s}\right) = \left(1 + \dfrac{10}{100}\right)\left(\dfrac{v}{v + v_s}\right)$

$v = 21 v_s$

∴ $v_s = \dfrac{1}{21} v = 0.048$ → 약 5%의 속력으로 질주한 것이다.

08 ㄱ. • 유도기전력 $V = Blv$

    • 유도전류 $I = \dfrac{V}{R} = \dfrac{Blv}{R}$

    그래프에서 $0 \sim t_1$초까지 속력이 증가하므로, 도체 막대에 흐르는 전류는 증가한다.

  ㄴ. t_1초 이후 도체 막대의 속력이 일정하고 힘의 합력이 0이므로, 도체 막대 빗면에 작용하는 힘과 자기력은 평형을 이룬다.

  ㄷ. • 빗면에서 도체 막대에 작용하는 힘 $= mg\sin\theta$

    • 자기력 $= BIl$

    • 유도전류 $I = \dfrac{Blv}{R}$

    도체 막대에 작용하는 중력과 자기력은 평형이므로

$$mg\sin\theta = BIl = \dfrac{B^2 l^2 v}{R}$$

$$\therefore\ v = \dfrac{mgR\sin\theta}{B^2 l^2}$$

09 파동의 속력 $V = \sqrt{\dfrac{T}{\mu}}$ (여기서, T : 장력, μ : 줄의 선밀도)

$T = 4\text{kg} \times 10\text{m/s}^2 = 40\text{N}$, $\mu = \dfrac{\Delta m}{\Delta l} = \dfrac{1}{10}$

$\therefore\ V = \sqrt{\dfrac{40}{\dfrac{1}{10}}} = 20\text{m/s}$

10 연직 용수철 진자의 운동과 역학적 에너지

  ① 시간 $\dfrac{T}{8}$일 때와 $\dfrac{3T}{8}$일 때 물체의 운동 방향은 같다.

  ② 역학적 에너지 보존의 법칙에 의해 매시간 '운동에너지 + 위치에너지 = 일정'하다.

  ③ 추가 평형일 때 운동에너지는 최대, 위치에너지는 0이므로, 시간 $\dfrac{T}{4}$일 때 물체는 평형 위치에 있다.

  ④ 운동에너지가 최대, 위치에너지가 최소가 되는 지점은 T초 동안 2번 있으므로, 평형 위치는 2번이다.

11 • 용수철의 탄성력 $F = -kx$

  • 용수철에 저장된 탄성에너지 $E_p = \dfrac{1}{2}kx^2$

  • 물체의 운동에너지 $E_k = \dfrac{1}{2}mv^2$

  등속 원운동하고 있을 때 '구심력 = 탄성력'이므로 $\dfrac{mv^2}{r} = kx$, $mv^2 = rkx$이며,

  x는 늘어난 길이로 $1.5\text{m} - 1\text{m} = 0.5\text{m}$이고, r은 반지름으로 1.5m이다.

  $\therefore\ E_p : E_k = \dfrac{1}{2}kx^2 : \dfrac{1}{2}mv^2 = \dfrac{1}{2}kx^2 : \dfrac{1}{2}rkx = x : r = 0.5 : 1.5 = 1 : 3$

12 끌림힘(저항력) $= kv^2$ 이며, '중력 = 끌림힘'일 때 종단속도이므로 $Mg = kv^2$, $M = \dfrac{kv^2}{g}$ 이다.

따라서 질량 $2M$인 물체의 종단속도(v_1)는 $2Mg = kv_1{}^2$, $v_1{}^2 = \dfrac{2Mg}{k}$ 이므로 $v_1 = \sqrt{\dfrac{2Mg}{k}} = \sqrt{\dfrac{2k v^2 g}{g}\over k} = \sqrt{2v^2} = \sqrt{2}\,v$ 이다.

13 ㄱ. 그래프와 y축이 만나는 값이 일함수와 같으므로, 금속의 일함수는 $|e|V$이다.

ㄴ. 광자설에 의하면 광전자의 최대 운동에너지는 $\dfrac{1}{2}mV^2 = hf - W_o$ (일함수)이다.

- $|e|V = hf_2 - W_o = hf_2 - |e|V \rightarrow hf_2 = 2|e|V$
- $3|e|V = hf_3 - W_o = hf_3 - |e|V \rightarrow hf_3 = 4|e|V$

$\therefore\ f_2 : f_3 = 2 : 4 = 1 : 2$

ㄷ. $0 = hf_1 - W_o = hf_1 - |e|V$

$hf_1 = |e|V$이므로, $h = \dfrac{|e|V}{f_1}$ 이다.

14 • 운동량 보존 법칙에 따라 $0.01\text{kg} \times 5\text{m/s} + 0 = (0.99 + 0.01)\text{kg} \times v$, $v = 0.05\text{m/s}$ 이다.

• 단조화 운동은 복원력의 크기가 평형점에서 벗어난 변위에 비례한 운동으로, 진폭은 변경된 길이(x)이다.

운동에너지와 탄성 퍼텐셜 에너지가 같으므로, $\dfrac{1}{2}mv^2 = \dfrac{1}{2}kx^2$ 이다.

$\therefore\ x = \sqrt{\dfrac{m}{k}} \times v = \sqrt{\dfrac{1\text{kg}}{100\text{N} \cdot \text{m}}} \times 0.05\text{m/s} = 0.005\text{m} = 5\text{mm}$

15

> **1차원 상자 속에 있는 입자의 물질파**
> • 양쪽 벽면이 마디인 정상파이다.
> • 물질파의 파장(λ) : $\dfrac{n\lambda}{2} = L$

물질파의 파장 $\lambda = \dfrac{h}{p}$ 이므로 $p = \dfrac{h}{\lambda} = \dfrac{nh}{2L}$ 이며, 입자의 에너지 $E = \dfrac{p^2}{2m}$ 에서 $E_n = \dfrac{n^2 h^2}{8mL^2}$ (슈뢰딩거 방정식과 같은 값)이므로 $E_n \propto n^2$ 이다. 따라서, 무한 퍼텐셜 우물에 갇힌 전자의 에너지는 E, $4E$, $9E$, $16E$, $\cdots$ 이며, 1차원 무한 퍼텐셜 우물에 갇힌 전자의 바닥 상태 에너지가 E이므로, 퍼텐셜 우물에 갇힌 전자가 방출하는 광자가 가질 수 있는 에너지 값은 $4E - E$, $9E - E$, $16E - E$, $\cdots$이다.

16 • 물체에 각도 45°로 가한 힘 = $5 \times \cos 45°$

• 마찰이 있는 수평면 위에서 물체와 수평면 사이의 운동마찰계수가 0.2이므로, $a = 0.2\{1 \times 10 + (-5 \times \sin 45°)\}$

$F = ma = 1 \times a = 5\cos 45° - 0.2(1 \times 10 - 5\sin 45°)$

$\therefore a = \dfrac{5}{\sqrt{2}} - 2 + \dfrac{1}{\sqrt{2}} = \dfrac{6}{\sqrt{2}} - 2 = 3\sqrt{2} - 2\mathrm{m/s^2}$

17 전류의 세기를 I 라 할 때 자기 모멘트 $\mu = IA$이며(여기서, A : 단면적) 원형 도선 a와 b에 흐르는 전류의 세기가 같으므로, 원형 도선 a와 b에 흐르는 전류에 의한 자기 모멘트의 크기는 같다($\mu = I_a \cdot \pi r_a{}^2 = I_b \cdot \pi r_b{}^2$).

원형 도선의 전류에 의한 자기장의 세기 $B = k' \dfrac{I}{r}(\mathrm{T})$이므로, $B_a = k' \dfrac{I_a}{r_a}$, $B_b = k' \dfrac{I_b}{r_b}$ 이다.

$\therefore \dfrac{B_b}{B_a} = \dfrac{\dfrac{I_b}{r_b}}{\dfrac{I_a}{r_a}} = \dfrac{r_a}{r_b} \times \dfrac{I_b}{I_a} = \dfrac{r_a}{r_b} \times \dfrac{r_a{}^2}{r_b{}^2} = \dfrac{r_a{}^3}{r_b{}^3}$

18 무반사 박막을 코팅한 모습은 반사 방지막과 유사하다. 굴절률이 공기($n=1$) < 박막($n=1.5$) < 기판($n=4.0$)인 경우 $1 < n < n_2$이므로, 상쇄 간섭 조건 $2nd = \dfrac{\lambda}{2}(2m+1)$에 $m=0$을 대입하여 박막의 최소 두께 d를 구할 수 있다.

$\therefore$ 박막의 최소 두께 $d = \dfrac{\lambda}{4n}$ (단, $m=0$일 때)

$= \dfrac{600}{4 \times 1.5} = 100\mathrm{nm}$

19 ① 과정 A→B는 등압 과정으로, 부피가 증가하고 $PV = nRT$이므로 기체의 온도도 증가한다. 따라서 기체의 내부에너지는 증가한다.

② 과정 B→C는 등적 과정으로, 압력이 증가하고 기체의 온도도 증가한다. 한 일(W)은 0이므로, 공급된 열량(Q) = 기체의 내부에너지 > 0이다. 엔트로피 변화 $\Delta S = \dfrac{Q}{T}$이며, 조건에서 $\dfrac{Q}{T} > 0$이므로 $\Delta S = \dfrac{Q}{T} > 0$이다. 따라서 기체의 엔트로피는 증가한다.

③ 과정 C→A에서 기체의 압력과 부피 모두 감소하고, $PV = nRT$이므로 기체의 온도는 감소한다.

④ 순환과정 A→B→C→A에서 기체가 한 일(Work)은 $P\Delta V$이므로, $10 \times (3-1) = 20\mathrm{J}$이다.

20 밀도 $\rho = 2\mathrm{g/cm^3}$, A지점에서 유체의 속력 $v_A = 10\mathrm{cm/s}$, 두 지점의 압력 차이 $\Delta p = p_A - p_B = 150\mathrm{Pa}$이므로 베르누이 법칙을 이용해 B지점에서 유체의 속력 v_B를 구한다.

$p_A + \dfrac{1}{2}\rho v_A{}^2 = p_B + \dfrac{1}{2}\rho v_B{}^2$, $(p_A - p_B) + \dfrac{1}{2}\rho v_A{}^2 = \dfrac{1}{2}\rho v_B{}^2$

$150 + \dfrac{1}{2} \times 2 \times 10^3 \times (0.1)^2 = \dfrac{1}{2} \times 2 \times 10^3 \times v_B{}^2$, $v_B = 0.4\mathrm{m/s}$ (※ 단위 환산 주의)

$v_A : v_B = 1 : 4$이며, 수평관의 지름 $d \propto \dfrac{1}{v^2}$이므로 $d_A : d_B = \sqrt{4} : \sqrt{1} = 2 : 1$이다.

$\therefore$ 수평관의 지름의 비 $\dfrac{d_A}{d_B} = \dfrac{2}{1} = 2$

2021년 고졸경력경쟁
정답 및 해설

01	02	03	04	05	06	07	08	09	10
③	②	④	③	③	②	③	④	③	④
11	12	13	14	15	16	17	18	19	20
②	①	④	①	②	③	②	④	①	③

01
- 거리-시간 그래프에서 기울기는 속력을 의미한다.
- 속력은 스칼라, 속도는 벡터이다.
③ 0~10초 동안 이동거리=16m, 변위=4m이므로, 평균 속력=1.6m/s, 평균 속도=0.4m/s이다.
① 6초 때 순간 속력은 그 시간의 접선의 기울기이므로, 6초일 때의 순간속력은 0이 된다.
② 0~10초 동안 이동한 거리는 10+6=16m이다.
④ 0~10초 동안 평균 속도=0.4m/s이다.

02
W(한 일)=Q(고열원)-q(저열원), $W = Q - \dfrac{Q}{2} = \dfrac{Q}{2}$, $e = \dfrac{\frac{Q}{2}}{Q} \times 100 = 50\%$이다.
② 열기관의 효율은 50%이므로, $e = \dfrac{W}{Q} \times 100$이다.
① W(한 일)=Q(고열원)-q(저열원), $q = \dfrac{Q}{2}$이므로 대입하면, $W = Q - \dfrac{Q}{2} = \dfrac{Q}{2}$이다. $q = \dfrac{Q}{2}$이므로 $q = W$이다.
③ q를 줄이면 W가 증가하므로 열효율이 증가한다.
④ $Q = W$인 열기관을 만들 수 없다. 열기관의 주위를 둘러싸고 있는 저열원으로 열이 저절로 흘러나가거나 마찰, 진동 등에 의해 빠져나가므로 열을 모두 일로 바꿀 수 없다.

03 밀폐된 빈 압력밥솥이므로 부피가 일정하다(등적과정). 압력밥솥에 열을 가하면 부피가 변하지 않으므로 외부에 한 일 W=0이다. 즉, 기체가 받은 열량은 모두 내부 에너지의 증가에 사용된다. 따라서 등적과정 그래프는 ④이다.

04 ③ 그림은 n형 반도체이다. 전압을 걸어 줄 경우 주된 전하 나르개는 전자이다.
① 비소 주위에 결합하고 남는 전자가 존재하므로 n형 반도체이다.
② 비소는 15족원소이므로 원자가 전자가 5개, 저마늄은 14족원소로 원자가 전자가 4개이다.
④ 도핑으로 만들어진 n형 반도체는 전도띠 바로 아래에 새로운 에너지 준위가 생긴다.

05 • 탄성력 F=kx이며, 탄성력에 의한 위치 에너지=1/2×k×x^2이다.
   • 그래프에서 탄성력 6N=k×0.030이므로, k(탄성계수)=6/0.03=200N/m
   • 한 일=나중 탄성력의 위치 에너지−처음 탄성력의 위치 에너지
      =1/2×200×$(0.06)^2$−1/2×200×$(0.03)^2$
      =0.27(J)

06 탄성력은 용수철의 변형된 길이에 비례한다. 늘어난 길이가 압축된 길이보다 더 크므로 B에 더 큰 탄성력이 작용됨을 알 수 있다. 따라서 평형을 이루는 전기력 또한 B가 더 크므로 전하량의 크기는 B가 C보다 크다.
   ① (나)에서 인력이 작용하므로 전하의 종류는 A와 C가 같지 않다.
   ③ (가)에서 A에 작용한 전기력의 크기는 B에 작용한 전기력의 크기와 같다.
   ④ (나)에서 두 물체 간 상호 작용인 작용−반작용 용수철이 C에 작용한 힘의 크기는 용수철이 A에 작용한 힘의 크기와 같다.

07 역학적 에너지 보존의 법칙으로 운동 에너지와 중력 퍼텐셜 에너지의 합은 서로 같으므로 가만히 떨어뜨린 물체가 자유낙하 도중 물체의 운동 에너지와 지면을 기준으로 하는 중력 퍼텐셜 에너지가 같아지는 순간이므로, 운동 에너지=중력 퍼텐셜 에너지이다.
   따라서 m×10×10=1/2×m×v^2
   v=$10\sqrt{2}$ (m/s)이다.

08 입자의 질량의 비 3:2, 속력의 비=1:3이므로, A와 B의 운동 에너지 비 1/2×3×1^2 : 1/2×2×3^2=1 : 6이다.
   ①·② 물질파의 파장 λ=h/p이다.
      B의 물질파의 파장 λ=h/2p, h=2$p\lambda$
      A의 물질파의 파장 λ=h/p이므로 ㉠은 2λ이다.
   ③ 물질파의 파장 λ=h /p=h/mv이므로 A입자의 질량 (m)=p/v, B입자의 질량 (m)=2p/3v이다.
   따라서 입자의 질량은 B가 A의 2/3배이다.

09 ③ 스위치를 b에 연결하면 순방향 바이어스로 양공과 전자가 계속 결합하면서 전류가 흐른다.
   ① 스위치를 a에 연결하면 다이오드에 역방향 바이어스가 걸린다.
   ② 스위치를 a에 연결하면 다이오드에 역방향 바이어스가 걸리므로 전류가 흐르지 않는다.
   ④ 스위치를 b에 연결하면 n형 반도체에 있는 전자가 p−n 접합면에서 가까워진다.

10 B가 A에 작용하는 힘의 크기는 작용−반작용으로 A가 B에 작용하는 힘의 크기와 같으므로, B보다 멀리 떨어진 A에 C가 작용하는 힘의 크기는 B가 A에 작용하는 힘의 크기보다 작다. 따라서 B가 A에 작용하는 힘의 크기는 C가 A에 작용하는 힘의 크기보다 크다.
   ① 거리의 비 AB:BC=1:2 이므로 전하량은 거리의 제곱에 반비례하므로 전하량은 C가 A의 4배이다.
   ② (가)에서 B에 작용하는 전기력의 방향은 +x방향이므로 A와 B는 척력이 작용하므로 서로 같은 종류의 전하이다.
   ③ • 그림 (나)는 B에 작용하는 알짜 힘은 0이므로 C에 의해 B에 작용하는 전기력방향이 −x방향이므로 서로 밀어내는 척력이 작용됨을 알 수 있다.
      • A와 B는 같은 전하, B와 C는 같은 전하, 따라서 A와 C 사이에는 서로 척력 즉 밀어내는 힘이 작용한다.

11 A는 적외선, B는 X선, C는 자외선이다. 에너지와 진동수는 비례하므로 $f_B > f_C > f_A$가 된다.

12 ① (가)는 종파이다. ⑩ 소리(음파), 지진파 P파
② (가)에서 용수철의 진동수가 감소하면 파장은 길어진다.
③ (나)는 횡파이다. 횡파는 용수철의 진동 방향과 파동의 진행 방향은 수직이다.
④ (나)에서 진동수의 변화 없이 용수철을 좌우로 조금 더 크게 흔들면 파동의 속력은 진동수에 비례하는데 진동수가 변화 없고, 매질이 변화가 없으므로 파동의 진행 속력은 변화하지 않는다.

13 ④ 두 파동이 중첩될 때 합성파의 변위 최댓값은 진동중심에서 2+1＝3cm이다.
① 파원 A에서 출발한 파동의 파장은 4cm이다.
② 파원 B에서 출발한 파동의 주기는 4초/1번이므로 진동수는 주기와 역수이므로 1/4＝0.25Hz이다.
③ 그림의 상황에서 2초가 지난 후 파동은 중첩이 되고, 상쇄간섭으로 인해 2−1＝1cm가 된다. 따라서 P의 변위는 1cm이다.

14 ㄱ. 전동기는 전기 에너지를 운동 에너지로 변환한다.
ㄴ. 전류가 많이 흐를수록 전자기력이 크게 작용하므로 회전 속력이 빨라진다.
ㄷ. 사각형 도선의 점 P는 아래쪽으로 힘을 받는다.

15 ② 렌츠의 법칙에 의해 검류계 ⓖ에 흐르는 전류의 방향은 (가)와 (나)에서 같다.
① 막대자석은 강자성체이다.
③ (가)에서 막대자석에 의해 코일을 통과하는 자기 선속은 증가한다.
④ 막대자석이 코일에 작용하는 자기력의 방향은 (가)와 (나)에서 반대이다.

16 원형 도선을 y축과 나란한 방향으로 회전 없이 이동시키면 자기장의 변화가 나타나지 않는다. 원형 도선에 유도 전류가 발생하기 위해서는 원형 도선을 지나는 자기장의 변화가 있어야 한다.

17 정중앙 점 Q에서 자기장의 세기가 0이므로 직선 도선 B의 방향은 A와 같은 종이면에서 수직으로 나오는 방향이다. 따라서 점 P에서 도선 A와 B에 의한 자기장의 방향 모두 아래 방향이므로 점 P에서 자기장의 방향은 아래 방향이다.
① 정중앙 점 Q에서 자기장의 세기가 0이므로 직선 도선 B의 전류의 세기는 I이다.
③ 점 R에서 자기장의 방향은 윗 방향이다.
④ 직선 도선 B의 전류의 방향은 종이 면에 수직으로 나오는 방향이다.

18 전달속력은 굴절률과 반비례 관계이다.
ㄷ. 매질 A의 물질 중 공기에 대한 임계각이 가장 큰 물질은 굴절률이 작은 물이다.
ㄹ. 단색광이 공기에서 매질 A로 진행하는 동안 단색광의 진동수는 변하지 않는다.
ㄱ. 매질 A가 물이면 단색광의 굴절은 a와 같이 일어난다.
ㄴ. 단색광의 속력은 공기 중에서보다 매질 A에서 더 작다.

19 특수 상대성 이론에서 나타나는 현상으로 다음과 같다.
  • 시간팽창 : 정지한 관찰자가 운동하는 관찰자를 보면 상대편의 시간이 느리게 가는 것으로 관찰
  • 길이 수축 : 아주 빠르게 움직이는 물체에는 시간 팽창뿐만 아니라 길이 수축도 일어난다.
  ㄱ. $L_A > L_B$
  ㄴ. $t_A > t_B$
  ㄷ. $t_A = L_A/c$, $t_B = L_B/c$이므로, $L_A/t_A = L_B/t_B = c$이다.

20 ㄴ. 1초 동안 방출되는 광전자의 수 A < B, 빛의 세기는 $I_A < I_B$ 이다.
  ㄷ. 문턱진동수 이상의 진동수에서 광전자가 방출되므로 단색광 B를 비췄을 때 광전자가 방출되었으므로 금속판의 문턱 진동수를 f_0 라 하면 $f_0 < f_B$ 이다.
  ㄱ. 광전자의 물질파 파장은 A > B , 파장과 진동수는 반비례이므로 $f_A < f_B$ 이다.

기출문제 **정답**

01	02	03	04	05	06	07	08	09	10
③	①	②	④	③	③	④	④	②	④
11	12	13	14	15	16	17	18	19	20
③	③	②	④	①	②	④	②	③	①

01 • 열에너지 : 물체 내부의 분자 운동에 의해 나타나는 에너지
   • 온도 : 물체의 차갑고 뜨거운 정도를 숫자로 나타낸 것
   • 열 : 온도가 다른 두 물체가 접촉해 있을 때 고온의 물체에서 저온의 물체로 스스로 이동하는 에너지
   따라서, ③ 열은 자발적으로 고온에서 저온으로 이동한다.

02 • 다이오드 : p형 반도체와 n형 반도체를 접합시켜 만든 소자이다.
   • 정류기 : 주기적으로 전류의 방향이 변하는 교류를 다이오드를 이용하여 한쪽 방향으로만 흐르는 직류로 변환할 때 이용한다.
   • 트랜지스터 : 스위치 작용, 증폭 작용을 한다.

03 • 핵융합 에너지 : 핵융합 반응이 일어날 때 발생하는 에너지

원리	• 가벼운 원자핵들이 융합한다. • 더 무거운 원자핵으로 변환되면서, 전체 질량이 감소한다. • 이때 감소한 질량이 에너지로 방출한다.

   따라서, ② 핵반응 전후의 질량의 합은 다르다.

04 ㄱ. 광통신 : 광섬유를 매체로, 빛의 전반사를 이용하여 빛 신호를 디지털 형태로 전송하는 통신방식이다.
   ㄴ. 광섬유 : 굴절률이 큰 코어로 들어간 빛은 굴절률이 작은 클래딩의 경계면에서 전반사하면서 진행한다.
   ㄷ. 광통신의 장점 : 전송 속도가 빠르고, 신호의 변질 및 혼선이 없으며, 도청할 수 없다.

05 $I = F \cdot t = \Delta p = mv_1 - mv_0$
충격량은 운동량의 변화량이다.
$I = [0.2\text{kg} \times (-30)\text{m/s}] - [0.2\text{kg} \times 20\text{m/s}]$
$\quad = -6\text{N} \cdot \text{s} - 4\text{N} \cdot \text{s} = -10\text{N} \cdot \text{s}$
따라서, 충격량의 크기 $= 10\text{N} \cdot \text{s}$ 이다.

06 ㄱ. 운동 에너지 $= \frac{1}{2}mv^2$ 이므로

    A의 운동 에너지 $= \frac{1}{2} \times m \times (2v)^2 = 2mv^2$

    B의 운동 에너지 $= \frac{1}{2} \times 2m \times v^2 = mv^2$

    ∴ 운동 에너지는 A가 B의 2배이다.

  ㄴ. 운동량$(p) = mv$ 이므로
    A의 운동량 $= m \cdot 2v = 2mv$, B의 운동량 $= 2m \cdot v = 2mv$
    ∴ A의 운동량과 B의 운동량은 같다.

  ㄷ. 물질파의 파장$(\lambda) = \frac{h}{mv}$ 이며,

    A와 B의 운동량이 같으므로 물질파의 파장은 A와 B가 같다.

07 전자가 양자수 m인 궤도에서 양자수 n인 궤도로 전이했을 때
$E_{광자} = hf = |E_m - E_n|$
(여기서, $m < n$: 에너지 흡수, $m > n$: 에너지 방출)
∴ $n = 4 \rightarrow n = 2$로 전자가 전이될 때 에너지를 방출한다.
$E = -3.4 - (-13.6) = 10.2\text{eV}$, 즉 10.2eV의 에너지를 방출한다.

08 $F = ma$이므로, $10\text{N} = 2\text{kg} \times a$ $a = 5\text{m/s}^2$이다.
등가속도 제1번 공식 : $v = v_0 + at$에서,
처음속도 $= 0$, $t = 2$초이므로, $v = 0 + 5\text{m/s}^2 \times 2\text{s} = 10\text{m/s}$
∴ 운동 에너지 $= \frac{1}{2} \times m \times v^2$이므로,

           $= \frac{1}{2} \times 2\text{kg} \times (10\text{m/s})^2 = 100\text{kg} \cdot \text{m/s}^2 = 100\text{J}$이다.

09 • 전도띠 : 원자가띠 위에 있는 에너지 띠로, 전자가 채워지지 않은 띠이다.
  • 원자가띠 : 전자가 채워져 있는 에너지 띠 중 에너지가 가장 높은 상태의 띠이다. 원자가띠에 채워지는 전자의 에너지는 동일하지 않다.
  • 에너지 간격(A) : 전자가 존재할 수 없는 영역으로 전자가 가질 수 없는 에너지 값이다.

10 운동량 보존의 법칙

$m_1 v_1 + m_2 v_2 = m_1 v_1{}' + m_2 v_2{}'$ 이므로

$(2m \times 2v) + 0 = (2m \times v) + (m \times v_B)$

$4mv = 2mv + (m \times v_B)$

$\therefore\ v_B = 2v$

11 패러데이의 법칙 : 코일 주위에서 자석을 움직이거나 자석 주위에서 코일을 움직이면 코일 내부를 통과하는 자속(자기력선속)이 변하여 코일에 유도 전류가 흐르게 된다. 이때 유도 전류의 방향은 코일을 통과하는 자속의 변화를 방해하는 방향이다.

ㄱ. 자석이 낙하하므로 위치 에너지는 감소한다.

ㄴ · ㄷ · ㄹ. 자석이 낙하하는 동안 유도 전류가 발생하므로 역학적 에너지는 보존되지 않고, 감소한 역학적 에너지 만큼 전기 에너지로 전환된다.

12 ㄴ · ㄷ. • 하드디스크 : 원판형 자기 디스크로, 자성을 이용하여 디지털 정보를 저장하고 재생한다.

　　　　• 하드디스크의 플래터 : 알루미늄이나 유리 화합물로 된 원판에 강자성체를 얇게 입힌 구조이다.

ㄱ. 빛을 이용한 정보 저장 장치 : CD, DVD, 블루레이 디스크 등

13

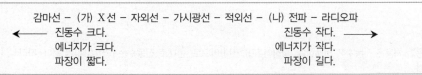

① 물리량 A에는 진동수 혹은 에너지를 넣을 수 있다.

③ (가)는 X선으로, 의료 진단 분야, 비파괴 검사, 공항 검색대에서 사용된다.

④ (나)는 전파로, 휴대전화 데이터 통신과 전자레인지에 이용된다.

14 • 탄산음료가 담긴 차가운 병의 뚜껑을 처음 열었을 때 뚜껑 주변에 하얀 김이 서리는 현상은 단열 팽창이다.

• 단열 팽창은 외부에 공급된 열이 없이 기체의 부피가 팽창, 온도가 낮아짐, 수증기가 응결해서 김이 생긴다.

• $Q = \Delta U + W$ 이고, 단열 팽창이므로 $Q = 0$, $W = -\Delta U$ 이다.

ㄴ. 부피가 증가, $W = P\Delta V$ 이므로, 기체는 외부에 일을 한다.

ㄷ. $W = -\Delta U$ 이므로 외부로 일을 한 만큼 내부 에너지는 감소한다.

ㄱ. 기체는 단열 팽창이다.

15 • 파동의 반사 : 파동이 반사할 때 입사각과 반사각의 크기가 같고 파장, 속력, 진동수는 변화가 없다.

• 파동의 굴절 – 물결파의 굴절 : 물결파가 깊은 곳에서 얕은 곳으로 진행할 때 속력은 느려지고, 파장은 짧아지며, 진동수, 주기는 변화가 없다.

① 파동이 굴절할 때 파동의 파장은 변한다.

16 유도 전류의 세기 : 자석을 빨리 움직일수록, 자석의 세기가 셀수록, 코일의 감은 수가 많을수록 유도되는 전류의 세기가 크다.
　② 코일과 자석 사이의 단위시간당 간격 변화가 $t > 8t$로 t일 때가 $8t$일 때보다 크므로 전류의 세기는 $t > 8t$이다.
　① $4t$일 때 코일과 자석 사이의 간격 변화가 없으므로 전류가 흐르지 않는다.
　③ t일 때 자석이 코일에 접근하므로 코일이 자석에 작용하는 자기력 방향과 자석의 운동 방향이 반대이다.
　④ t일 때 자석이 코일에 접근, $7t$일 때 자석이 코일에서 멀어지므로 전류의 방향은 서로 반대이다.

17 p형 반도체 : 불순물이 원자가띠 바로 위에 양공을 가진 새로운 에너지 띠를 만들며 작은 에너지로도 원자가띠에 있는 전자들이 이 양공으로 옮겨가 전류를 흐르게 한다.
　ㄷ. 전류의 방향 : (+)극 → (−)극
　　　양공의 방향 : (+)극 → (−)극
　ㄹ. 양공이 전도띠에 있는 전자보다 많으므로 주로 양공에 의해 전류가 흐른다.
　ㄱ. 불순물 반도체에 생성된 양공은 원자가띠에 존재한다.
　ㄴ. 양공은 왼쪽(+)에서 오른쪽(−)으로 이동한다.

18 ② $t = 0.1$초에서 점 P의 변위가 증가하였다면 파동의 진행 방향은 왼쪽이다.
　①·③ 파동의 속력$=\dfrac{\text{파장}}{\text{주기}}$이므로, 주기는 0.5초, 파장은 2m, 따라서 파동의 속력은 $\dfrac{2\text{m}}{0.5\text{s}} = 4\text{m/s}$이다.
　④ 진폭은 1m이다.

19 ③ 고음과 저음은 진동수에 비례한다. 파장이 (가)>(나)이므로, 반대로 진동수는 (가)<(나)가 된다. 따라서, (나)가 (가)보다 높은 소리가 난다.
　① (가) 정상파의 파장(λ)$= 4L_1$
　② 정상파의 파장(λ) $\propto L$이다. $L_1 > L_2$이므로 파장은 $\lambda_{(가)} > \lambda_{(나)}$이다.
　④ 한쪽 끝이 닫힌 관에서 한쪽이 열린 끝은 배, 닫힌 끝은 마디이다.

20 ① 특수 상대성 − 시간 팽창 : B가 측정할 때, A의 시간은 느리게 간다.
　② 특수 상대성
　　• 아주 빠르게 움직이는 물체에서 시간 팽창, 길이 수축이 일어나므로 수직적으로 팽창, 수축은 일어나지 않는다.
　　• Q의 길이는 L이다.
　③ 특수 상대성 − 길이 팽창
　④ 상대성 원리 : 관성 좌표계에서는 관성의 법칙이 성립한다. 따라서 B가 볼 때 A는 $-0.8c$의 속력으로 움직인다.

2020년 기출문제
정답 및 해설

기출문제 정답

01	02	03	04	05	06	07	08	09	10
③	①	④	③	②	④	①	③	③	②
11	12	13	14	15	16	17	18	19	20
③	①	②	①	④	④	④	②	②	③

01 직선 도선에 자기장의 크기는 $B=k\dfrac{I}{r}$ 이다.

주어진 조건에서 $B=k\dfrac{I}{2r}$ 이다. 거리를 $3r$로 하면, $B=k\dfrac{I}{3r}$ 이다.

따라서, $k\dfrac{I}{r}=2B$이므로 $k\dfrac{I}{3r}$ 는 $\dfrac{2}{3}B$가 된다.

02 ① 다이오드는 순방향이다. X는 p형 반도체, Y는 n형 반도체이다.
　　② 반도체 Y에 있는 전자는 반도체 X와의 접합면으로 이동한다.
　　③ 전지의 방향을 반대로 하면 역방향이므로 전구의 불이 꺼진다.
　　④ 반도체 Y는 n형 반도체이므로 운반체는 전자이다.

03 ④ 4.5eV의 광자 1개가 금속 표면에 부딪히면 광전자 1개가 방출된다.
　　①・③ 광전 효과는 금속 표면에 특정 진동수(＝한계 진동수)보다 큰 진동수의 빛을 비추었을 때 금속에서 전자가 튀어나오는 현상으로, 입자성을 증명할 수 있는 실험이다.
　　② 광전자의 최대 운동 에너지는 광자 한 개의 에너지에서 일함수를 빼준 값과 같다.

$$E_k=\frac{1}{2}mv^2=hf-W=hf-hf_0$$

　　• $0.53=2.53-W$ ∴ $W=2$
　　• $1.6=3.6-W$ ∴ $W=2$
　　따라서, 금속의 일함수는 2eV이다.

04 ③ B→C는 단열 과정이다. 온도 감소, 내부 에너지∝절대 온도이다. 따라서, 내부 에너지는 감소한다.
　　①・② A→B는 등압 과정이다. 기체가 받는 열량은 내부 에너지 증가와 외부에 한 일의 합과 같다.

05 1. 역학적 에너지 보존의 법칙에 의하여, 물체 A의 위치 에너지와 운동 에너지는 같다.

$$E_p = E_k \qquad mgh = \frac{1}{2}mv^2$$

$$4 \times 10 \times 1.8 = \frac{1}{2} \times 4 \times v^2$$

$$v^2 = 36 \qquad \therefore \ v = 6\text{m/s}$$

2. 운동량 보존 법칙을 이용하여 완전 비탄성 충돌 시 속도를 구한다.

$$4 \times 6 + m \times 0 = (4+m)v'$$

$$v' = \frac{24}{4+m}[\text{m/s}]$$

3. 역학적 에너지 보존의 법칙에 의하여, 충돌 후 멈춘 지점에서의 물체 (A+B)의 운동 에너지와 위치 에너지는 같다.

$$E_k = E_p \qquad \frac{1}{2} \times (4+m) \times \left(\frac{24}{4+m}\right)^2 = (4+m) \times 10 \times 0.8$$

$$4 + m = 6 \qquad \therefore \ m = 2\text{kg}$$

06 ④ 초전도체의 마이스너 효과는 반자성체에서 나타나는 현상이다.

①·③ 강자성체에 외부 자기장을 걸어주면 자기 구역들이 외부 자기장과 같은 방향으로 정렬되면서 자기화된 강자성체는 외부 자기장을 제거하여도 자석의 효과를 오래 유지한다.

② 강자성체의 예로 철, 니켈, 코발트 등이 있다.

07 • B→C로 진행될 때 전반사가 이루어진다. 전반사는 느린 매질에서 빠른 매질로 진행될 때 나타난다(느린 매질 → 빠른 매질).

• B→A로 진행될 때 입사각보다 굴절각이 더 작으므로 빠른 매질에서 느린 매질로 진행될 때 나타난다(빠른 매질 → 느린 매질).

• 전달 속력이 C>B>A이므로 굴절률은 $n_A > n_B > n_C$ 이다.

08 ③ Q(열량)$= U$(내부 에너지)$\propto kT$(온도)

압력(P)는 $2P \rightarrow P$로 감소하고, T(절대 온도)도 감소한다. 따라서, U(내부 에너지)는 감소하고, 열을 방출한다.

① A→B는 등압 과정이다. 압력이 $2P$로 일정하고 부피가 $V \rightarrow 2V$로 증가하였으므로 온도(T)는 증가한다. 따라서, 온도는 $T_A < T_B$ 이다.

② $W = P\Delta V$이므로, A→B에서 기체가 외부에 한 일 $W = 2P \times (2V - V) = 2PV$ 이다.

④ B→C는 등적 과정이다. 부피 변화가 없으므로 외부로 한 일$= 0$이다.

09 역학적 에너지 보존의 법칙을 적용하여 $mgh = E_k + E_p$이므로

$$\text{P 지점} = mg\left(h - \frac{2}{3}h\right) + mg\frac{2}{3}h$$

$$\text{Q 지점} = mg\left(h - \frac{1}{3}h\right) + mg\frac{1}{3}h$$

$$\rightarrow \text{P 지점의 높이는 } \frac{2}{3}h$$

$$\text{Q 지점의 높이는 } \frac{1}{3}h$$

따라서, P와 Q의 높이차는 $\frac{2}{3}h - \frac{1}{3}h = \frac{1}{3}h$이다.

10 ㄱ. $\vec{I}\,(\text{충격량})=\vec{F}\times t=\vec{\Delta p}=mv-mv_0$

$\vec{F}=\dfrac{\vec{\Delta p}}{t}=\dfrac{mv-mv_0}{t}$ 이므로

$0{\sim}2$초까지 기울기는 힘을 의미한다.

$\vec{F}=m\vec{a}=2\times\vec{a}=10\text{N}$ $\quad\therefore \vec{a}=5\text{m/s}^2$

ㄴ. $2{\sim}4$초 동안 v가 일정하므로 등속 직선 운동을 한다.

ㄷ. $0{\sim}6$초 동안 운동량의 변화량$=0$이므로 $\vec{I}\,(\text{충격량})=\vec{\Delta p}(\text{운동량의 변화량})$이다.

$\therefore \vec{\Delta p}=0$이므로 $\vec{I}\,(\text{충격량})=0$이다.

11 • 단진자의 주기 공식은 $T=2\pi\sqrt{\dfrac{l}{g}}$ 이다.

• 행성의 중력 가속도는 지구의 $\dfrac{1}{4}$ 이다.

$T_{\text{행성}}=2\pi\sqrt{\dfrac{l}{\frac{1}{4}g}}=2\pi\times2\sqrt{\dfrac{l}{g}}$ 이므로, $T_{\text{행성}}=2T_{\text{지구}}$

따라서, 지구에서의 단진자 주기 $T_{\text{지구}}$는 1초이므로 행성에서의 단진자 주기 $T_{\text{행성}}$은 2초이다.

12 • 전력 $P=IV=\dfrac{V^2}{R}$

• 같은 전원이므로 도선 A, B에 걸리는 전압은 같다.

• 같은 길이 $l_A:l_B=1:1$

• 도선의 반지름이 A가 B의 2배이므로 단면적의 비는 $S_A:S_B=\pi(2r)^2:\pi r^2=4:1$이다.

• 비저항의 비 $\rho_A:\rho_B=2:1$

• $R=\rho\dfrac{l}{S}$ 이므로, $\quad R_A=2\times\dfrac{1}{4}\qquad R_B=1\times\dfrac{1}{1}$

$R_A:R_B=\dfrac{1}{2}:1=1:2$

$\therefore$ 전력의 비 $P_A:R_B=\dfrac{V^2}{R_A}:\dfrac{V^2}{R_B}=\dfrac{1}{1}:\dfrac{1}{2}=2:1$

13 • 인공위성은 등속 원운동한다.

• 만유인력$=$구심력이다.

$G\dfrac{mM}{R^2}=\dfrac{mv^2}{R}$ 이므로

$v^2=\dfrac{GMm}{R}\propto K_1$

• 새 원 궤도의 반지름이 $2R$이므로

$\dfrac{GHm}{2R}=\dfrac{1}{2}\dfrac{GHm}{R}=\dfrac{1}{2}v^2$

따라서, 위성의 운동 에너지는 $\dfrac{1}{2}K_1$ 이다.

14 ② 임계온도가 높은 고온 초전도체가 존재한다.

③ 임계온도보다 낮은 온도에서 물질 내부의 자기장은 0이 된다.

④ 높은 유전율을 가진 물질을 축전기에 사용한다. 임계온도보다 낮은 온도에서는 유전율이 0이므로 축전기에 쓰이지 않는다.

15 열전도 공식

$$Q = k\frac{A\Delta t}{L} = k\frac{A(t_H - t_L)}{L}$$

(여기서, k : 열전도도, A : 전열면적, Δt : 온도 변화, L : 두께)

$$Q = 0.080 \times \frac{50 \times (25 - 5)}{5 \times 10^{-2}} = 1,600\text{J/s} = 1,600\text{W}$$

∴ 실내 온도를 일정하게 유지하려면 같은 열량이 공급되어야 하므로 난로의 일률은 1,600W이다.

16 역학적 에너지 보존의 법칙을 이용하여

$$3,000 \times g \times m = 2,000 \times g \times m + \frac{1}{2}mv^2$$

$$(3,000 - 2,000)g = \frac{1}{2}v^2$$

$$v = \sqrt{2 \times 1,000 \times g} = \sqrt{2 \times 1,000 \times 9.8} = \sqrt{19,600}$$

∴ $v = 140\text{m/s}$

17 ㄴ. $E = h\nu = h\dfrac{c}{\lambda}$ 이므로, 진동수는 A > B, 파장은 A < B이다.

ㄷ. 광자 하나의 에너지는 A > B이다.

ㄱ. A는 초록색 빛, B는 노란색 빛이다.

18 이상기체이며, 보일-샤를의 법칙을 적용한다.

$$\frac{P_1 V_1}{T_1} = \frac{P_2 V_2}{T_2}$$

$$\frac{1.0 \times V}{273 + 27} = \frac{20.0 \times \dfrac{V}{10}}{T_2}$$

$T_2 = 600\text{K}$이며 섭씨 온도로는 $600 - 273 = 327℃$ 이다.

19 1. 속력은 운동량 보존의 법칙 적용으로 알 수 있다.

2. 나무토막과 총알은 완전 탄성 충돌이다.

처음 총알의 속력 v_1, 충돌 후 속력 v_2이면, $m_1 v_1 = m_2 v_2$에 의해

$0.01 v_1 = (0.01 + 0.2) v_2$

$\therefore v_1 = 21 v_2$

3. 에너지 보존의 법칙

$\frac{1}{2} mv^2 = \mu mg \cdot S$

$\frac{1}{2} \times 0.21 \times {v_2}^2 = 0.400 \times 0.21 \times 10 \times 8.00$

$v_2 = \sqrt{2 \times 0.400 \times 10 \times 8.00} = \sqrt{64} = 8\text{m/s}$

$\therefore v_1 = 21 v_2 = 21 \times 8 = 168\text{m/s}$

20 • 동원원소는 원자번호(즉, 양성자수)는 같고 질량수(즉, 중성자수)가 다르다.
• 동위원소간 화학적 성질은 유사하나 물리적 성질이 다르다.

01	02	03	04	05	06	07	08	09	10
①	④	③	④	②	③	④	③	①	①
11	12	13	14	15	16	17	18	19	20
①	②	④	③	④	②	②	③	②	③

01 전자기파의 이용에 관한 문제로, A는 자외선이다.
　ㄱ. 살균이나 소독에 사용하는 것은 자외선이다.
　ㄴ. 가시광선의 빨강 빛보다 진동수가 작은 것도 적외선이다.
　ㄷ. 열을 내는 물체에서 주로 발생하는 것은 적외선이다.

02 ④ P에서 Q로 이동하는 동안 전기력이 작용하므로 점전하의 속력은 증가한다.
　① A는 양(+)전하를 띤다.
　② 점전하는 양(+)전하로 대전되어 있다.
　③ 전기장의 세기는 P에서가 Q에서보다 크다.

03 송전선 손실전력 $P = I^2 R$이다.
　$I = 20$A이고 저항이 4Ω이므로,
　손실전력 $= 20^2 \times 4 = 400 \times 4 = 1,600$W

04 코어와 클래딩의 경계면에서 빛의 입사각은 임계각보다 크거나 같다.

05 ㄷ. 빛이 O에서 C까지 진행하는 데 걸린 시간은 철수가 측정한 값이 영희가 측정한 값보다 크다(시간 팽창).
　ㄱ. 철수가 측정할 때 O에서 나온 빛은 B보다 A에 먼저 도달한다.
　ㄴ. 우주선의 길이는 철수가 측정한 값이 영희가 측정한 값보다 작다(길이 수축).

06 ㄴ. 직선 도선에 흐르는 전류 세기가 감소하면 자속이 감소하므로 렌츠의 법칙에 의해 A→ⓖ→B 방향으로 전류가 흐른다.
　　ㄷ. 직선 도선의 전류 세기가 일정하고 직선 도선과 직사각형 도선 사이의 거리가 점점 멀어지면 자속이 감소하므로 렌츠의 법칙에 의해
　　　 A→ⓖ→B 방향으로 전류가 흐른다.
　　ㄱ. 직선 도선에 흐르는 전류의 세기가 일정하면 자속이 변하지 않으므로 전류가 흐르지 않는다.

07 파셴 계열의 적외선은 인체의 골격을 찍는 데 이용되지 않는다. 인체의 골격 사진을 찍는 데 이용되는 것은 X선으로 라이먼 계열(자외선)보다 파장이 작다.

08 단열 과정 : 외부에서 열을 받지 않고 팽창하는 열역학 과정을 단열 팽창이라고 한다. 단열 팽창하면 외부에 일을 한 만큼 내부 에너지가 감소하여 온도가 내려간다.
　　ㄱ. 내부 에너지의 감소량만큼 외부에 일을 했다. 따라서 $T_1 > T_2$이다.
　　ㄷ. 이상 기체가 한 일은 이상 기체의 내부 에너지 감소량과 같다.
　　ㄴ. 피스톤이 움직이는 동안 이상 기체의 압력은 감소한다.

09 ㄱ. 앙페르의 법칙에 따라 도선에 흐르는 전류의 방향은 $+y$방향이다.
　　ㄴ. 도선을 P로 옮긴 후 Q점은 도선의 오른쪽이 되므로 자기장의 방향은 ⊗방향이다.
　　ㄷ. $PQ : QR = 1 : 2$이므로 $PQ : PR = 1 : 3$이다. 따라서 도선을 P로 옮긴 후 R에서의 자기장의 세기는 $\frac{2}{3}B_0$이다.

10 $W = F \times s = \frac{1}{2}mv^2$(나중 속도) $- \frac{1}{2}mv^2$(처음 속도)

$2.4 \times s = \frac{1}{2} \times 4 \times 5^2 - \frac{1}{2} \times 4 \times 1^2$

$\therefore \ s = 20\text{m}$

11 • 약한 상호작용은 베타붕괴와 같은 핵 현상에 관여하는 힘이다.
　　• 약한 상호작용은 원자핵 내에서만 작용한다.
　　• 약한 상호작용의 매개입자에는 W보손, Z보손이 있다.

12 등가속도 제1번 공식
　　$v = v_0 + at = 10 + 5 \times 5 = 35\text{m/s}$

13 광전 효과는 금속 표면에 특정 진동수 이상의 진동수를 가진 빛을 비출 때 금속에서 전자가 튀어나오는 현상이다. 문턱 진동수보다 낮은 진동수의 빛을 금속판에 비추어 주었으므로 광전자가 방출되지 않는다. 따라서 금속박이 변하지 않는다.

14 파동의 속력=파장×1/주기=파장×진동수

$v = \lambda \times \dfrac{1}{T} = \lambda \times f$ 이다.

$L = 3\lambda$ 이고, f는 일정하다. 따라서 $v = \dfrac{L}{3} \times f = \dfrac{fL}{3}$ 이다.

15 A는 베타붕괴로 전자가 방출, B는 알파붕괴로 헬륨 원자핵이 방출된다.

ㄴ. A는 전자이므로 렙톤에 속한다.

ㄷ. B는 헬륨 원자핵이다.

ㄱ. A는 전기장의 방향과 반대 방향으로 힘을 받는다.

16 금속 고리 A의 자속이 증가하므로 렌츠의 법칙에 의해 반시계 방향으로 유도 전류가 흐른다.

ㄱ·ㄷ. 자속이 증가하므로 반시계 방향으로 유도 전류가 흐른다.

ㄴ. 자속이 감소하므로 시계 방향으로 유도 전류가 흐른다.

17 B의 평균 속력=전체 거리/전체 시간이다.

1. 빗면에서 물체 A의 가속도를 a라 하면, 최고점에 도달하는 순간의 물체 A는 등가속도 1번 공식($v = v_0 + at$)에 따라 $20 - at = 0$이

된다. 따라서 $t = \dfrac{20}{a}$ 이다.

2. B가 이동한 거리는 등가속도 2번 공식$\left(S = v_0 t + \dfrac{1}{2}at^2\right)$에 해당하므로 $S = \dfrac{1}{2}at^2$

시간은 물체 A의 시간과 동일하므로 $t = \dfrac{20}{a}$ 을 대입하면,

$S = \dfrac{1}{2}a\left(\dfrac{20}{a}\right)^2 = \dfrac{200}{a}$ 이다.

따라서 B의 평균 속력$= \dfrac{\dfrac{200}{a}}{\dfrac{20}{a}} = 10\text{m/s}$ 가 된다.

18 ㄴ. $R = \dfrac{V}{I}$에 의해 물질 A와 물질 B의 전류의 비는 $I_A : I_B = 2 : 1$이고, 전압은 A, B가 220V로 일정하므로 저항의 비는

$R_A : R_B = \dfrac{1}{2} : \dfrac{1}{1} = 1 : 2$ 가 된다.

ㄷ. A와 B를 동시에 5시간 동안 사용하면 전체 소비 전력량은 $P \times t$(시간)이므로 $(40 + 20) \times 5 = 300\text{Wh}$ 이다.

ㄱ. $P = IV$이므로 A에 흐르는 전류 $I_A = \dfrac{40}{220}$, B에 흐르는 전류 $I_B = \dfrac{20}{220}$ 이다. 따라서 A와 B에 흐르는 전류의 세기는 다르다.

19 ㄴ. B가 받은 충격량은 $\frac{2}{3}mv_0$이므로 B는 정지 상태에서 충돌 후 운동량이 $\frac{2}{3}mv_0$가 된다. 따라서 충돌 후 B의 속도는 $\frac{2}{3}v_0$이다.

ㄱ. A가 받은 충격량이 $\frac{2}{3}mv_0$이고 A는 충돌 과정에서 충격량을 반대 방향으로 받으므로 충돌 후 운동량은 $mv_0 - \frac{2}{3}mv_0 = \frac{1}{3}mv_0$이다.

따라서 충돌 후 A의 속도는 $\frac{1}{3}v_0$이다.

ㄷ. 충돌하는 동안 A가 B로부터 받은 충격량의 크기는 작용-반작용이므로 B가 A로부터 받은 충격량의 크기와 같다.

20 기체의 압력을 일정하게 유지하면서 기체에 가해진 $5PV$의 열은 공급된 열량이며, '공급된 열량=내부 에너지+한 일'이 된다.
부피는 온도 변화에 비례하므로, 부피의 변화는 즉 온도의 변화를 의미한다.
온도 변화가 T에서 $3T$로 되었으므로, 부피 변화는 $3V - V = 2V$이다.
한 일 =기체가 일정한 압력을 유지하면서 부피 변화만큼 팽창하면 기체는 외부에 일을 한다. $P(3V - V) = 2PV$
따라서 공급된 열량 $5PV =$ 내부 에너지+한 일($2PV$)이므로 내부 에너지=$3PV$이다.

2019년 기출문제
정답 및 해설

기출문제 정답

01	02	03	04	05	06	07	08	09	10
③	①	②	②	④	④	②	③	①	④
11	12	13	14	15	16	17	18	19	20
③	①	②	④	①	①	②	①	①	②

01 ③ 컬렉터로 확산되는 양공의 양 V_{EB}의 미세한 변화에 큰 영향을 받으므로 V_{EB}의 미세한 변화가 I_C의 커다란 변화로 나타난다. 따라서 I_B에 비해 큰 I_C를 얻을 수 있다.

① 신호가 1 또는 0으로 구성된 디지털 회로 제작에 이용된다. 대표적 이용으로 스위치 작용이 있다.

② 이미터(E)와 베이스(B) 사이에 순방향 전압(V_{EB})을, 컬렉터(C)와 베이스(B) 사이에 역방향 전압(V_{CB})을 걸어 줄 때 작동하는 소자이다.

④ 순방향 전압(V_{EB})을 조절하여 컬렉터에 흐르는 전류의 세기(I_C)를 조절한다.

⇨ 순방향 전압을 조절하여 컬렉터에 흐르는 전류의 양을 조절하는데, p형 반도체에서는 정공이 이미터(E) → 베이스(B) → 컬렉터(C)로 이동하며 전류는 같은 방향으로 흐른다.

02 • 관성의 법칙(운동 제1법칙) : 물체에 작용하는 알짜힘이 0이면 정지해 있는 물체는 계속 정지해 있으려 하고 운동 중인 물체는 등속직선 운동을 한다.
• 작용–반작용(운동 제3법칙) : 한 물체가 다른 물체에 힘을 가하면 힘을 받은 물체도 힘을 가한 물체에 크기가 같고 방향이 반대인 힘을 동시에 작용시킨다.
ㄱ·ㄴ. 관성의 법칙 – 관성력
ㄷ. 작용–반작용

03 ㄴ. 소리의 전달 속도는 고체>액체>기체의 순이다.
ㄱ. 탄성파 : 매질을 통하여 에너지를 전달하는 파동 예 음파(=소리)
전자기파 : 매질이 없어도 에너지를 전달하는 파동 예 전파, 빛
ㄷ. 소리의 3요소
• 소리의 높낮이 – 진동수
• 소리의 크기 – 진폭
• 소리의 맵시 – 파형이 다름
ㄹ. 전자기파의 에너지와 파장 비교 : 에너지 ∝ 진동수 ∝ $\frac{1}{파장}$
∴ 파장 : 가시광선>자외선

04 ② $v = v_0 + at = 0 + 10\text{m/s}^2 \times 2\text{s} = 20\text{m/s}$

$2as = v^2 - v_0{}^2$ $2 \times 10\text{m/s}^2 \times s = (20\text{m/s})^2 - 0^2$ $\therefore s = \dfrac{400\text{m}}{20} = 20\text{m}$

$\left(s = v_0 t + \dfrac{1}{2}at^2 = 0 + \dfrac{1}{2} \times 10\text{m/s}^2 \times (2\text{s})^2 = 20\text{m} \right)$

$\therefore$ 물체에 한 일$(W) = F \times s = 10\text{N} \times 20\text{m} = 200\text{J}$

① $F = ma$에서, 힘이 일정하므로 $10\text{N} = 1\text{kg} \times a$

$\therefore a = 10\text{m/s}^2$

③ $v = v_0 + at = 0 + 10\text{m/s}^2 \times 1\text{s} = 10\text{m/s}$

④ 힘-시간 그래프의 밑넓이는 충격량을 나타내고, 충격량=운동량의 변화량이다. 힘이 일정하고 시간이 증가하므로 밑넓이는 증가한다. 따라서, 운동량의 크기는 증가한다.

05 β 붕괴 : 원자핵 속의 중성자가 β 입자(=전자)를 방출하면서 양성자로 변하므로 질량수는 변화가 없지만 원자번호가 1만큼 증가된 다른 원자핵으로 변환된다. 입자 A는 양성자를 나타낸다.

ㄴ. 양성자는 위 쿼크 2개, 아래 쿼크 1개로 이루어진 입자이다.

ㄹ. 약한 핵력(약한 상호작용)은 β 붕괴와 같은 핵 현상에 관여하는 힘이다.

ㄱ. 강한 핵력(강한 상호작용)은 쿼크 간, 양성자와 중성자 간에 작용하는 우주의 힘이다.

ㄷ. 양성자가 상대적 전하량 +1이면 전자가 상대적 전하량 −1, 중성미자는 전하량이 0이다.

06 운동량 공식은 $p = mv$이며, $p-t$ 그래프에서 기울기는 힘(F)을 나타낸다.

④ $4t$일 때의 기울기가 힘이므로

$\dfrac{p_0}{2t} = F$ $\dfrac{mv}{2t} = ma$ $\therefore a = \dfrac{v}{2t}$

$p_0 = mv$ $\therefore v = \dfrac{p_0}{m}$

$\therefore a = \dfrac{\dfrac{p_0}{m}}{2t} = \dfrac{p_0}{2mt}$

① $2t$일 때 p_0(운동량)는 일정하고 $p_0 = mv$이므로 $v = \dfrac{p_0}{m}$이다.

② $0 \sim 2t$까지 그래프의 기울기는 0이다. 운동량-시간 그래프의 기울기는 힘이다. 따라서 시간에 대한 운동량이 일정하므로 알짜힘이 일정하다.

③ $3t$부터 $5t$까지 운동량이 감소하였으므로 충격력은 반대로 증가한다. 따라서, 물체가 받은 충격량의 방향과 운동 방향은 반대이다.

07 A : 도체, B : 절연체(부도체), C : 반도체

② A는 도체, B는 절연체이므로 상온에서 전기 전도도는 A가 B보다 높다.

① A는 도체이다.

③ 띠틈의 크기는 절연체가 반도체보다 크다.

④ C는 반도체, 도핑은 순수 반도체에 불순물을 섞는 과정으로 전기 전도도를 증가시킨다.

08 ③ $v = v_0 + at = 0 + 1\mathrm{m/s^2} \times 5\mathrm{s} = 5\mathrm{m/s}$

  (or $v = v_0 + at$ $5\mathrm{m/s} = 0 + 1\mathrm{m/s^2} \times t$ $\therefore\ t = 5$초)

  ① $v = v_0 + at$ $10\mathrm{m/s} = 0 + a \times 10\mathrm{s}$

      $\therefore\ a = 1\mathrm{m/s^2}$

  ② $2as = v^2 - v_0{}^2$ $2 \times 1\mathrm{m/s^2} \times s = 10^2 - 0^2$

      $\therefore\ s = 50\mathrm{m}$

  ④ $2as = v^2 - v_0{}^2$ $2 \times 1\mathrm{m/s^2} \times s = 5^2 - 0^2$

      $\therefore\ s = 12.5\mathrm{m}$

09 물체 A가 연직 방향으로 내려간 높이 h, 물체 B가 연직 방향으로 올라간 높이 h'

  $E_p = mgh$, $E_k = \dfrac{1}{2}mv^2$ 이므로

  도르래를 통해 연결된 두 물체는 함께 운동하므로 한 물체의 역학적 에너지가 감소하면 나머지 한 물체의 역학적 에너지는 증가한다.

  $mgh = mgh' + \dfrac{1}{2}m(v^2 - v_0{}^2) + \dfrac{1}{2}m(v^2 - v_0{}^2)$

  $mgh = mgh' + m(v^2 - v_0{}^2)$ $\cdots$ ㉠

  또한, A의 포텐셜 에너지 감소량은 A의 운동 에너지 증가량의 3배이므로

  $mgh = 3 \times \dfrac{1}{2} \times m(v^2 - v_0{}^2)$

  $mgh = \dfrac{3}{2}m(v^2 - v_0{}^2)$ $m(v^2 - v_0{}^2) = \dfrac{2}{3}mgh$ $\cdots$ ㉡

  ㉡을 ㉠에 대입하면,

  $mgh = mgh' + \dfrac{2}{3}mgh$ $mgh' = \dfrac{1}{3}mgh$

  $\therefore\ h' = \dfrac{1}{3}h$

10 (가)는 자기를 이용한 정보 저장 매체(하드디스크), (나)는 광 기록 방식(CD, DVD), (다)는 전기 기록 방식(플래시 메모리)이다.

  ④ (다)는 반도체를 이용, 셀에 포함된 전자의 수에 따라 달라지는 특성을 이용한다.

  ① 하드디스크는 패러데이의 법칙에 의해 정보를 읽는다.

  ② 광 기록 방식은 빛을 이용하여 정보를 저장하고 읽는 방식이다.

  ③ 저장 용량 DVD>CD

11 ③ 작용-반작용으로 크기가 같다.

  ① C의 가속도 $3mg = 6ma$ $\therefore\ a = \dfrac{1}{2}g$이다.

  ② A에 작용하는 알짜힘의 크기는 $\dfrac{1}{2}mg$이고, B에 작용하는 알짜힘의 크기는 mg이다.

  ④ 줄 2가 B에 작용하는 힘의 크기는 줄 1이 B에 작용하는 힘의 크기의 3배이다.

12 $v = \dfrac{\lambda}{T} = \lambda f$

속력이 일정할 때 파장(λ)와 진동수(f)는 반비례 관계이다.
파장은 $\lambda_A : \lambda_B = 2 : 1$, 진동수는 $f_A : f_B = 1 : 2$이다.

13 ② 0~2초 동안 이동한 거리는 $v-t$ 그래프의 밑넓이이므로 $8\mathrm{m} + 4\mathrm{m} = 12\mathrm{m}$ 이다.
① 1~2초 동안 속도가 일정하게 감소하였으므로 등가속도 운동을 한다.
③ 2.5초의 가속도 크기는 $v-t$ 그래프의 기울기이므로 $\dfrac{4\mathrm{m/s}}{1\mathrm{s}} = 4\mathrm{m/s}^2$ 이다.
④ 2~4초 동안 평균 속도의 크기는 $\dfrac{\text{이동거리}}{\text{전체시간}} = \dfrac{6\mathrm{m}}{2\mathrm{s}} = 3\mathrm{m/s}$ 이다.

14 압력이 일정할 때 : 기체에 열을 가했을 때 압력이 일정하게 유지되면 부피가 팽창하고 온도가 상승한다.
$Q = \Delta U + W = \Delta U + P\Delta V$
내부 에너지 ΔU 증가, 한 일(W) 증가
④ $Q = \Delta U + W$이므로 $Q > W$이다.
① 기체의 온도는 증가한다.
② 기체는 외부에 일을 한다.
③ 기체의 평균 속력은 증가한다.

15 1. $P_1 + \dfrac{1}{2}\rho v_1{}^2 + \rho g h_1 = P_2 + \dfrac{1}{2}\rho v_2{}^2 + \rho g h_2$ 이므로
압력이 같기 때문에 $P_1 = P_2$
$\rho g h_2 - \rho g h_1 = \dfrac{1}{2}\rho(v_1{}^2 - v_2{}^2)$ $\rho g(h_2 - h_1) = \dfrac{1}{2}\rho(v_1{}^2 - v_2{}^2)$
$\rho \times 10 \times 3 = \dfrac{1}{2}\rho(8^2 - v_2{}^2)$ $30 = \dfrac{1}{2}(64 - v_2{}^2)$
$60 = 64 - v_2{}^2$ $\therefore v_2 = 2\mathrm{m/s}$
2. $A_1 v_1 = A_2 v_2$ (연속 방정식)
$1 \times 8 = S \times 2\mathrm{m/s}$ $\therefore S(A_2 \text{ 단면적}) = 4\mathrm{cm}^2$

16 ㄱ. A와 B 사이가 벌어져서 정지해 있으므로 서로 밀어내는 척력이 작용하였다.
ㄴ. A가 B에 작용하는 전기력과 B가 A에 작용하는 전기력은 작용-반작용 관계이므로 크기가 같다.
ㄷ. 대전된 전하량의 크기가 A가 B의 2배이면 θ_B 가 θ_A보다 크다.

17 ② 속도의 연직 방향 성분의 크기는 시간에 비례한다.
① 수평 방향으로 등속 직선 운동을 한다.
③ 수직 방향으로 등가속도 운동을 한다.
④ 운동 경로는 포물선 운동을 한다.

18 힘–시간 그래프에서 밑넓이는 충격량이다.

충격량$(\vec{I}) = \Delta\vec{p}$(운동량의 변화량) $\vec{I} = \Delta\vec{p} = m\vec{v} - m\vec{v_0}$

$20 = (5 \times v) - (5 \times 4)$ $\therefore v = 8\text{m/s}$

19 ㄴ. 전기력선은 (+)전하에서 나와 (−)전하로 들어간다. B의 전기장의 방향은 $+x$ 방향이다.

ㄱ. 전기력선의 밀도가 클수록, 즉 간격이 좁을수록 전기장의 세기가 세다(A > B).

ㄷ. B에 (−)전하를 놓았을 때 음전하가 받는 전기력의 방향은 $-x$ 방향이다.

20 ㄴ. 빛이 동일한 거리를 이동하므로 A는 P와 Q의 불빛이 B에 동시에 도달한 것으로 관측한다.

ㄱ. 광속 불변의 원리에 의해 빛의 속도는 관찰자나 광원의 속도에 관계없이 일정하다.

ㄷ. A는 Q가 P보다 먼저 켜진 것으로 관측한다.

기출문제 **정답**

01	02	03	04	05	06	07	08	09	10
①	②	③	④	②	③	④	②	④	①
11	12	13	14	15	16	17	18	19	20
③	①	③	④	①	②	④	③	②	④

01 ㄱ. 휴대전화, 통신기기, 전자레인지 등에 사용되는 전자기파 : 마이크로파
ㄴ. 비접촉온도계는 적외선 에너지의 양을 측정 : 적외선
ㄷ. 공항에서 가방 속 물건을 검사하는 데 사용 : X선

02 ② 속도-시간 그래프에서 밑넓이는 변위를 의미한다. 0초에서 2초까지 이동한 거리는 $\left(2 \times 2 \times \dfrac{1}{2}\right)$로 2m, 2초에서 3초까지 이동한 거리는 (1×2)로 2m이므로 이동한 거리는 서로 같다.
① 속도-시간 그래프에서 기울기는 가속도를 의미한다. 0초에서 2초까지 등가속도 운동이다.
③ 평균 속력=전체 거리/전체 시간이므로 0초부터 2초까지의 평균 속력은 1m/s이다.
④ 위 그래프에서 1초까지의 기울기를 구하면 가속도의 크기를 구할 수 있다. 따라서 가속도의 크기는 1m/s²이다.

03 • W=한 일= $Q_1 - Q_2$, Q_1=공급된 열
• 열효율$(e) = \dfrac{W}{Q_1} \times 100 = \dfrac{Q_1 - Q_2}{Q_1} \times 100$
$\qquad = (500\text{kJ} - 300\text{kJ}/500\text{kJ}) \times 100 = 40\%$

04 유도 전류는 코일을 통과하는 자기력 선속의 변화를 방해하는 방향으로 흐른다.
④ 코일의 왼쪽에 N극, 코일과 자석 사이에 인력이 작용하므로 유도 전류는 $B \to R \to A$ 방향으로 흐른다.
①·②·③ 유도 전류는 $A \to R \to B$ 방향으로 흐른다.

05 ② A → B 과정은 등온과정이며 온도를 일정하게 유지하면서 압력과 부피를 변화시키는 과정이다. 이상 기체의 경우 압력과 부피는 서로 반비례하므로 부피가 1/2배 되었으므로 기체의 압력은 2배가 된다.

① A → B 과정은 등온과정 중 등온압축이다. 기체가 등온압축을 하면 외부로부터 일을 받는다.

③ B → C 과정은 등적과정이며, 기체의 부피 변화가 없으므로 기체가 외부에 하는 일은 0이다. 기체에 공급된 열은 모두 내부 에너지의 증가에 쓰인다.

④ $\Delta T = 0$, $\Delta U = 0$이므로 A → B 과정에서 $Q = W + \Delta U = W$이다. 이때 부피가 감소했으므로 Q도 감소하여 열을 방출한다.

B → C 과정에서는 $W = 0$이고 부피는 일정하므로 기체에 공급된 열은 모두 내부 에너지의 증가에 쓰인다.

06 • 빛의 전달 속력과 굴절각은 비례, 전달 속력과 굴절률(굴절 정도)은 반비례 관계이다.

• 전반사의 조건은 빛의 전달 속력이 느린 매질에서 빠른 매질로 입사할 때, 입사각이 임계각의 크기보다 클 때이다.

①·② 단색광의 속력은 B>A>C이며, 굴절률은 C>A>B이다.

④ 매질 A(빠른 매질)에서 매질 C(느린 매질)로 같은 단색광을 입사각 θ로 입사하면 전반사가 일어나지 않는다.

07 • 충격량=운동량의 변화량

• $I = F \times \Delta t = \Delta P = mv - mv_0$

• $F - t$ 그래프의 밑넓이는 충격량을 의미한다.

ㄱ. 0에서 10초까지 밑넓이는 충격량의 크기이므로 100N·s 이다.

ㄷ. 충격량은 운동량의 변화량이므로 (질량×나중 속도)−(질량×처음 속도)=(5×V)−(5×0)=100N·s 이다. 따라서 물체의 속력은 20m/s 이다.

ㄴ. 0에서 10초까지 물체의 운동량의 변화량이 일정하게 증가한다.

08 ㄱ. 행성 A와 행성 B에 대해 정지해 있는 관측자인 영희가 관측한 A와 B 사이의 거리(고유 거리)보다 움직이는 우주선 안의 관측자인 철수가 관측한 A와 B의 거리가 더 짧다.

ㄷ. 우주선 밖의 관찰자(영희)가 측정한 시간은 운동하는 우주선 안에서 측정한(철수) 시간(고유 시간)보다 길다.

ㄴ. 철수가 측정한 우주선의 x축 방향의 길이는 고유 길이이다.

09 ④ 파란빛이 방출되는 다이오드는 녹색광의 다이오드보다 파장이 짧고 진동수가 크며 에너지가 크다. 따라서 그림의 다이오드보다 에너지띠 간격(띠틈)이 더 커야 한다.

① LED에서 전류는 P에서 N으로 전류가 흐른다. 전류의 이동 방향은 전자의 이동 방향의 반대이다.

② LED 내부에서 전자와 양공의 결합이 이루어진다.

③ 전원 장치를 반대로 연결하면 역방향이므로 전류가 흐르지 않아 불이 들어오지 않는다.

10 • 상대 속도는 관찰자가 자신이 정지해 있다고 생각하고 측정한 물체의 속도이다.

• A가 본 B의 속도는 B의 속도에서 A의 속도를 뺀 값과 같은 속도이다.

• A=−20m/s 이면, A가 본 B의 상대 속도 30m/s =B의 속도−(−20m/s)이다. 따라서 B의 속도는 10m/s 이다.

B가 본 C의 상대 속도 20m/s =C의 속도−10m/s 이다. 따라서 C의 속도는 30m/s 이다.

• 속력은 방향을 고려하지 않는 스칼라이므로 C>A>B이다.

11 ㄱ. 수소 원자의 스펙트럼이 불연속적으로 나타남 → 스펙트럼에 나타난 빛의 에너지는 두 전자 궤도의 에너지 준위의 차이임 → 허용된 에너지 준위 사이에서만 전자의 전이가 일어남 → 에너지 준위가 불연속적

   ㄴ. 과정 a는 E_2에서 E_1으로 에너지 준위가 낮아지므로 빛이 방출, 과정 b는 E_1에서 E_3으로 에너지 준위가 높아지므로 빛이 흡수된다.

   ㄷ. 에너지 준위 차가 클수록 전이할 때 전자가 방출 또는 흡수하는 에너지가 크다. 따라서 출입하는 빛에너지는 과정 a에서가 과정 b에서보다 작다.

12 ① 우라늄 핵분열은 우라늄 235($^{235}_{92}U$)가 중성자 1개를 흡수하면, 2개의 원자핵으로 분열하면서 2~3개의 중성자를 방출한다.

   $$^{235}_{92}U + ^{1}_{0}n \rightarrow ^{236}_{92}U \rightarrow ^{92}_{36}Kr + ^{141}_{56}Ba + 3^{1}_{0}n + 200MeV$$

   ② · ③ 수소 핵융합은 초고온 상태에서 가벼운 원자핵들이 융합하여 무거운 원자핵으로 변하는 반응으로 질량 결손(핵반응 후 질량의 합이 핵반응 전보다 줄어들게 되는 것)에 의해 많은 에너지가 방출된다. 따라서 핵융합 후 질량은 감소한다.

   ④ 제어봉은 연쇄 반응이 너무 빠르게 일어나지 않도록 중성자를 흡수하여 중성자의 수를 줄인다.

13 ③ 원자 자석은 원자 내의 전자 운동에 의해 존재한다. 이때 원자를 이루는 전자의 특징에 따라 물질의 자성은 강자성, 상자성, 반자성으로 나뉜다.

   ① 문제의 그림은 반자성체를 의미한다. 반자성체는 외부 자기장의 방향과 반대 방향으로 자기화된다.

   B를 제거해도 원자 자석은 오랫동안 정렬을 유지하므로 강자성체를 의미한다.

   ② 강자성체는 자석을 물질에 가까이 가져가면 잘 끌리는 물질로 철, 코발트, 니켈 등이 있다.

   상자성체는 자석에는 붙지만, 그 정도가 강자성체에 비해 약한 물질로 종이, 알루미늄, 마그네슘 등이 있다.

   ④ 반자성체이므로 B가 0일 때, 물체에 자석을 가까이하면 물체와 자석 사이에는 척력이 작용한다.

14 • A에서 전기력이 0이 되면, A에서 전기장의 세기가 0이 된다.

   • 부호가 같은 전하에서 전기장 0이 되는 위치는 두 전하 사이에 존재하되, 크기가 작은 전하에 더 가까이 존재한다. 부호가 다른 전하에서 전기장 0이 되는 위치는 크기가 작은 전하의 반대편에 존재한다.

   • 전기장의 세기는 $E = \dfrac{F}{q} = k\dfrac{Q}{r^2}$이므로 전하량과 (거리)^{2}은 비례한다. 문제에서 전하량의 크기가 1 : 9라고 제시하였다. 따라서 A에서 $+Q$까지의 거리를 $\overline{AQ_1}$, A에서 $-9Q$까지의 거리를 $\overline{AQ_9}$이라고 한다면 거리의 비는 $\overline{AQ_1} : \overline{AQ_9} = 1 : 3$이다.

   • $r : (r+x) = 1 : 3$이므로 $x = 2r$이다.

15 • 발전소에는 전기 에너지를 발생시키기 위해 원동기와 발전기 및 부속 계기를 갖추고 있다. 현재 발전용으로 사용되는 대부분의 발전기는 에너지의 흐름을 역학적 에너지로 바꾼 후 전자기 유도 현상을 이용하여 전기 에너지로 변환시키는 방식이다.

   • 고리를 통과하는 자기력 선속의 변화가 클수록 전류의 양이 증가한다.

   • 발전소에서 발생하는 전류는 교류(AC)이므로, 교류는 한쪽 방향으로만 흐르는 것이 아니라 방향이 일정 주기를 가지고 변화하는 전류이다.

16
- 파동의 속력을 v, 파장을 λ, 주기를 T, 진동수를 f라고 할 때, 파동의 속력은 $v = \lambda / T = f\lambda$가 된다.
- 파장(λ)은 마루에서 마루까지 거리를 의미하며 $4\text{cm} = 0.04\text{m}$이다.
- 주기는 1번 진동하는 데 몇 초가 걸리는지의 시간 개념이다.
  그래프에서 0.1초 후에 점선과 같이 이동했으므로 주기는 0.4초가 된다.
- 진동수(f)는 주기와 역수 관계이므로 $\frac{5}{2}[\text{Hz}]$이다.
- 따라서 파동의 속력은 $v = f\lambda = \frac{5}{2} \times \frac{4}{100} = \frac{1}{10} = 0.10\text{m/s}$이다.

17 교통 카드와 같이 접촉하지 않고 데이터 교환을 처리하는 방식을 비접촉식 스마트카드라 하는데, 이 비접촉식 스마트카드의 작동에는 전자기 유도의 원리가 숨어 있다. 자기장이 변하는 코일 주변에 다른 코일을 가져가도 유도 전류가 흐른다.
  ㄱ·ㄴ. 비접촉식 스마트카드는 카드 내의 칩을 구동하기 위한 전원 공급이 카드 내의 안테나(즉, 코일)를 통해 유도 전류를 발생시켜 이루어지는 형태의 카드를 의미한다.
  ㄷ. 하이패스 카드가 접촉식 및 비접촉식 통신방식을 갖는 콤비카드이다.

18 직선 전류에 의한 자기장 공식은 $k=$비례상수, $r=$도선으로부터의 거리, $I=$도선에 흐르는 전류, $B=$도선 주위의 자기장의 세기라 할 때, $B = k\dfrac{I}{r}$이다. 즉, B는 I와 비례, r과는 반비례 관계이다.

P에 의한 O점 자기장의 세기	Q에 의한 O점 자기장의 세기	O점에 작용하는 자기장의 세기
$-B_1$	0	$-B_1$
$-B_1$	$+2B_1$	$+B_1$
$-B_1$	$-B_1$	$-2B_1$

(+는 자기장이 나오는 방향을 의미, −는 자기장이 들어가는 방향을 의미한다.)
∴ O점에 작용하는 자기장의 세기는 $B_3 > B_1 = B_2$이 된다.

19 ② 진동수는 A>B이고 파장은 A<B이다.
  ①·③ 광전자를 방출시키려면 금속에 비치는 빛의 진동수가 문턱 진동수보다 커야 한다. 따라서 A를 비추었을 때 금속판에서는 광전자가 방출되었고, B를 비추었을 때는 광전자가 방출되지 않았기 때문에 A의 진동수는 금속판의 문턱 진동수보다 크다.
  ④ 문턱 진동수보다 작은 진동수의 빛을 아무리 강하게 오랫동안 비추어도 광전자가 방출되지 않는다.

20 1. 운동 방정식에서 $(M-m)g = (M+m)a$이다.
  문제에서 $a = \frac{1}{2}g$이므로 $(M-m)g = (M+m) \times \frac{1}{2}g$이 된다. 따라서 $M = 3m$이다.
  2. 알짜힘은 (질량×가속도)이므로, $F_A : F_B = 3m \times \frac{1}{2}g : m \times \frac{1}{2}g = 3 : 1$이다.

기출문제 **정답**

01	02	03	04	05	06	07	08	09	10
③	④	②	④	③	④	③	②	①	③
11	12	13	14	15	16	17	18	19	20
③	②	③	①	①	④	②	③	③	④

01 ㄱ. 느린 매질에서 빠른 매질로 진행되면서 임계각(굴절각이 90°가 되는 지점에서의 입사각) 이상일 때 전반사가 일어난다.

ㄷ. A를 코어로, B를 클래딩으로 사용해야 한다. 코어는 굴절률이 크며, 클래딩은 굴절률이 작다.

ㄴ. 빛의 속도는 매질 A에서가 B에서보다 더 느리다. 입사각<굴절각일 때, 매질 A가 매질 B보다 전달 속력이 느리다.

02 일(W)은 고열원−저열원($Q_H - Q_L$)이다.

열효율이 40%={(고열원−저열원)/고열원}×100={(고열원−600)/고열원}×100이다. 따라서 고열원은 1,000이므로 여기서 한 일은(고열원−저열원), 즉 1,000J−600J이므로 400J이다.

03 • $E=F/q$에서 +1C 점전하가 받는 힘은 1N/C이다. A에서 Q_1에 의한 전기장의 세기는 1N/C이므로 A가 +1C이면 Q_1에서 +1C이다. A에서 Q_1과 Q_2에 의한 전기장의 합은 0이 되므로, Q_1과 Q_2 밖에서 0이면 서로 다른 종류의 전하, 전하량이 작은 밖에 0이 위치가 된다. 따라서 $|Q_1|<|Q_2|$가 된다.

• A=+1C, Q_1=+1C, d=1(어디에서나 일정)이라고 하면 F=+1C×+1C/1 = 1이 된다.

• F=+1C×$Q_2/2^2$, Q_2=−4C이 된다.

• B=+1C, Q_1=+1C, Q_2=−4C, d=1이라 하고 계산하면 15/4가 된다.

04 등속도 운동을 한 시간을 1초라고 가정하고, 운동에 걸린 총 시간을 x라고 가정한다. 등속도 운동을 한 1초 동안의 진행 거리는 20m이다. 이때 등속도 운동한 거리(A의 넓이라고 가정)가 등가속도 운동한 거리(B의 넓이라고 가정)와 같으므로 B의 넓이도 20m가 되어야 한다. B의 넓이를 구하는 공식은 $4×(x-1)+\{1/2×(20-4)×(x-1)\}=20$이다. 이때 x를 계산하면 8/3초가 된다. 따라서 평균 속력은 (전체 이동거리/전체 시간)이므로 40m/(8/3s)=15m/s이다.

05 · (A의 집광력/B의 집광력)=(A의 구경)^2/(B의 구경)^2=$(200^2/50^2)$=16

· A의 배율=$(500/50)$=10, B의 배율=$(100/20)$=5이므로 (A의 배율/B의 배율)=$(10/5)$=2가 된다.

06 가속도는 $a=\dfrac{\Delta v}{\Delta t}=\dfrac{2}{x}=1$, $\Delta t=2$이므로

따라서 a에서 b는 2초보다 작다.

07 길이가 같을 때 진동수는 열린 곳에서 배를 형성한다. 따라서 (가)에서 발생하는 음의 최소 진동수가 f일 때, (나)에서 발생하는 음의 최소 진동수는 $2f$가 된다.

08 · 도선 Q가 P와 나란히 고정되어 있으며, 자기장의 세기가 P와 Q 사이에서 0이 되려면 항상 전류가 같은 방향을 나타내야 한다. 따라서 자기장의 방향은 $+y$이다.

· 자기장의 세기는 전류에 비례하고 거리에 반비례하므로 $2d$ 지점에서 자기장의 세기가 0이 되기 위해서 P가 I일 때 Q는 $1/2I$가 된다.

09 열효율이 25%이므로 열효율=(고열원−저열원)/고열원×100이다.

· 25%=$\{(Q_1-6Q)/Q_1\}\times100$, $Q_1=8Q$

· 25%=$\{(8T-T_2)/8T\}\times100$, $T_2=6T$

10 아인슈타인의 일반 상대성 이론만 나열한 것이다.

11 ㄱ. 전기력선은 양(+)전하에서 나와서 음(−)전하로 들어간다. 따라서 A와 B는 전기력선이 나오므로 둘 다 양(+)전하이다.

ㄴ. 전기력이 전하량에 비례하므로 전기력선의 개수도 전하량에 비례한다. 따라서 A와 B의 전기력선의 개수가 같으므로 전하량이 같다.

ㄷ. A, B 점전하 모두 양(+)전하이므로 A와 B사이에는 척력이 작용한다.

12 ㄱ. B에서 정지 상태이므로, B에서 전기장의 세기는 0이다. 부호가 같은 전하에서 전기장이 0이 되는 위치는 두 전하 사이에 존재하되, 크기가 작은 전하에 더 가까이 존재한다. 따라서 A와 C는 전하의 종류가 같다.

ㄷ. A와 B 사이에 서로 당기는 힘이 작용하면 B와 C 사이에도 서로 당기는 힘이 작용한다.

ㄴ. 전기장의 세기는 $E=F/q=kQ/r^2$ 이므로 전하량과 (거리)^{2}은 비례 관계이다. $\overline{AB}:\overline{BC}$가 1 : 2이므로 A와 C의 전하량의 비는 1 : 4이다. 따라서 대전된 전하량은 A가 C보다 작다.

13 기울기가 일정한 경사면에서 A와 B에 작용하는 속력 변화가 일정하고 주어진 t_0초가 같기 때문에, A는 기울기가 일정한 경사면을 내려와 t_0초 후에 속력이 일정하게 증가하고, B는 기울기가 일정한 경사면을 내려와 t_0초 후에 속력이 일정하게 감소하는 운동이므로 A와 B는 등가속도 운동이다(v_0는 t_0초 후 속력을 의미한다).

따라서 A가 t_0초일 때의 속력 변화$=v_0-0$, B가 t_0초일 때의 속력 변화$=v-v_0$

A와 B는 t_0초 후 속력 변화가 같다. 따라서 $v_0-0=v-v_0$이다. $2v_0=v$가 된다.

A와 B의 속력-시간 그래프에서 밑넓이가 이동거리이다.

$L_A=1/2v_0 \times t_0$: $L_B=v_0 \times t_0 +1/2(v-v_0) \times t_0$, 여기서 $v=2v_0$이므로 $L_A : L_B = 1 : 3$이다.

14 파동의 속력을 v, 파장을 λ, 주기를 T, 진동수를 f라고 할 때, 파동의 속력은 $v=\lambda/T=f\lambda$이다.

파장은 4cm, 주기는 1번 진동하는 데 걸리는 시간 개념, 주기는 8초가 된다. 따라서 진동수는 1/8Hz, 파동의 속력은 0.5cm/s 이다. 진폭은 3cm이다.

15 • B의 증가한 운동에너지는 'B의 감소한 퍼텐셜 에너지+A의 증가한 운동에너지+A의 증가한 퍼텐셜 에너지'를 의미한다.

• 'B의 운동에너지+B의 퍼텐셜 에너지'가 일정하다는 것을 전제로 하는 역학적 에너지 보존의 법칙은 A가 없을 때 성립하는 조건이다. 따라서, B의 역학적 에너지는 감소하는 상황이며, 감소한 B의 역학적 에너지는 A의 운동에너지와 A의 퍼텐셜 에너지를 증가시킨다.

• 중력이 B에 한 일의 양만큼 B의 퍼텐셜 에너지가 감소하고 그만큼 B의 운동에너지는 증가, A의 운동에너지와 A의 위치에너지도 증가한다.

16 • 태양광 발전은 발전기의 도움 없이 태양 전지를 이용하여 태양빛을 직접 전기에너지로 변환시키는 발전방식이다. 태양광 발전 설비는 모듈, 거치대, 소형 인버터와 모니터링 장치 등의 간단한 구조로 되어 있다.

• 태양광 발전의 장점은 공해가 없고, 필요한 장소에 필요한 만큼만 발전할 수 있으며, 유지보수가 용이하다는 것이다. 반면에 전력 생산량이 일조량에 의존하고, 설치 장소가 한정적이며, 초기 투자비와 발전 단가가 높은 단점이 있다.

17 역학적 에너지 보존의 법칙은 공기의 저항과 마찰이 없을 때 물체의 역학적 에너지는 일정하게 보존된다는 내용이다(운동에너지+퍼텐셜 에너지=일정). 경사면의 높이가 $2h$인 곳에서 질량 m인 물체를 가만히 놓았더니, 물체가 높이 h인 곳을 속력 v로 지나갔다. 따라서 이때 퍼텐셜 에너지의 감소량은 운동에너지의 증가량과 같다.

• 퍼텐셜 에너지의 감소량$=mg(2h)-mgh=mgh$

• 운동에너지의 증가량$=0+1/2mv^2$

따라서 $mgh=1/2mv^2$, $v=\sqrt{2gh}$이다.

18 • 렌츠의 법칙은 유도 전류는 코일을 통과하는 자기력 선속의 변화를 방해하는 방향으로 흐른다는 것이다.

• 자석의 N극을 사각형 도선에 가깝게 하면 사각형 도선의 오른쪽에 N극이 형성되어 자석을 밀어낸다(척력 작용). 사각형 도선의 오른쪽 방향으로 오른손 엄지손가락을 향하고, 네 손가락으로 사각형 도선을 감아쥔다. 네 손가락의 방향이 유도 전류의 방향이다.

19 ㄱ. 초음파는 진동수가 20,000Hz 이상인 소리로 사람이 들을 수 없는 소리이며, 종파이다.

ㄴ. 초음파의 활용 : 초음파 진단 장치, 질병 치료(의료), 어군탐지기, 해저 지형조사(산업), 초음파 세척기, 자동차 후방 감지 장치(생활)

ㄷ. 소리의 속력은 같은 온도의 고체>액체>기체 순으로 빠르다.

20 소비 전력(P)은 500W, 전력량=전력(P)×시간(t), 하루에 2시간씩 사용했으므로 하루에 사용한 전력량은 1,000Wh가 된다. 여기에 30일 동안 사용했으므로 1,000Wh×30일 =30,000Wh, 즉 30kWh가 된다.

2017년 고졸경력경쟁 정답 및 해설

기출문제 **정답**

01	02	03	04	05	06	07	08	09	10
③	①	①	②	④	④	③	④	①	①
11	12	13	14	15	16	17	18	19	20
④	②	③	④	③	②	③	④	②	③

01 용수철 저울로 측정한 힘의 크기는 실이 당기는 힘이다. 두 물체가 정지해 있으므로 실이 각 물체를 당기는 힘은 중력 550N과 평형을 이룬다. 따라서 용수철 저울로 측정한 힘의 크기는 550N이다.

> **두 힘의 평형 조건**
> • 두 힘의 크기가 같다.
> • 두 힘의 방향이 반대이다.
> • 두 힘이 같은 직선 위에서 작용한다. 이때, 작용선이 일치해야 한다.

02 ① 알파선은 원자핵이 알파선을 방출하여 다른 원자핵으로 변환한다. 즉, 알파붕괴에서 나타나는 선이다.
② 형광등 불빛은 가시광선이다.
  • 가시광선 : 사람의 눈으로 식별할 수 있는 전자기파로 광학 기계, 영상 표현 장치, 광통신 등에 이용된다.
③ X선은 투과력이 강해 주로 인체나 물질 내부를 관찰하는 데 쓰이며 수화물 검색, 구조물의 내부 검사 등에도 쓰인다.
④ 자외선은 사람의 피부를 검게 만들며 살균 작용을 한다. 형광 물질은 흡수되면 가시광선을 방출한다. 식기 소독기와 위조지폐 판별 등에 이용된다.

03 • 두 파동이 만나 겹쳐질 때 합성파의 변위는 각 파동의 변위의 합과 같다.
• 두 파동이 서로 중첩되어 진폭이 커지거나 작아지는 현상이 나타나는 것을 파동의 간섭이라고 하고, 여기서는 파동의 간섭 중 보강 간섭, 즉 두 파동이 같은 위상으로 만나서 합성파의 진폭이 커지는 간섭이 나타난다.

04 렙톤에는 전자, 전자 중성미자, 뮤온, 뮤온 중성미자, 타우, 타우 중성미자가 있다.
② 전자는 중성자가 양성자로 변하는 베타붕괴 과정에서 발견된다.
①·③ 중성자와 양성자는 u쿼크와 d쿼크의 강한 핵력에 의해서 형성된다.
④ 뮤온은 경입자족 중 하나로 π중간자 및 K중간자가 붕괴할 때 생기는 불안정한 입자이다.

05 • 점전하 주위의 전기장에서 전기장의 세기는 전하량에 비례하고 거리의 제곱에 반비례한다($E = F/q = kQ/r^2$).
• $x = 0$ 지점에서 전기장 $= 0$이다.
• $x = 0$ 지점에서 전기장의 세기 $= k(-1)C/d^2 + k2C/(2d)^2 + kq/(4d)^2 = 0$
∴ $q = +8C$

06 우선 질량이 M인 지구 주위를 질량 m인 인공위성이 궤도 반지름 r, 속력 v로 등속 원운동할 때,
$F = GMm/r^2 = mv^2/r$에서 인공위성의 속력 $v = \sqrt{GM}/r$이 된다.
$r_A = 1/v^2$와 $r_B = 1/4v^2$, 따라서 4 : 1이 된다.

07 • 직선 도선에 일정한 전류가 흐르고 원형 도선을 통과하는 자속이 변할 때 그 변화를 방해하는 방향으로 유도 전류가 흐른다. 즉 원형 도선에 전자기 유도 현상이 발생한다.
• 원형 코일이 멀어질수록 종이면에 수직으로 들어가는 자속이 감소하므로 원형 도선에는 종이면에 수직으로 들어가는 자속이 증가하도록 시계 방향으로 유도 전류가 흐른다.

08 • 한쪽 끝이 닫힌 관에서의 정상파와 공명에서 관으로 들어가는 음파와 막힌 관의 끝에서 반사되어 나오는 음파가 중첩되어 발생한다.
• 소리가 크게 울리는 지점과 소리의 파장의 관계 : 소리굽쇠에서 발생하는 소리의 파장을 λ라고 하면 첫 번째 큰소리는 $1 = \lambda/4$(기본 진동)인 곳, 두 번째 큰소리는 $1 = 3\lambda/4$(3배 진동)인 곳에서, 세 번째 큰소리는 $1 = 5\lambda/4$(5배 진동)에서 들린다. 소리가 크게 울리는 이유는 유리관 내부의 공기의 진동과 소리굽쇠의 진동이 공명하기 때문이다.

09 돌림힘의 평형 조건 적용 : A지점 회전축의 돌림힘 계산은
막대의 무게 중심에 의한 돌림힘 $2m \times (5kg \times 10m/s^2) = 100N \cdot m$
물체의 무게에 의한 돌림힘 $3m \times (2kg \times 10m/s^2) = 60N \cdot m$
B지점 회전축의 돌림힘 계산은 $4m \times B$, 따라서 돌림힘의 평형 $100N \cdot m + 60N \cdot m = 4m \times B$
B는 40N이다.
• 힘의 평형 조건 적용 : 위 방향으로 $A + B = A + 40N$이다. 아래 방향은 질량 2kg의 물체 20N과 받침대 50N, 총 70N이다.
$A + 40N = 70N$, 따라서 A = 30N이다.

10 (가)에서 정전기 유도 현상에 의해서 대전체를 가까이 하면 금속구 A는 (−)대전, 그리고 B는 (+)대전이 된다.
(나)에서 금속구 A는 $-Q$로 되며 금속구 B는 $+Q$로 대전된다. 여기에 대전되지 않은 금속구 C를 A에 접촉시키면 A의 전자가 C쪽으로 이동, 접촉 후 분리시키면 A는 $-Q/2$, C도 $-Q/2$가 된다.
금속구 C를 금속구 B에 접촉시키면 전자가 C에서 B로 이동한다. 접촉 후 다시 분리시키면 금속구 B와 C는 각각 $+Q/4$가 된다.

11 • p형 반도체의 주요 전하 나르개 : 양의 전하를 가지는 양공이다.
    • n형 반도체의 주요 전하 나르개 : 음의 전하를 가지는 전자이다.
    • 순방향 전압이 걸렸을 때 : p형 반도체에 (+)극, n형 반도체에 (−)극을 연결한다. 순방향에서 전류가 잘 흐른다.
    • 전자의 이동 방향은 (−)극에서 (+)극으로 이동한다.

12 • 핵융합 과정으로 중수소와 삼중수소가 융합하여 헬륨 원자핵이 생성되면서 중성자(㉠)가 형성되어 에너지가 방출된다.
    • 에너지는 결손 질량만큼 생성된다($E = mc^2$).

13 ㄱ. 전반사는 느린 매질에서 빠른 매질로 빛이 진행할 때, 임계각 이상에서 전반사가 이뤄진다.
    ㄴ. 빛의 전달 속력은 매질 A<매질 B, 굴절각은 매질 A<매질 B, 굴절률은 매질 A>매질 B
    ㄹ. 속력은 파장×진동수이고 진동수는 일정하지만 파장은 다르다.
    ㄷ. 입사광의 속력<굴절광의 속력

14 • A에서 B 과정은 압력이 일정한 과정으로 압력이 일정하게 유지되면서 부피가 감소하고 온도가 하강하는 현상이므로 기체가 외부에
    일을 할 수 없다. 압력은 일정한데 부피가 A가 B보다 크므로 온도는 A가 B보다 높다.
    • B에서 C 과정은 부피가 일정한 과정으로 외부에 한 일은 0이다. 기체가 받은 열량은 전부 내부 에너지를 증가하는 데 사용한다.

15 • 0~10초 : $s = v_0 t + 1/2at^2$, 따라서 $s = 100$m
    • 10~15초 : $s = vt = 20$m/s$\times 5s = 100$m
    • 15~20초 : $s = v_0 t + 1/2at^2$일 때 $v_0 = 20$m/s $a = 2$m/s^2, 대입하면 $s = 75$m
    ∴ 0~20초까지 이동한 거리 $s = 100$m$+100$m$+75$m$= 275$m

16 부력의 크기는 물체가 유체에 잠기면서 밀어낸 유체의 무게와 같다. 즉, 물체가 밀도 p인 유체 속에서 부피 V만큼 잠겨 있을 때, 유체의
    부피 V만큼의 무게가 부력의 크기이다. 따라서 $F = pVg(g = $중력가속도)이므로 1g/cm$^3 \times 1,000cm^3 \times 10m/s^2 = 10$N

17 • 전기장의 방향은 양(+)전하가 받는 전기력의 방향인데, P점에서 전기장은 $-y$방향이므로 P에서 음(−)전하를 놓으면 $+y$방향으로 움직
    인다.
    • 전기력선의 모양이 좌우대칭이므로 A와 B의 전하량의 크기는 같고, 전기력선이 연결되어 있지 않으므로 두 전하의 부호도 같다. P에
    음전하를 놓았을 때 $+y$방향으로 움직이므로 A와 B에 의해 척력이 작용한다. 따라서 A와 B가 띠는 전하의 부호는 음이다.
    • O에 놓인 단위 양전하에 A와 B가 작용하는 전기력은 크기가 같고 방향이 반대이므로 0이다.

18 • $\cos 30° = mg/T$, $T \times \cos 30° = mg$
    • 따라서 $T = (3 \times 10)/\cos 30° = \dfrac{3 \times 10}{\sqrt{3}/2} = \dfrac{60}{\sqrt{3}} = 20\sqrt{3}$

19 • 전자의 전이가 가시광선 영역에서 이루어질 때 진동수와 에너지는 비례한다.

• 에너지가 가장 큰 값=진동수가 가장 큰 값이다. 에너지가 가장 큰 전자 전이는 $n=\infty$에서 $n=2$로의 전이이다. 작은 값은 $n=3$에서 $n=2$로의 전이이다.

• 진동수가 큰 값은 $E=-E_0=n^2$, $\Delta E=E_\infty-E_2=0-(-E_0/4)=E_0/4$

• 진동수가 작은 값은 $\Delta E=E_3-E_2=-E_0/9-(-E_0/4)=\dfrac{-4E_0+9E_0}{36}=5E_0/36$

따라서 $\dfrac{\dfrac{E_0}{4}}{\dfrac{5E_0}{36}}=\dfrac{9}{5}$ 이다.

20 • 변압기는 전압을 변화시키는 장치로 1차 코일에 교류가 입력되면 1차 코일에 의한 자기장의 변화가 2차 코일에 영향을 주므로 2차 코일에 전류가 유도된다. 즉 1차 코일에 공급된 전력과 2차 코일에 공급된 전력이 같다($P_1=P_2$).

• 패러데이의 전자기 유도 법칙에 따라 유도 기전력은 코일의 감은 수와 시간에 따른 자기력 선속의 변화율에 비례한다. 따라서 2차 코일에 걸리는 전압 V_2는 V_1의 3배이고, 전류의 세기는 I_1가 I_2의 3배이다.

I wish you the best of luck!

I wish you the best of luck!

좋은 책을 만드는 길
독자님과 함께하겠습니다.

도서나 동영상에 궁금한 점, 아쉬운 점, 만족스러운 점이
있으시다면 어떤 의견이라도 말씀해 주세요.
SD에듀는 독자님의 의견을 모아 더 좋은 책으로 보답하겠습니다.

www.sdedu.co.kr

2023 서울시/지방직 9급 공무원 고졸 공무원 경력경쟁 물리 초단기합격

개정8판1쇄 **발행**	2023년 03월 10일 (인쇄 2023년 01월 13일)
초 판 발 행	2015년 07월 22일 (인쇄 2015년 09월 10일)
발 행 인	박영일
책 임 편 집	이해욱
저 자	주광호
편 집 진 행	윤진영 · 이새록
표 지 디 자 인	권은경 · 길전홍선
편 집 디 자 인	심혜림
발 행 처	(주)시대고시기획
출 판 등 록	제10-1521호
주 소	서울시 마포구 큰우물로 75 [도화동 538 성지 B/D] 9F
전 화	1600-3600
팩 스	02-701-8823
홈 페 이 지	www.sdedu.co.kr
I S B N	979-11-383-4232-2(13350)
정 가	22,000원